humanística

20

Humanística

1. *Introdução à vida intelectual*, J. B. Libanio, 3ª ed.
2. *A norma linguística*, Marcos Bagno [org.], 2ª ed.
3. *A inclusão do outro — Estudos de teoria política*, Jürgen Habermas, 3ª ed.
4. *Sociologia da comunicação*, Philippe Breton, Serge Proulx, 3ª ed.
5. *Sociolinguística interacional*, Branca T. Ribeiro, Pedro M. Garcez [orgs.]
6. *Linguística da norma*, Marcos Bagno [org.], 2ª ed.
7. *Abismos e ápices*, Giulia P. Di Nicola, Attilio Danese
8. *Verdade e justificação — Ensaios filosóficos*, Jürgen Habermas, 2ª ed.
9. *Jovens em tempos de pós-modernidade — Considerações socioculturais e pastorais*, J. B. Libanio
10. *Estudos em filosofia da linguagem*, Guido Imaguire, Matthias Schirn
11. *A dimensão espiritual — Religião, filosofia e valor humano*, John Cottingham
12. *Exercícios de mitologia*, Philippe Borgeaud
13. *Paz, justiça e tolerância no mundo contemporâneo*, Luiz Paulo Rouanet
14. *O ser e o espírito*, Claude Bruaire
15. *Scotus e a liberdade — Textos escolhidos sobre a vontade, a felicidade e a lei natural*, Cesar Ribas Cezar
16. *Escritos e conferências 1 — Em torno da psicanálise*, Paul Ricoeur
17. *O visível e o revelado*, Jean-Luc Marion
18. *Breve história dos direitos humanos*, Alessandra Facchi
19. *Escritos e conferências 2 — Hermenêutica*, Paul Ricoeur
20. *Breve história da alma*, Luca Vanzago

BREVE HISTÓRIA DA ALMA

LUCA VANZAGO

Tradução
Fernando Soares Moreira

humanística

Edições Loyola

Título original:
Breve storia dell'anima
© 2009 by Società editrice Il Mulino, Bologna
Strada Maggiore 37, 40125 – Bologna, Italia
ISBN 978-88-15-13052-5

Preparação: Maurício Balthazar Leal
Capa: Manu Santos
Diagramação: So Wai Tam
Revisão: Renato da Rocha

Edições Loyola Jesuítas
Rua 1822, 341 — Ipiranga
04216-000 São Paulo, SP
T 55 11 3385 8500
F 55 11 2063 4275
editorial@loyola.com.br
vendas@loyola.com.br
www.loyola.com.br

ISBN 978-85-15-03891-6

Sumário

Introdução

Escrever uma história do conceito de alma, ao longo de séculos em que a reflexão filosófica operou, significa procurar os pontos de contato entre posições muito diversas, quando não opostas, e conseguir uma perspectiva que nos permita reconstruir o significado geral de um termo que na realidade possui valências de muitos elementos combinados. Não é possível pensarmos em poder falar da alma como se ela fosse um objeto unívoco, bem definido, simples, evidente. Fala-se de alma desde tempos antigos, muito antes de por ela se interessar a filosofia. A filosofia encontrou esses saberes anteriores e deles se apossou, e ao fazê-lo transformou-os profundamente, mas não superou sua pluralidade. Se é legítimo sustentar, como veremos no presente estudo, que existem algumas temáticas principais que são muitas vezes retomadas e traçam as linhas que dão suporte a uma reflexão, é também verdade que praticamente sempre se fala de linhas, no plural, e não é possível defender a possibilidade de subir ainda mais alto, até um conceito *unívoco* de alma, do qual os diversos testemunhos históricos seriam espécies distintas mas não separadas.

Renunciar à pretensão de identificar uma só concepção de alma não significa, no entanto, que o discurso sobre a alma esteja destinado a uma confusão inextricável. A pluralidade de sentidos intrínseca ao conceito é, na verdade, expressão de variedade e riqueza, notáveis e surpreendentes, da vitalidade de uma noção que, em contínua transformação, sempre retorna depois de cada morte declarada, vez por outra transfigurada por novas ideias ou renovadas polêmicas, mas capaz de adequar-se a cada uma delas. O ressurgimento da reflexão sobre a alma é, nesse sentido, portanto, o contínuo renovar-se de uma interrogação que, sob diversas formas e de maneira sempre nova, torna a propor a cada vez um problema tão antigo como o homem: qual é o sentido da vida e da existência.

Pode-se traçar um quadro histórico das reflexões filosóficas sobre a alma somente se se identifica, sob a pluralidade de doutrinas, uma convergência quanto ao problema que não negue essa pluralidade em nome de um conceito dogmático, mas se igualmente não se dissolvem as diversidades num ocasional e caótico conjunto de opiniões sem sentido e sem motivo. Trata-se primeiramente de captar o próprio significado das divergências que se mantêm entre as concepções filosóficas sobre a alma, pela convicção de que o debate e o confronto dão testemunho da importância do objeto dessa discussão.

Escrever a história desse conceito pode, então, ajudar a identificar alguns elementos fundamentais, eixos geradores de posições algumas vezes conexas entre si (e por isso mesmo eventualmente conflituosas) e outras vezes distanciadas e que no curso dos séculos se sucederam e se transformaram, configurando de novo perguntas antigas em novas fisionomias ou resumindo saberes antigos que assim acabavam profundamente renovados. Não se pretende tanto procurar uma síntese, que é por si só impossível, quanto novamente vozes que foram sonoras e agora estão mudas (ao menos aparentemente: porque hoje tudo parece dar testemunho de uma exigência novamente percebida). Tal exigência pode ser dita de maneira simples, mesmo que depois a argumentação deva mostrar as razões pelas quais essa simplicidade pôde assumir tantas faces: é a necessidade de um sentido, a pergunta sobre si mesma que se põe a alma. O discurso *da* alma é então duplo: é o discurso sobre a alma, mas é também o discurso feito pela alma. O que mostra a peculiaridade dessa temática: a única em que quem investiga é também objeto da investigação.

Será esse o fio condutor do presente livro. Não se há de procurar, então, uma definição axiomática ou categórica da alma. Ao contrário, vai dirigir-se a uma definição problemática e operacional: se há de compreender como a pergunta que a alma, ou seja, o homem, faz sobre si mesma chegou a obter respostas, mas principalmente como chegou a construir hipóteses e concepções gerais em que formulava as próprias respostas. Sob a pluralidade de aspectos não se encontra, portanto, uma essência imutável, mas uma pergunta sempre recolocada e nunca esgotada. Falar de alma significa falar de um problema que, entretanto, encontra propriamente a verdadeira e mais autêntica resposta não numa forma definitiva, mas, em sentido oposto, na reabertura renovada do questionamento, na não exaurida e inexaurível sede de saber o que a alma "é" — como pergunta, dúvida ou tormento que cada um experimenta ao perguntar-se que é e por que é.

É por esse motivo que também os termos que, ao longo dos séculos, primeiro ladearam e depois substituíram o antigo termo "alma" (como mente, psique, consciência, subjetividade, eu, identidade, pessoa e outros mais) não lhe negaram o sentido profundo de autointerrogação que o ser humano realiza: porque o ser humano é tal *na medida em que* pergunta sobre si. Falar de alma, e dos seus substitutivos, significa, então, falar da humanidade do homem entendida como problema, como enigma e como tensão inesgotável. Desse ponto de vista pode-se dizer que aquilo que caracteriza o discurso sobre a alma é exatamente o não poder ser nunca levado definitivamente a termo, o seu reaparecer constante, sinal, entretanto, não de uma falência, mas, ao contrário, exatamente de uma extraordinária "virtude". Virtude certamente problemática, que acaba por deixar insatisfeitos os que preferem o definitivo de um dogma em lugar da dificuldade da indagação. É por isso mesmo que a pesquisa contínua por uma definição da alma levou a controvérsias doutrinais que às vezes desembocaram na excomunhão recíproca ou até mesmo na luta aberta. Sinal de que a exigência de uma definição do conceito de alma não é um inútil escrúpulo acadêmico, mas envolve os seres humanos em sua própria identidade. Dessa forma, a contribuição da reflexão filosófica consiste também no esforço de uma relativização "virtuosa" que permita o diálogo e o confronto recíproco, em lugar de luta e ódio. Como se verá nos capítulos seguintes, o que realmente traz especificidade e diferença numa reflexão *filosófica* sobre a alma em relação a outros tipos de saberes ou doutrinas é exatamente a tentativa constante, intrínseca, de acompanhar a cada vez a definição do conceito de alma com uma reflexão sobre os critérios a partir dos quais essa definição foi proposta. A filosofia da alma não é um saber revelado (mesmo quando dele decorre), mas um saber argumentativo e problemático, que procura mostrar as razões pelas quais sustenta o que defende e nega o que nega, e dessa forma se esforça para aceitar argumentações diferentes e possíveis objeções relacionadas ao próprio objeto. Salvo alguns casos que, no entanto, representam exceções e não a regra, a investigação filosófica sobre a alma soube manter-se afastada do dogmatismo, mesmo ao preço de expor-se à acusação de relativismo. Numa época de procura angustiada e ansiosa por substitutos plausíveis para as verdades do passado, essa lição ainda pode ser preciosa.

Pode aqui ser útil encontrar espaço para destacar outro ponto, nesse início de viagem, a fim de orientar o leitor em meio aos meandros de doutrinas e concepções que encontrará nas várias etapas que vai enfrentar: referimo-nos à particularidade que as investigações filosóficas sobre a alma possuem relativamente ao próprio "objeto", ou seja, a própria alma. Se é verdade que sob a multiplicidade de formas se encontra um problema central, que consiste na autorreflexão feita pelos seres humanos sobre si mesmos, emerge então, evidentemente, o fato de ser esse particular "objeto" necessariamente diferente dos objetos habituais das ciências. Em outras palavras, se as ciências tendem a "objetivar" os próprios temas de investigação — ou seja, a construir as condições objetivas a partir das quais determinados fenômenos podem ser examinados conforme leis (nesse momento não importa ver se se trata de leis matematizáveis ou não) —, segue-se que a alma, como objeto de investigação que, simultaneamente, é o sujeito que conduz a análise, deve possuir um estatuto particular.

Tal consideração leva a distinguir assim a reflexão filosófica sobre a alma não só da religiosa (em sentido lato, como saber revelado), mas também da científica. A filosofia da alma deverá ser distinta (mesmo se, por outro lado, conexa a elas) das várias pesquisas científicas sobre a mente, sobre a psique, sobre a vida, sobre o cérebro, e assim por diante. Como no caso dos saberes de tipo religioso, assim também no caso das ciências, a relação delas com a filosofia não é de total separação nem de completa assimilação. Há estreitas relações, mas também uma fundamental distinção de plano entre os dois âmbitos. E tal distinção consiste exatamente no diferente olhar adotado: as ciências representam um tipo de pesquisa que distingue o sujeito que conhece do objeto conhecido. Mesmo quando, como acontece com a física contemporânea, o observador não é mais neutro, mas intervém nos processos de mensuração das interações, essa interferência é considerada como tal, a ponto de haver muitos cientistas que ainda sonham com uma ciência novamente livre de semelhantes "contaminações" e impurezas. A controvérsia metodológica sobre as ciências físicas não pode ser aqui examinada, mas é importante sublinhar que no caso do saber filosófico sobre a alma a coimplicação entre sujeito e objeto é um dos elementos fundamentais da questão. O que implica que o saber da alma, a filosofia, saiba administrar essa situação. Quando ao seu tempo se chegar a considerar o estado da controvérsia sobre o método científico — e se verá como a tentativa de investigar objetivamente os fenômenos mentais conduziu a uma reação que reivindicava para tais "fenômenos" um estatuto diferente dos físicos —, então se poderá avaliar melhor toda a importância dessa problemática, que diz respeito não apenas à pergunta clássica se a filosofia é uma ciência ou algo diverso, mas também, e principalmente, ao empenho em compreender de que modo quem produz a pesquisa pode falar "objetivamente" de algo que é acima de tudo "subjetivo". Problema teórico crucial, que talvez represente o desafio maior para toda investigação filosófica sobre a noção de alma.

A natureza dupla e reflexiva da alma, como foi brevemente exposta, representa o fio condutor do livro. Isso não significa que em todo autor ou corrente se possa fazer emergir essa perspectiva como tal, porque muitas vezes, ao contrário até, é a própria falta de compreensão dessa natureza dupla da alma que leva as doutrinas a tomar determinada fisionomia. As diversas noções de alma que serão examinadas nos próximos capítulos mostram, entretanto, haver lugar para o problema de um estatuto especial a ser dado ao conceito. Um conceito que deve poder assimilar aspectos diversos entre si, às vezes até mesmo opostos, como o tema da vida, o do significado, o da consciência e o da verdade. A alma é o ponto de conexão, de síntese e ao mesmo tempo de distinção dessas problemáticas. É o conceito central de uma constelação de temas que por vezes permanecem encobertos, por vezes emergem sob luz plena e outras vezes, enfim, determinam o advento dos próprios opostos.

O conceito de alma, de fato, tem sido usado também em sentido polêmico por quem quis negar-lhe qualquer legitimidade. Na sua conexão com a corporeidade, deu lugar a numerosas figuras de oposição dualistas ou de reducionismos. Em relação às noções de mente e de consciência, produziu a problemática do inconsciente. Quando foi assimilado ao tema da vida, provavelmente o mais antigo, o conceito de alma ficou carregado de valores de misticismo, cuja conexão com o pensamento religioso e teológico é tão evidente quanto complexa e múltipla. A imortalidade da alma é um problema que emerge progressivamente, seja no quadro da história das concepções religiosas, seja no das análises filosóficas. Isso por sua vez levou à especulação sobre a natureza divina e à questão da destinação ultraterrena de um sujeito pensado por vezes como idêntico ao terrestre, por vezes como oposto a ele.

A história dessa problemática não é linear. Antes, tem a fisionomia de uma série de cordões entrelaçados e emaranhados, às vezes distendidos, outras, repuxados, tomando a seguir direções imprevistas. Com efeito, há notáveis continuidades, mas também importantes rupturas e repentinos pontos de desvio. O encontro entre saberes esotéricos e a nascente reflexão racional assinala a chegada da filosofia grega. A pregação de Cristo produz mais uma ruptura do que um desenvolvimento dessa impostação inicial (mas já muito diferenciada em seu próprio interior). A época da revolução científica e das lutas religiosas marca outro momento de crise e transformação profunda. O próprio termo "alma" parece perder peso e consistência, favorecendo sinônimos apenas aparentes, que na realidade são traduções parciais e fragmentações de um complexo semântico já em si mesmo carregado de variações. Mesmo o retorno de uma consciência, ainda não total, mas já urgente, sobre a complexidade do problema é talvez o signo da época atual e de sua recuperação de um antigo termo que volta à luz depois de séculos de eclipse.

O autor deste livro se sente no dever de agradecer a algumas pessoas que contribuíram de diversas formas para sua gênese e sua realização.

Gostaria de recordar, em primeiro lugar, os professores, amigos e colegas Gianni Francioni, Giuseppe Invernizzi e Silvana Borutti, que me convidaram a ministrar um curso de Filosofia dentro do curso de Graduação em Ciências Psicológicas, abrindo assim um caminho que viria a enveredar por vias imprevistas, até desembocar neste livro.

A seguir, gostaria de agradecer com grande sentimento ao amigo e colega professor Luca Fonnesu, pelos encorajamentos e conselhos preciosos que me quis conceder.

Finalmente expresso minha gratidão a Daniele Malaguti, editor da editora Il Mulino, que acolheu, encorajou e protegeu esta *Breve história da alma* quando ainda era só um projeto vago e quando se desenvolveu além das expectativas.

Quero dedicar este livro a meu pai, que sempre teve um particular interesse pela espiritualidade; para isso, espero ter sabido lhe dar uma pequena contribuição.

1. Concepções antigas da alma

1. A gênese da reflexão filosófica da alma

A ideia de algo que possa ser "animado" não nasce com a filosofia. A antropologia cunhou um termo, ainda que discutido hoje em dia, para descrever a atitude diante da realidade dos povos chamados "primitivos": animismo. Esse termo, no que ainda pode ter de válido, expressa a convicção de que a realidade não é inerte, mas vive e age junto a tudo o que nela existe. Os rios, as árvores, os lugares e até os objetos são vistos como dotados de um princípio de animação. Sem falar, naturalmente, dos animais, esses seres que evidentemente demonstram possuir alguma forma de movimento interior, que conduz e permite então os movimentos exteriores. Mas como explicar, como dar uma razão dessa atribuição de uma alma à realidade? E do mesmo modo pode-se falar da alma dos lugares, de um rio, da animação própria do reino vegetal ou do animal? O animismo, já se disse, consiste na projeção ingênua de características humanas sobre entes inanimados. Mas uma árvore não é inanimada, e o borbulhar de uma fonte dá ideia de um acontecimento, de uma transformação, ou seja, o contrário da inércia.

Muitos achados arqueológicos dão testemunho, então, da convicção de que também os espaços em que os homens estão vivendo teriam, para eles, características não neutras, como o homem moderno tende a pensar, mas peculiares e dinâmicas. A fundação de um novo núcleo urbano era realizada segundo rituais complexos destinados a determinar as forças presentes no lugar previsto. A conexão entre os seres humanos e as forças naturais, ou às vezes também sobrenaturais, era diretamente vivida e não constituía uma interpretação posterior. Contudo, tal conexão não se dá mais, pelo menos no Ocidente e pelo menos se consideramos a experiência comum; e esse desaparecimento de um comportamento testemunhado por todas as culturas antigas constitui em si um problema a ser explicado, sem tendermos a uma intrínseca ingenuidade de "primitivos" que teria retardado tais sistemas culturais, mas sem também sonharmos com uma improvável descoberta de verdades sepultadas por milênios e superiores às misérias atuais.

Um elemento a considerar atentamente é o nexo nas culturas antigas entre concepções da alma e convicções relativas aos sonhos, às premonições, às fantasias e alucinações (que muitas vezes naturalmente não eram entendidas nesse sentido "moderno", mas como verdadeiras visões). Há um dado muito interessante que emerge da pesquisa atual no campo da antropologia das religiões, segundo o qual provavelmente todo povo em todos os tempos teve alguma forma de atividade "psicótropa" (termo muito anacrônico se usado para as populações antigas, como veremos), ou seja, alguma forma organizada de experiência esotérica, voltada para superar ou, em todo caso, para modificar a experiência normal e cotidiana. Muitas religiões mistéricas baseiam-se em tais práticas, que deviam permitir aos iniciados superar os limites "aparentes" da própria condição, para poderem descobrir a verdade sobre a própria natureza. Nesse sentido, as ligações sensíveis entre os homens e o mundo circunstante eram vivenciadas como limitadoras e opressoras, fonte de erros, mais do que de verdade.

Essa concepção da experiência, implicitamente dualista, tinha uma relação direta e profunda com o problema da morte. O ser humano é o que é na medida em que sabe ser mortal. O sentido desse evento misterioso, a possibilidade de que não signifique o fim de tudo, o destino eventual do que pode transpor essa fronteira constituem um problema que originou (e continua a originar) um amplo leque de especulações e de teorias sobre a condição humana e sobre a relação entre a natureza corporal do ser humano e algo que pode não depender dela totalmente. Nesse sentido desempenham papel exemplar o culto dos mortos e a universalidade dos ritos de sepultura. As experiências naturais e as sobrenaturais ainda não têm nesse momento da história da cultura humana um limite claramente determinado, ainda que isso nunca tenha significado confusão entre os dois planos. A vida terrena é vista como a verdadeira, que será lamentada depois da morte; e, no entanto, a vida depois da morte é considerada mistério, mas não mera ilusão. Tal ambivalência marca muitas culturas antigas, em particular as que, como se verá na próxima seção, são ligadas às origens da reflexão filosófica: a grega arcaica e a hebraica.

Essas perguntas sobre o destino da existência, sobre a sua condição e sobre as suas características constituem já implicitamente reflexos que marcam um afastamento da pura natureza. O ser humano se interroga sobre o mistério da própria morte, sobre as origens da própria existência e sobre os acontecimentos que definem o seu curso e, dessa forma, começa uma reflexão cada vez mais articulada sobre a natureza e sobre a definição das próprias noções de origem, causa e destino. A articulação dessa reflexão, ou a passagem desde a tentativa de dar uma resposta a perguntas prementes até o conseguir elaborar as respostas, assinala a superação do limite por onde se entra no mundo filosófico. O problema se desloca e se aprofunda. A pergunta sobre a natureza humana torna-se também pergunta sobre a ideia de natureza humana e, então, sobre a ideia de ideia. Isso não implica acabar com as pontes em relação ao que veio "antes"; as influências, ao contrário, são muito importantes e às vezes surpreendentes. Mas a reflexão filosófica sobre a alma nasce quando alguém começa e se perguntar "sob quais condições" podem ser produzidas respostas às perguntas que o atormentam. Essa é a primeira mas provavelmente uma das mais importantes transformações a que foi submetida a noção de alma.

2. Alma e transformações filosóficas: elementos mítico-religiosos

Conceitos referentes à ideia geral de alma, diferentes por muitos aspectos, mas por outros também comparáveis aos surgidos depois na área mediterrânea, já se encontram nas expressões culturais de algumas grandes civilizações antigas, como a da Índia. Na tradição védica e na reflexão indiana subsequente, a alma é designada pelos termos *manas* (órgão do pensamento), *asu* (vida), *atman* (sopro). Esse último termo foi o que então prevaleceu, significando o eu individual na sua essência, mas também o princípio cósmico absoluto, de modo que da evolução dessas diversas áreas semânticas chegou-se a estabelecer uma equação entre identidade substancial da alma individual e da alma universal[1].

A convergência entre áreas conceituais diversas é própria também do pensamento hebraico[2] e até na cultura grega arcaica pode ser encontrada. Na cultura hebraica bíblica se fala de *neshamah* (sopro), de *nephesh* (respiração) e de *ruah* (sopro vital). Na narrativa bíblica se fala de divina *insufflatio* como animação do corpo e juntamente criação do homem enquanto indivíduo. Mas esses termos referem-se inicialmente às partes do corpo (não necessariamente apenas o humano) que desempenham tais funções, para depois assumirem uma qualidade diferente, ligada à mesma função, que, como tal, não é mais visível como a parte do corpo que a executa. No hebraico antigo, por exemplo, o sentido mais arcaico do termo *nephesh* é o de garganta como parte do corpo humano ou animal; a seguir, o termo passa a significar um desejo ou necessidade (essencialmente voltado para a satisfação de exigências concretas, como o alimento, a água ou o ar para respirar). A evolução ou a transformação a que se assiste é então a de um termo concreto que significa algo de "exterior" para um termo ainda concreto, mas que significa algo de "interior" ou de invisível escondido de todos exceto daquele ou daquela que experimenta esse desejo. O sentido mais geral e abstrato de vida ou de força vital refere-se então ao

1. Entre as numerosas obras a que se pode fazer referência, em geral, para essa problemática, está disponível em italiano o importante trabalho de W. Doniger, do qual vários volumes foram traduzidos pelas edições Adelphi. Destaco, em particular: *Siva, l'asceta erótico*, Milano, Adelphi, 1997; *Le origini del male nella mitologia indù*, Milano, Adelphi, 2002. Uma obra significativa é também a de M. Falk, *Il mito psicologico nell'India antica*, Milano, Adelphi, 1986.

2. Entre a imensa bibliografia relativa a esses problemas destaco H. W. Wolff, *Antropologia dell'Antico Testamento*, Brescia, Queriniana, 2002. Em inglês é muito importante A. R. Johnson, *The Vitality of the Individual in the Thought of Ancient Israel*, Cardiff, University of Wales Press, 1964.

que sustenta ou dá suporte ao desejo e à necessidade. Às vezes se refere também a alguém que está vivo, a um indivíduo. Finalmente, nos livros mais tardios do Antigo Testamento, passa a designar o si mesmo, de modo que a expressão "o meu *nephesh*" pode ser traduzida por "eu".

No que diz respeito ao termo *ruah*, o significado mais arcaico é, analogamente, concreto e localizado, significando o ar que passa, na medida em que qualquer ser animado tem hálito divino em si: é, portanto, principalmente a respiração vital. A seguir, o termo passa a significar essencialmente aquele ou aquela que respira: o indivíduo. Enfim, também o termo *ruah* é usado nos livros mais recentes do Antigo Testamento para significar a noção de "eu". Em ambos os casos pode-se então dizer que a transformação do termo mostra uma tendência clara do concreto ao abstrato, passando por um aspecto intermédio em que a concretude ainda não desapareceu mas se faz mais interior e, portanto, mais latente. Na realidade o quadro é mais complexo, na medida em que uma análise mais detalhada das ocorrências dos dois termos nos textos hebraicos mostra a possibilidade de uma ulterior diferenciação entre significados abstratos. Mas, em geral, pode-se sustentar, no caso dos termos bíblicos, que haja um processo de transformação que produz uma passagem do que é mais concreto ao que é mais abstrato através da metaforização do termo concreto, que se transforma desde o órgão visível até a sua função invisível.

Ambos os termos hebraicos considerados prestam-se, então, a ser relacionados com o termo "coração" (*leb* ou *lebab*). Esse termo ulterior serve para significar em particular os aspectos emotivos, cognitivos e volitivos dos seres humanos. Nesse caso também pode-se assistir à passagem acima delineada do órgão à sua função, das manifestações mais "físicas" do órgão — como o bater violentamente ou o ser "pesado" — às emoções que acompanham esses estados. Deve-se notar que o coração, em sentido concreto e figurado, desenvolve também funções cognitivas, precedentes e não consequentes às relações sensíveis entre um sujeito e o mundo. Não há oposição entre querer e pensar, e quando um coração não funciona isso quer dizer, nesse contexto cultural, que não é capaz de julgar de modo apropriado. As operações perceptivas e cognitivas estão voltadas, antes de tudo, para objetos concretos, para depois passarem a referir-se à capacidade de compreender e reter instruções, sinais, profecias. Desse ponto de vista a memória está conexa com o coração (como atestam ainda hoje expressões como a francesa *retenir par coeur* ou a inglesa *by heart*), que dessa forma funciona como sede da sabedoria prática. Daqui o termo passa a significar, sucessivamente, uma capacidade de reflexão interior, com no caso da expressão "falar com o coração". Isso se encontra principalmente nos textos mais tardios e traz uma associação entre o coração e a ideia de pensamento voltado para a reflexão interior e não para a ação. No entanto, também quando passam a exprimir tais valências, os termos mantêm no contexto hebraico um valor dirigido eminentemente à atividade volitiva e deliberativa; ao contrário, menos importante é a área semântica ligada à especulação ou à expressão de uma interioridade totalmente separada das próprias condições ambientais, tanto corporais como sociais.

O estudo das concepções gregas arcaicas da alma pode considerar-se iniciado com *Psiche*[3], de Erwin Rohde, amigo íntimo de Nietzsche, obra dividida em duas partes: um estudo sobre o culto das almas e um sobre a fé na imortalidade. A tese geral dessa obra sustenta que a concepção platônica da alma pode ter sido derivada substancialmente da introdução na Grécia, depois da época homérica, de valores religiosos ascéticos. Essa infiltração religiosa teria sido desenvolvida por meio da expansão de cultos órficos, que, por sua vez, teriam sido derivados de uma prática anterior de êxtase dionisíaco ritual (tese segundo a qual é provável uma conexão com as teorias filosóficas de Nietzsche).

As ideias de Rohde foram examinadas e criticadas de diferentes maneiras, mas mantêm um notável interesse ainda hoje. O ponto central, mesmo enriquecido por complexas pesquisas e não totalmente unívocas, está na distinção entre ideias diversas e não homogêneas sobre o que os gregos antigos chamavam de *psychḗ*. As pesquisas do estudioso sueco de sânscrito Ernst Arbman[4] demonstram como na área indo-europeia coexistem dois termos e duas noções distintas para expressar o que depois foi unificado num único vocábulo. De um lado haveria uma ideia de alma como princípio vital de um corpo; de outro lado, a de alma como princípio

3. E. Rohde, *Psiche*, Roma/Bari, Laterza, 2006.

4. Os textos de E. Arbman são pouco conhecidos, mas muito significativos. Ver em particular *Ecstasy, or Religious Trance*, Stockholm, Svenka Bokförlaget, 1963.

separado e livre. O primeiro preside aos movimentos e às ações do corpo e, assim, manifesta-se pelos estados de vigília. O segundo, ao contrário, é passivo durante a vigília, mas emerge durante o sono (e, assim, durante a atividade onírica, cuja importância para as concepções de alma já tivemos ocasião de ressaltar). Originariamente esses dois princípios não são considerados unidos, nem muito menos formando uma unidade da qual seriam manifestações. Só depois, como nas tardias especulações védicas, a noção de alma livre (*atman*) teria adquirido também as características da alma vital ou corporal.

Reflexões semelhantes foram retomadas recentemente por estudiosos de literatura e mitologia grega para compreender o significado da pluralidade dos termos presentes em Homero para falar de pessoas e de experiências subjetivas[5]. E então foi sugerido que o termo *psychḗ* sirva para referir-se a uma noção equivalente à de alma livre, que representa a individualidade de uma pessoa; por outro lado, para expressar as características ligadas à animação do corpo, que proporcionam à pessoa a sua vitalidade e a sua capacidade de sentir (em sentido lato), são empregados em Homero os termos *thymos, nous* e *menos.* O termo homérico vale para a alma de um vivente, geralmente em condições críticas (a perda iminente da *psychḗ* implica para essa pessoa a perda da vida), mas passou depois a significar também a alma de uma pessoa morta. Em Homero a *psychḗ* que deixa o corpo vai para o Hades, a terra dos mortos, mas o seu destino ulterior não está determinado. Se, pois, a *psychḗ* constitui a parte mais "nobre" e definitivamente a que identifica a pessoa, também é verdade que sem uma conexão com a força vital corporal ela se reduz a uma sombra, um *eidolon* ou simulacro, que pode voltar como obsessiva para os vivos (por exemplo nos sonhos) mas não tem mais aquela plenitude concreta que é própria somente de pessoas vivas.

Em Homero, portanto, existem paralelos com a noção indo-europeia de alma livre descrita por Arbman: em ambos os casos a alma está localizada

5. Ver em particular os seguintes trabalhos: J. Bremmer, *The Early Greek Concept of Soul*, Princeton (NJ), Princeton University Press, 1983; D. Claus, *Toward the Soul*, New Haven (Conn), Yale University Press, 1991; R. Padel, *In and Out of the Mind*, Princeton (NJ), Princeton University Press, 1992; M. L. West, *Early Greek Philosophy and the Orient*, Oxford, Oxford University Press, 1971.

numa parte do corpo não especificada claramente; está inativa quando o corpo age; pode deixar o corpo em estados particulares, como o desmaio; não tem conexões físicas diretas; constitui uma precondição para a continuação da vida, no sentido de que quando se perde a *psychḗ* o corpo também não sobrevive; representa, enfim, o indivíduo depois da morte.

Os termos ligados à vitalidade do corpo, por outro lado, constituem, como conjunto, um grupo interligado e contraposto à *psychḗ*. Ao seu lado, porém, esse grupo tem dois subgrupos muito claramente distintos: de um lado se encontram *thymos, nous* e *menos*; de outro lado *kēr*, *phrenes* e *hēpar*. O primeiro termo, *thymos*, possui uma ampla vantagem de significados interligados. Define-se pela emotividade, sobretudo se ligada à ação bélica, portanto também à coragem; quando significa esperança está, no entanto, sempre relacionado a uma ação a ser executada; pode ser comparado ao uso hebraico do termo *nephesh*, significando uma inclinação ou um desejo ligados a estados de ânimo como amizade ou vingança, luto ou alegria, raiva ou medo. A sua localização física é muito claramente identificada no peito, que, por outro lado, é a sede dos *phrenes* (os pulmões). Originariamente pode ter tido uma valência quase física (em conexão com o sangue ou também com a terra). Também se criou a hipótese de ter uma afinidade com o termo latino *fumus*, na medida em que às vezes era concebido como um vapor difuso e sutil.

Foi dito acima que o termo *psychḗ* parece manter um significado em si, que não se reduz ao geral, e que se pode associar com variados tons a todos os outros vocábulos examinados, de força vital, que caracteriza a compreensão homérica do ser humano (como incluído — e ao mesmo tempo não totalmente unido — ao reino vivente). O motivo mais importante para manter uma diferença entre a *psychḗ* e os outros termos reside no fato de que, como sublinhou Jean-Pierre Vernant, há nisso um papel que a *psychḗ* desempenha em relação ao destino ultramundano, que por definição diz respeito a algo não assimilável à força vital[6].

---

6. Sobre esse tema ver J.-P. VERNANT, *L'individuo, la morte, l'amore*, Milano, Cortina, 2000. Mas todos os textos de Vernant são extremamente relevantes para a problemática aqui tratada.

Com efeito, a *psychḗ* de um morto é uma "cópia" ou uma sombra da pessoa que tinha vivido um tempo, contudo não é um nada. Não goza de um estatuto ontológico particular, e muito menos é entendida como a essência autêntica da pessoa; no entanto, não pode ser simplesmente desclassificada como uma superstição. De fato, essa explicação não poderia dar conta da universalidade dos ritos de sepultura e dos cuidados com os defuntos, que às vezes chegam a ser propriamente verdadeiros cultos, como Rohde já tinha notado.

A *psychḗ* do morto é vista como uma realidade externa e não como uma fantasia particular. Existe no mundo "visível", sem dele fazer parte. Nesse sentido produz um efeito de relativização do próprio mundo visível, que não pode ser considerado o único. Vernant observa que essa "cópia" constituída pela *psychḗ* do morto atua ao mesmo tempo em dois níveis em contraste: no momento em que se mostra presente, revela-se também como "não deste mundo", mas como pertencente a um "outro lugar" inacessível. Aqui se coloca um tema complexo, o da relação e da mútua traduzibilidade do termo hebraico *nephesh* e do grego *psychḗ*. Em muitos aspectos intercambiáveis, parece, no entanto, não ser possível entre eles total superposição. Enquanto no texto hebraico, quando um ser humano morre, o seu *nephesh* desaparece para sempre, ainda que possa ser eventualmente "reanimado" graças à reaquisição de força vital, nos textos gregos arcaicos a *psychḗ*, mesmo no estado de sombra e, portanto, não assimilável pelo ser vivo dotado de força vital, permanece como um "fantasma" (o termo empregado nesse caso, além de *eidolon*, é de fato *phasma*). *Eidolon* significa imagem, mas ainda não cópia, portanto falso em comparação com o original, como depois será considerado em Platão. Essa imagem da pessoa que viveu, que agora é a *psychḗ* como *eidolon*, "assemelha-se" àquele ou àquela que vivia, mas tal semelhança é inquietadora. Às vezes assume o aspecto de um *revenant*. Em todo caso requer cuidados particulares. Portanto, se não se pode falar, no caso da cultura homérica, de uma sobrevivência depois da morte do ser humano no seu complexo, de outro lado a imagem da alma que persiste depois da morte da pessoa, mesmo sendo apenas um "fantasma", não é no entanto um nada.

Essa peculiaridade da visão grega arcaica pode ter conexões, mesmo se ainda não esclarecidas, com aquelas tradições, em parte mistérico-religiosas, em parte racionalizantes, representadas pela escola pitagórica (herdeira do orfismo), bem como por outras tradições esotéricas que se perdem nas brumas do mito e que só algumas passagens da grande tragédia ática permitem entrever. Frequentemente para essas tradições o corpo é considerado um castigo para a alma. Isso implica um mais claro e distinto dualismo relativo à concepção presente nos textos homéricos. Com efeito, a noção de *psychḗ* como força vital é apropriada, sobretudo, pelos primeiros pensadores da escola jônica, que a tradição classificou como os primeiros filósofos, mas que frequentemente são chamados também de sábios (*sophoi*), sem que os dois termos ainda estivessem totalmente separados. Para esses pensadores, de Tales a Anaximandro e Anaxímenes, a alma se apresenta ligada ao problema da explicação da realidade a partir de um princípio unificador (*arché*). Tradicionalmente tidos como ingênuos em relação aos pensadores seguintes, esses filósofos têm sido reavaliados pela crítica mais recente. Em particular a ideia de associar um princípio de conhecimento e um de estruturação da realidade, se por um lado parece insuficiente para dar conta da complexidade de ambos, por outro lado representa uma aquisição de indiscutível alcance. Então, não é para compartilhar totalmente a opinião de quem critica as doutrinas da escola jônica sustentando que a exigência de uma perspectiva unificante da compreensão da realidade leva ao achatamento desse princípio sobre a realidade fisiológica. Antes, trata-se de uma perspectiva em que as prerrogativas da alma humana não são separáveis das características gerais da realidade. A esse respeito se tem falado de *hilozoísmo*, ou seja, de uma concepção que considera a matéria no seu conjunto como viva. Se tal concepção perde em capacidade de explicar as diferenças, por outro lado oferece, todavia, uma perspectiva unificante que pode surgir como particularmente atual, se se consideram algumas tendências hoje ativas que concebem a realidade no seu conjunto e a natureza, em todo caso, como vivente, presente em nosso planeta como um organismo.

As concepções dualistas arcaicas que, ao contrário, não aceitam a total recondução da alma humana à natureza viva apelam principalmente para outro tipo de experiência universal: a da dor e da caducidade do corpo. No debate entre as doutrinas "cosmológicas" e fisiológicas da alma tida como parte da natureza e as doutrinas dualistas, que opõem o corpo natural a um princípio em si essencialmente diferente e irredutível, delineia-se então um eixo de sustentação que se reforma continuamente na história da reflexão ocidental. Os dualistas arcaicos se fundamentam principalmente sobre a recusa de assimilar a natureza humana à da realidade natural, vista como fonte de sofrimento na medida em que está ligada à mortalidade do corpo. As experiências extáticas, frequentemente de natureza iniciática (como no caso dos mistérios eleusinos), ensinam uma verdade diferente, já delineada até por culturas "bárbaras" (o que trouxe o problema ainda a ser substancialmente enfrentado sobre o quanto essas doutrinas tenham sido influenciadas por experiências estranhas à Grécia, particularmente em culturas xamanistas asiáticas que teriam sido conhecidas do grego Aristeu de Proconeso[7] e depois dadas a conhecer por ele por meio de escritos hoje perdidos mas já conhecidos por Heródoto). Essa verdade diferente funda-se sobre a convicção de que haja uma alma separada, não assimilável, como já se comentou, à alma vital como força do corpo, que está situada no corpo, mas como num cárcere ou numa tumba (tema que reaparece em alguns diálogos platônicos). Essa perspectiva dualista foi, segundo alguns autores, a que deu vida propriamente à concepção especificamente antropológica do homem, isto é, à consciência da sua diferença em relação ao resto da natureza, tal qual surge na grande época filosófica grega clássica.

3. Heráclito

Heráclito é um autor notoriamente obscuro, e tal juízo já era comum nos tempos antigos[8]. Ele é conhecido como o filósofo do devir e da contradição, mas deve-se dizer que é o primeiro pensador do qual existe algum testemunho confiável a criar um nexo entre *logos* e *psychḗ*. Geralmente, nos manuais, a história da filosofia sublinha principalmente a sua contra-

7. Sobre Aristeu de Proconeso ver J. D. BOLTON, *Aristeas of Proconnesus*, Oxford, Clarendon Press, 1962.

8. Entre os muitos trabalhos sobre Heráclito destaco o recente artigo de B. CENTRONE, Il ruolo di Eraclito nello sviluppo della concezione dell'anima, in R. BRUSCHI (a cura di), *Gli irraggiungibili confini*, Pisa, ETS, 2007, 131-150.

posição à ontologia de Parmênides. Onde este coloca a imutabilidade do ser como sua condição de cognoscibilidade (pensar e ser são uma só coisa), para Heráclito, ao contrário, o ser não é senão contínua mudança, e principalmente passagem de uma determinação à contrária. Por exemplo, o dia e a noite, o quente e o frio, e assim por diante. Do ponto de vista de uma história do conceito de alma, no entanto, é importante sublinhar que tal posicionamento, que também carrega elementos da filosofia jônica (o fogo como princípio), está, porém, dirigido a uma provável compreensão da realidade da alma como princípio sempre mutável de vida.

Esse tema está em relação com a conexão entre alma e discurso racional, *logos*, na medida em que a alma é "essencialmente" determinada precisamente por esse aspecto. Portanto, o que na ontologia eleática é drasticamente separado, isto é, a vida e o pensamento, é, ao contrário, unificado em Heráclito por meio de uma doutrina, mesmo que obscura e talvez propositadamente contraditória, que mostra como a alma seja uma no seu devir, e como tal unidade seja devida à sua capacidade de ter o *logos*. Com Heráclito então emerge uma nova consciência da plasticidade da alma na sua determinação essencial de discurso vivente, consciência que permanece obscurecida na reflexão dos filósofos pluralistas, ainda muito ligados ao naturalismo jônico mesmo na sua versão atualizada à luz das aporias eleáticas. Ela reaparecerá depois com Sócrates também em relação à crise cética provocada pelas reflexões sofistas sobre o *logos*.

Do ponto de vista da relação entre alma e corpo — que constitui a problemática emergente na tradição dualista mistérica posteriormente traduzida em doutrina filosófica a partir dos pitagóricos —, deve-se notar que para Heráclito, ao contrário, o problema não parece subsistir, pois a identificação ou ao menos a conexão entre *psychḗ* e fogo faz da alma algo de corporal, ainda que muito sutil e rarefeito, que como tal não se diferencia qualitativamente dos outros elementos da realidade. Mais interessante ainda é o discurso heraclitiano sobre a insondabilidade e a inexauribilidade da alma. O caráter fragmentário dos textos de que dispomos e a natureza já originariamente obscura do seu discurso fazem que seja imprudente tentar dar uma explicação definitiva para afirmações que se prestam a interpretações múltiplas. No entanto, é significativo que Heráclito sustente num texto famoso: "Nem mesmo completando todo o percurso, nunca poderias encontrar os confins da alma: tão profundo é o seu *logos*" (fragmento 45 DK). Em alguns casos se quis traduzir a palavra *logos* por "medida", tradução legítima, mas insatisfatória. Antes, trata-se de constatar como, diferentemente de outros pensadores cronologicamente próximos a ele, em Heráclito existe uma dupla operação: de um lado institui uma ligação entre *psychḗ* e *logos* — que tira o discurso sobre a alma de um naturalismo ingênuo quando a torna associada a um princípio nem material nem "imaterial" numa forma simplista, mas, antes, numa forma funcionalmente heterogênea em relação à própria dicotomia entre "matéria" e "espírito". Por outro lado, o *logos* em Heráclito parece, ao contrário, indicar algo de categorialmente diferente, e nesse sentido parece preludiar as análises platônicas. Todavia, é precisamente a falta de definição da alma que parece retirar dessa associação com o *logos* um valor puramente "racionalista" (*ante litteram,* naturalmente) e apontar em direção a uma condição da alma na qual sono e vigília, razão e sonho não estão opostos, irredutíveis, mas são nexos dialéticos. Nesse sentido pode-se procurar compreender a referência frequente de Heráclito ao mundo onírico como outra face do mundo "diurno".

O caráter inovador da doutrina heraclitiana da alma é reconhecido por Martha Nussbaum[9], que sublinha que ela representa uma crítica radical e profundamente criativa às ideias tradicionais acerca das faculdades do homem, da sua linguagem e da sua condição mortal. Parece que, observa Nussbaum, é a primeira vez na história do pensamento grego que se vê o homem explicitamente como tendo um "si" central, uma única faculdade vital dentro da qual se deve compreender a percepção, a linguagem, o comportamento ético e definitivamente também a morte. Assim como o cosmo, articulado numa pluralidade de espécies, é, apesar disso, uno por meio do *logos* do fogo que conecta tudo, assim um homem, mesmo tendo muitas faculdades, é uno em virtude da faculdade central de conexão que é a *psychḗ*. A relação entre alma e discurso é em Heráclito tão claramente afirmada quanto igualmente problemática, e parece mais uma promessa de desenvolvimentos fecundos que uma tese sistematicamente articulada. Em todo caso, é certo que o ensinamento de Heráclito, por meio de alguns

9. Ver M. Nussbaum, *ΨYXH* in *Eraclitus,* Phronesis, 17, n. 1 e 2, 1-16; 153-170.

de seus alunos, tenha influenciado Platão, que, em particular no diálogo *Crátilo* (nome de um estudioso da linha heraclitiana), defronta-se com o problema da linguagem e das relações com a realidade. Voltaremos, no entanto, a essa questão mais adiante.

4. Sócrates

De Sócrates, como se sabe, não conhecemos os escritos, mas podemos reconstruir o seu pensamento a partir dos testemunhos, entre os quais um decisivo: o de Platão, seu discípulo direto[10]. Sabemos também que na juventude estudou com Anaxágoras, procurando a perspectiva teórica que lhe permitisse superar o naturalismo do pensamento jônico.

É provável que no início Sócrates não se diferenciasse claramente dos outros sofistas. Com efeito, o seu método consistia numa investigação sobre o saber que fazia eco à de Pitágoras ou mesmo à de Górgias. De fato, como eles, Sócrates investiga o modo como o saber se configura a partir de definições unívocas que, no entanto, não tendo adquirido uma fundamentação racional, logo revelam a própria dimensão unilateral. Por exemplo, a definição de bem ou de justo parece inicialmente fácil, mas logo se revela relativa a quem a formulou e, assim, equivalente a uma potencialmente oposta de qualquer outro. Contudo, com Sócrates a essa primeira fase da investigação, de cunho tipicamente sofista e por ele chamada de "irônica", segue-se uma fase ulterior, chamada "maiêutica", por exprimir a metáfora do parto da verdade como conquista do que já se possui, mas que deve ser conduzido à luz.

A essa altura a estratégia socrática introduz sobre essa problemática uma concepção da alma que é efetivamente inovadora, para não dizer revolucionária, pois nem as prefigurações de Heráclito tinham chegado a aquisições desse tipo. Com efeito, para Sócrates a alma é a sede das capacidades racionais humanas. Desse ponto de vista ela é identificada essen-

10. Sobre Sócrates é oportuno ter presente a interpretação dada por J. Patocka, *Sócrates*, Milano, Rusconi, 1992. Sobre o tema peculiar da concepção socrática da alma é importante o estudo de F. Sartri, *Socrate e la genesi storica dell'idea occidentale di anima*, Milano, Vita e Pensiero, 1992.

cialmente com a reflexão, com a possibilidade de examinar as diversas e contrastantes definições com a finalidade de delas extrair o elemento comum. Essa compreensão marcadamente intelectual da alma, como tensão voltada para o que há de comum no que à primeira vista aparece separado e disperso, não é, entretanto, desligada em Sócrates de uma tensão moral. A exigência fundamental dessa concepção é, de fato, chegar à capacidade de conseguir o bem universal, a virtude, que não pode ser simplesmente compreendida, mas também deve ser principalmente atuada, encarnada na ação. A ação justa é então a que sabe qual é o bem, assim chegando a evitar fazer o mal. Com efeito, o mal só é realizado quando não se conhece o que é o bem. Quem tem a capacidade de usar racionalmente a própria alma não poderá jamais errar.

O bem, portanto, não tem uma determinação de conteúdo particular. Faz-se o bem quando se usa a própria alma de acordo com uma orientação racional e não se nos limitamos a seguir o "dizem que", isto é, a opinião corrente, que não sendo questionada racionalmente arrisca condenar o homem ao erro e, assim, ao mal. Em Sócrates se tem dessa forma uma determinação circular da ação racional, tensão em direção ao bem, intuição da alma como sede da universalidade. A alma é o que o homem "é" quando se recusa a deixar-se guiar pelas opiniões correntes e olha principalmente "dentro de si", ou seja, concentra-se sobre a própria possibilidade de distinguir, escolher, superar o particular e a contradição.

Tal ideia da alma como lugar da compreensão racional do que é "universal" tem um alcance revolucionário no pensamento grego por dois motivos: *a*) porque obriga a procurar na "interioridade" e no que não se vê a verdade: se o mundo se apresenta como diversidade, a unidade dos diversos não pode ser algo análogo, um entre tantos aspectos do mundo, mas deve residir num "mundo diferente" e provavelmente superior; *b*) isso, por sua vez, permite reler toda uma tradição poderosa de saber esotérico (órficos, mistérios eleusinos, escola de Pitágoras), mas fraca do ponto de vista da nova definição de razão, e permite elevar essa constelação mítica ao nível do *logos*.

A alma, portanto, é esse lugar diferente do mundo, a ele superior, que vê a verdade, ao passo que o corpo só tem opiniões disparatadas. Com isso se prepara a grande reflexão de Platão, que realiza a síntese do que em

Sócrates ficou provavelmente sem solução, e ao fazê-lo leva também à superação dos problemas teóricos levantados pelo próprio Sócrates, em particular o nexo mal–ignorância.

Não é possível avaliar plenamente o significado da posição socrática se não se considera o ambiente cultural em que ela se situa. Nesse sentido, deve-se lembrar primeiramente a inovação semântica operada pelos poetas líricos e trágicos. O termo *psyché* se acrescenta à constelação de termos que em Homero, como vimos, girava em torno da funcionalidade vital de determinados órgãos corporais. Essa fusão entre áreas semânticas não sem correlação, mas não homogêneas, acontece gradativamente e parece ter completado o próprio trajeto em duas etapas: primeiramente pela assimilação do termo *psyché* à esfera emocional (já no século VI e depois no século V a.C.: seu mais claro exemplo está em Píndaro e nos trágicos), depois dentro da esfera racional (somente ao final do século V). Na tragédia se completa o processo de anexação dos valores emocionais, das paixões, à esfera da *psyché*. A liberdade de composição de que gozam os poetas permite-lhes inovar quanto à criação "psicológica" homérica. Mas sobre esse processo se insere outro, no qual, ao lado da esfera das paixões, se coloca a esfera da reflexão, com um efeito de contaminação entre as duas. Em Sófocles e em Eurípides se realiza uma verdadeira intelectualização da psique. Os planos vital, emocional, moral e intelectual atingem uma fusão sem precedentes. No entanto, isso não significa que nos encontremos em presença de um processo linear, nem que o acontecimento aqui delineado se realize de modo unívoco ou isento de ambiguidade. Em Sófocles e ainda em Eurípides sobrevivem perspectivas e uma terminologia mais arcaicas. De resto, o processo de transformação em ato na poesia trágica é contemporâneo e estreitamente entrelaçado às reflexões filosóficas, entre as quais se deve lembrar a realizada pela escola dos atomistas de Leucipo e Demócrito.

Das obras dos filósofos atomistas é muito difícil dar uma avaliação fundada numa datação certa, porque quase tudo deles se perdeu, em particular os escritos morais de Demócrito[11]. O que emerge das pesquisas

11. Sobre o atomismo antigo ver: M. M. Sassi, *La teoria della percezione in Democrito*, Firenze, La Nuova Italia, 1978; P. Carledge, *Democritus and Atomistic Politics*, London,

aponta para a atenção de Demócrito dada à relação entre *psyché* e a esfera intelectiva. Isso o coloca fora do "senso comum" grego e o situa na vizinhança das transformações semânticas em curso nessa época. Aliás, Demócrito chega a sustentar que a função "normal" da *psyché* é a intelectual, em relação à qual as paixões representam perturbações. É uma quase total inversão relativamente ao mundo homérico, no qual as paixões são o motor da ação e requerem uma capacidade de compreensão do contexto da ação que ajuda não a inibi-las, mas na melhor das hipóteses a torná-las realmente eficazes. Em Demócrito a determinação intelectualista das funções da *psyché* leva a conferir-lhe, em particular, uma função de regulação da conduta (*nomos*), que se deve compreender em relação à sua doutrina física, baseada na ideia da realidade como composta de partes indivisíveis — os átomos — não influenciadas por nenhuma causalidade que não seja estritamente determinista.

Isso faz que, se em Demócrito, por um lado, a esfera "psíquica" possa e deva desempenhar um papel de autodeterminação, por outro lado tal conduta racional não pode modificar uma realidade física estranha. O ser humano só pode compreendê-la utilizando a própria racionalidade para atenuar os efeitos perturbadores das paixões e para esconjurar a tendência à superstição. Essa posição será ulteriormente elaborada, como veremos em seguida, por Epicuro. A *psyché* de Demócrito, portanto, se assemelha muito à de Sócrates, exceto por ser concebida, de um ponto de vista físico, em termos "materiais", ou seja, composta de determinados átomos, porque a realidade natural não prevê exceção alguma (o que significa também tirar espaço à intervenção divina). É também para distinguir o sentido da doutrina socrática dessa perigosa proximidade com a sua versão atomista "ateia", assim como com a reflexão sofista, que o mais importante aluno de Sócrates vai agora entrar em cena para organizar uma grandiosa construção filosófica em que a função da alma como guia da ação e como contenção das paixões se somará a uma doutrina gnosiológica e ontológica que vai situar "corretamente" o seu lugar no mundo.

Phoenix, 1998; A. Brancacci, P. M. Morel (ed.), *Democritus, Science, the Arts, and the Care of the Soul*, Leiden, Brill, 2007.

5. Platão

A relação entre Platão e o seu mestre Sócrates é complexa por muitas razões[12]. Primeiramente porque aquilo que sabemos de Sócrates se deve na maior parte exatamente aos textos platônicos, particularmente aos diálogos da juventude (ainda que sobre o tema se devesse fazer um discurso à parte, pelo modo como Sócrates é descrito por Aristófanes, exatamente em relação ao uso do termo *psychḗ* e às críticas sarcásticas que ele dirige a Sócrates, como invocador de "almas dos mortos"). Por sua vez isso levanta a questão se Platão queria dar voz ao próprio mestre, que, ao contrário, decidira nada deixar por escrito, ou se queria realmente propor uma doutrina própria. Mesmo admitindo a possibilidade de que ambas as teses sejam verdadeiras (o Platão mais jovem repete substancialmente Sócrates, para depois diferenciar-se e superá-lo na maturidade), permanece a questão: se o que Platão realizou é, e em que medida, "socrático". Desse ponto de vista pode-se dizer que a doutrina platônica da alma retoma a posição socrática completa, não só para repeti-la, mas também para corrigi-la e, principalmente, para integrá-la à luz das problemáticas não apenas morais (ou seja, a dimensão prevalente da reflexão socrática), mas também cognoscitivas e ontológicas que as doutrinas adversárias, contemporâneas suas, dos sofistas e dos atomistas, tinham levantado. Platão, além do mais, confronta-se também com a grande meditação "poética" da tragédia.

O aspecto da complexa operação platônica que precisamos sublinhar em primeiro lugar é o seu valor de transformação global do quadro conceitual relativo à *psychḗ*. Preparado para isso pela peculiar estratégia socrática, a passagem realizada por Platão é, no entanto, radical, porque consiste na redefinição do campo semântico de conjunto relativo à alma pela própria cultura grega, em direção a um projeto grandioso e orgânico que toca todos os aspectos da existência humana (do individual e ético ao coletivo

12. Entre a imensa bibliografia sobre o tema da concepção platônica da alma deve-se destacar pelo menos: E. R. Dodds, *I Greci e l'irrazionale*, Milano, Sansoni, 2005; R. W. Hall, *Plato and the Individual*, Den Haag, M. Nijhoff, 1964; T. M. Robinson, *Plato's Psychology*, Toronto, University of Toronto Press, 1970; assim como a edição crítica do diálogo *República* organizada por M. Vegetti (Napoli, Bibliopolis, 1998), que contém numerosos ensaios críticos sobre os temas tratados neste parágrafo.

e político, passando pela consciência, pela arte, pelos prazeres, pela educação, pelo trabalho, pela guerra, pela morte e pelo destino da alma depois dela) para situá-los dentro de uma trama teórica de alcance universalizante. Platão não se limita a inovar, mas quer tornar "verdadeiro" o que o senso comum e os outros pensadores tinham visto, embora de modo inadequado. Ele se apropria, pois, de cada aspecto do saber à sua disposição dele fazendo um elemento de um sistema, mesmo que problemático e nunca dogmático.

A concepção propriamente platônica da alma deve ser distinguida da que Platão atribui a Sócrates em muitos dos diálogos mais antigos. Segundo muitos comentadores a distinção fundamental entre as duas fases pode ser encontrada na chamada "segunda navegação", de que se tem testemunho no *Fédon*, pela qual Platão teria principalmente recebido e organizado o ensinamento socrático para depois construir uma fundamentação metafísica baseada na natureza ontológica da alma, questão deixada em aberto por Sócrates. Todos os diálogos em que Platão expõe essencialmente a doutrina do mestre, da *Apologia de Sócrates* ao *Críton*, do *Alcibíades maior* ao *Protágoras* e ao *Górgias*, de fato tratam de demonstrar a função da alma como centro de resolução racional da ação moral, em vista de um agir "bom" que, porém, é determinado de modo ainda negativo (como o que "não é" aquilo que geralmente se crê) e não é ainda compreendido no seu estatuto positivo, o que teria exigido a delineação de uma doutrina das ideias e de um entendimento da alma como semelhante às ideias por sua natureza; isso permanece fora do horizonte da indagação socrática.

Em sua síntese e sua revisão da doutrina de Sócrates, Platão se confronta também com os seus contemporâneos, em particular com Demócrito, representante, como vimos, de uma poderosa perspectiva filosófica de cunho materialista, capaz de generalizar a doutrina eleática de modo criativo e original por meio da noção de átomo e de uma visão fortemente determinista da realidade. Em Demócrito confluem os êxitos da filosofia naturalista dos jônicos e os aspectos mais "cosmológicos" dos primeiros pluralistas, Empédocles e Anaxágoras, e contemporaneamente realiza-se uma síntese radical da concepção cíclica e fatalista do mundo própria da mentalidade helênica, que se exprime por esse pensamento numa forma particularmente destilada e pura, a qual deixa coerentemente fora do próprio quadro categorial qualquer base para apoiar a ideia de fim ou *telos*.

Platão reage, pois, com força a tal perspectiva, reafirmando ao contrário a hipótese finalista, reelaborando ao seu modo a grande reflexão sofista sobre a subjetividade e desligando o *logos* de qualquer forma de dependência em relação à *physis.* A estratégia que permite a Platão chegar a resultados inusitados funda-se particularmente na compreensão da capacidade do *logos* para dar razão de si, autojustificar as próprias determinações, ou seja, "fundamentar" a própria pesquisa da verdade e, assim, subtraí-la ao relativismo de Protágoras, mas também à cega necessidade atomista.

Platão opera depois nesse quadro uma ulterior transformação, integrando a afirmação socrática da universalidade do pensamento como essência da alma numa perspectiva ao mesmo tempo epistemológica e ontológica, em que alma encontra uma definição unívoca como princípio de ordem, de movimento e de finalização consciente e interior. Assim ele pode explicitar todas as consequências que se seguem por ter concebido a alma como lugar de manifestação da idealidade, da verdade que não muda, ao contrário da mutabilidade das opiniões. Desse modo Platão preserva (e, portanto, combate em seu próprio território) a determinação eleática, depois atomista, do ser como o que é imutável e eterno, passando, no entanto, essas determinações para o plano da idealidade diante da realidade empírica entendida como mudança tanto ontológica como gnosiológica, segundo a equação expressa pela metáfora da linha na grande meditação feita na *República.*

Sustentar a tese segundo a qual o homem é essencialmente alma significa por um lado que aí se acha um problema de essência humana e, por outro lado, que a alma é uma determinação essencial. A alma é uma determinação essencial porque nela se encontra a via da salvação, ou seja, a possibilidade de superar os limites contingentes da existência, de libertar-se deles por meio de uma via de ascensão até a verdade. Tal ascensão não é uma ascese em sentido religioso, porque para Platão o *Eros* é um componente essencial para a descoberta da verdade. Mas o *Eros* por sua vez deve ser visto na sua dimensão que transcende os corpos. A ascensão da alma para a verdade é, em todo caso, uma tensão em direção à transcendência do reino das ideias. Essa posição tem uma complexa articulação nas obras de Platão: não só gnosiológica e ontológica, mas também antropológica e política, estética, ética e até mesmo cosmológica (como vemos no *Timeu*).

O que parece faltar, por outro lado, no Platão do ensino socrático é o aspecto prático, isto é, da práxis vivida como efetuação da verdade. Em Sócrates a verdade se faz, em Platão parece mais que deva ser colhida com o pensar. Na realidade a doutrina gnosiológica e ontológica de Platão é inseparável da doutrina ética e política, o que atenua aquela contraposição. A dialética platônica, também e principalmente nos diálogos da maturidade, serve, com efeito, para submeter à investigação uma compreensão da noção de verdade que é crucial para resolver também o problema ético e político. Pode-se afirmar, então, que é precisamente a capacidade da alma de desenvolver um trabalho de crítica autônomo e dialético que a leva a estabelecer os fundamentos do próprio valor como princípio regulador para o comportamento.

Isso é particularmente evidente no mito contido no *Fedro* em que a alma é comparada a uma biga puxada por dois cavalos alados e conduzida por um auriga. O cavalo negro representa a tendência da alma a desejar e, assim, a perder-se nos labirintos da realidade sensível. O cavalo branco, ao contrário, mostra a capacidade que tem a alma de querer, de impor a si mesma um comportamento reto, cujo valor, no entanto, é garantido pela razão, representada pelo personagem do auriga. Os mitos platônicos são todos orientados por uma perspectiva antropológica, em que, entretanto, está sempre em jogo o destino suprassensível da alma. Em todos os casos a alma tem sempre um estatuto individual: mesmo no ciclo das reencarnações ela nunca se pulveriza numa generalidade abstrata. A posição de Platão nesse sentido é, acima de tudo, marcada por traços de pessimismo órfico: a alma é um ente incorpóreo, mas caído no corpo (conforme o exposto no mito de Er no final da *República*). O corpo é uma tumba (como se lê no *Fédon*), e por esse motivo mesmo não pode causar a morte da alma, na medida em que é ela princípio do corpo. Mas para compreender isso a alma deve libertar-se das cadeias que a tornam escrava da corporeidade: é o ensinamento dado pelo mito da caverna contido na *República*.

A ascensão, porém, não é um fim em si mesmo: a alma libertada deve voltar à caverna para liberar as outras irmãs da escravidão. E tal libertação é principalmente, se não essencialmente, a possibilidade de ver o ideal e, assim, estabelecê-lo numa estrutura de coesão social. Aqui Platão leva a realizar-se a utopia sofista no seu momento mais alto. No conjunto, em

Platão, a corporeidade e a materialidade são princípios de limitação, de resistência e passividade. No entanto, pode-se também notar no pensamento do Platão mais maduro certa atenuação de tal juízo, à luz da doutrina do *Timeu*. Nesse diálogo a alma é principalmente alma do mundo, primeira criação do Demiurgo, instrumento da sua obra que produz ordem, harmonia, finalidade e inteligibilidade na totalidade cósmica. Da alma do mundo provém o tempo, que é, sim, uma imagem móvel (isto é, ontologicamente imperfeita), mas da eternidade. O tempo tem aqui um estatuto ambíguo: não é pura dissipação como em Anaximandro, mas (quase antecipando a tese de Kant) um esquema de interpretação do estatuto do eterno por meio do que é mundano. A alma do mundo, através do tempo como uma medida do ritmo dos eventos, funciona como "meio" universal, capaz de assumir sobre si cada particular e recompô-lo em unidade. Com efeito, ela contempla as ideias, às quais é semelhante, e com essa contemplação pode plasmar a materialidade sensível à imagem delas.

A esse respeito é oportuno notar que em Platão, como em geral no pensamento grego, nunca há uma ideia de criação a partir do nada, como, ao contrário, acontece na tradição bíblica. Essa é a grande diferença que num certo sentido impede também Platão de romper com a compreensão cíclica da história e dar-lhe nova configuração numa perspectiva linear de tensão em direção a uma completude última que sirva de final dos tempos, no duplo sentido de término e acabamento. Emerge assim a função mediadora da alma, e portanto do homem como ente sujeito às leis da matéria, mas ao mesmo tempo capaz de transcendê-las, mesmo que não completamente. O homem não pode deixar de ser um ente do cosmo, mas pode apostar em sua governança, assumindo a irracionalidade do mundo e harmonizando-a. Essa função harmonizadora da alma é, no entanto, possível somente na medida em que ela é, por sua vez, múltipla em si e, todavia, também suscetível de harmonização. Essa multiplicidade intrínseca à alma pode ser recomposta somente se ela é inscrita num sistema político, isto é, comunitário. A alma sozinha provavelmente nunca poderia chegar, salvo em indivíduos privilegiados, a atingir uma ordem racional (que para Platão sempre é a superação da desordem sensível). A estrutura política delineada na *República* espelha a articulação da alma exposta no *Fedro* e ao mesmo tempo lhe dá sua moldura gnosiológica.

A alma, pois, está sempre em tensão. Exatamente a sua capacidade de mediação entre a matéria e a idealidade, de plasmar o sensível por meio do inteligível, está também na origem do risco de permanecer emaranhada no sensível. Só os homens cuja alma é predominantemente racional devem por esse motivo assumir o ônus do comando, uma vez que são imunes ao perigo de não saber transcender realmente a materialidade. A justiça se realiza, então, por meio da harmonia seja entre as partes da alma, seja entre as da *polis*. Aí temos um notável grau de utopia no pensamento de Platão, que a despeito de um aparente conservadorismo não hesita em prefigurar um Estado ideal em que, ao seguir a própria "natureza verdadeira", isto é, a forma autêntica da própria alma, cada homem em princípio poderia ser chamado a diversos encargos entre os que lhe dá a tradição ou a sua condição de nascimento. Não é por acaso, portanto, que na *República* esteja presente também um exame detalhado das várias formas de Estado como possíveis "degenerações" em relação ao modelo ideal.

Portanto, há uma relação de reciprocidade entre organização racional da sociedade e articulação racional da alma por meio da reflexão dialética. Se as estruturas do pensamento esclarecem e precisam a estrutura da realidade humana histórica, por outro lado essa realidade impõe e faz descobrir, exatamente pelo fato de ser pensada e dominada, a fecundidade de um pensamento dialético, não imóvel e não sempre idêntico a si. O filósofo não é aquele que prega a pureza não contaminada do ser como uno (Parmênides), mas, ao contrário, exatamente aquele que conhece a sombra do pensamento, o negativo, e ao compreendê-lo o atenua na sua força destrutiva. Analogamente, nos planos ético e político isso significa não a fuga diante da força destrutiva das paixões, mas a capacidade de colocar-lhe os freios de um dispositivo racional, em que elas mantenham a própria força, mas a serviço do projeto. O homem justo, pois, é também homem "contemplativo" (*bios theoretikós*), e como tal é homem "político" (*bios politikós*), isto é, o homem que, estando de posse da verdade, dela se faz porta-voz rumo a um programa de justiça social. Nesse projeto isso não significa igualdade, mas hierarquia e, no entanto, hierarquia "racional" no sentido de capacidade de racionalizar as paixões sem eliminá-las, mas, ao contrário, delas servindo-se na luta política. Permanece em Platão um eco da vida heroica da Grécia arcaica, assim como, no fundo, da agonística sofista.

Por isso a filosofia é o *cuidado* da alma, no sentido originário de dar muita atenção. E ao fazê-lo ela cuida também da cidade, isto é, da comunidade, donde resulta a identidade platônica de político e de filósofo. A tripartição da alma delineia pela primeira vez na história do pensamento grego uma concepção da cisão e da possível recomposição da subjetividade. A cisão se dá na experiência mais comum, na tensão que todo homem percebe entre desejos e deveres. A estratégia platônica consiste no identificar uma hierarquia capaz de delinear uma perspectiva de superação da cisão por meio da criação de uma sociedade "justa" porque harmônica, e harmônica porque capaz de dar a cada homem o próprio lugar e o próprio sentido com base na sua "essência", isto é, na sua alma. Essa politização da alma é, portanto, a outra face da psicologização da política, de tal modo que a "natureza humana", intrinsecamente plural no seu interior, justifica uma sociedade estratificada em classes que, no entanto, no seu articular-se como espelho da estratificação psíquica, resolvem as tensões sociais e com elas as intrapsíquicas. A salvação da alma não pode ficar separada da harmonia social, o particular contribui para a paz da coletividade e assim para a sua própria.

Esse modelo da relação entre alma e *polis* deixa, no entanto, um espaço a preencher: a salvação "terrena" não resolve totalmente o problema da salvação "transterrena" ou além-mundo. Inovadora quanto ao dualismo "órfico" entre alma imortal e corpo mortal próprio do *Fédon*, a noção de uma alma tripartida e em conflito deve, apesar de tudo, acertar contas com as suas conexões corporais e, portanto, com o destino da alma depois da morte. Retornando ao dualismo, e à grande fábula mitológica do julgamento das almas que conclui a *República* com o mito de Er, serve de contrapartida a tentativa, proposta no *Timeu*, de uma "localização somática" das instâncias em que o eu ou alma permanece articulado e separado. O problema da relação entre a alma com as suas instâncias e o corpo com a sua pluralidade permanece, então, em aberto e não totalmente resolvido, repassando à tradição seguinte duas diferentes vias possíveis e frequentemente divergentes: a de uma fenomenologia das relações entre subjetividade e corporeidade, com desprezo do problema escatológico (caminho percorrido à sua maneira por Aristóteles), e a via de uma acentuação maior do sentido "divino" da alma, que, entretanto, leva a desvalorizar o corpo, quando não a condená-lo de vez, como em certas conclusões do neoplatonismo. Somente a chegada da mensagem cristã retomará essa controvérsia em termos inovadores.

6. Aristóteles

Aristóteles desenvolve um papel histórico geral de sistematizador e ao mesmo tempo de revisor crítico das concepções da alma[13]. Nas suas obras especificamente dedicadas a essa questão, em particular no *Peri psychḗs* (*De anima*), ele a um só tempo fundamenta de novo e codifica todos os aspectos essenciais da "psicologia" platônica num quadro cultural e especulativo diferente, que os faz assumir um sentido novo. Aristóteles se religa à posição platônica quando dá um fundamento ontológico à antropologia, ao compô-lo com as principais teses da metafísica, quando atribui uma função cósmica essencial à alma baseada sobre sua atividade cognitiva, quando tira dessa determinação cognitiva conclusões de natureza finalista. Também o aspecto de autointerpretação crítica do ser do homem por meio da atividade dialética da parte racional da alma é repetido e até mesmo reforçado por desligar essa atividade da contemplação das ideias para confiá-la a uma concepção mais construtiva (poiética) do *logos*.

A ciência da alma que resulta dessa impostação baseia-se no exame abstrato dos dados empíricos, mas é fundada na capacidade intelectual de transcendê-los na sua limitação, segundo a ideia já platônica da universalidade do *logos* como possibilidade de autofundação. Em Aristóteles tal posição permite então atenuar o contraste claro, instaurado por Platão, entre alma como princípio de vida e movimento e alma como princípio e sede do pensamento, porque é esse último que é visto como processo ativo que, no entanto, tem início e, em todo caso, relação, no homem, com a

13. Também a bibliografia relativa à concepção aristotélica da alma é de consideráveis dimensões. Aqui vale a pena recordar pelo menos os seguintes trabalhos: F. Brentano, *La psicologia di Aristotele*, Macerata, Quodlibet, 2007; M. Nussbaum, A. Oksenberg Rorty (ed.), *Essays on Aristotle's "De Anima"*, Oxford, Clarendon Press, 1992; G. Romeyer Dherbey (éd.), *Corps et ame*, Paris, Vrin, 1995; D. M. Robinson, *Aristotle's Psychology*, New York, Columbia University Press, 1989; M. Wedin, *Mind and Imagination in Aristotle*, New Haven (Conn), Yale University Press, 1988.

própria esfera sensível e vital. Essa transformação passa por uma complexa doutrina do movimento, das causas, da estrutura potência-ato-privação. O que de fato muda em Aristóteles em comparação com Platão é a natureza da relação ontológica e, portanto, funcional e ética da alma diante da corporeidade e consequentemente da esfera mundana.

A alma não é mais vista como "demônio" de natureza ideal e não material, aspirando a retornar a essa condição de liberdade e transcendência. A alma agora é definida, conforme as coordenadas metafísicas aristotélicas, como ato primeiro de um corpo orgânico que tem a vida em potência. O seu *status* ontológico a faz retornar ao interior da lei geral do hilemorfismo aristotélico (ou seja, da concepção da realidade enquanto baseada sobre substâncias que são um composto de matéria e de forma) e da teoria do devir como realização do ser em ato já potencialmente presente na natureza. Nesse devir a alma é, em todo vivente, princípio motor e causal e, ao mesmo tempo, escopo e perfeição final (*entelechia*). Além do mais, ser forma de um corpo que tem a vida em potência a configura não como substância separada (como em Platão, ao menos na sua tendência mais dualista), mas como intrinsecamente associada à corporeidade. O primado da causa final reafirma o valor da alma em geral no mundo vivente e particularmente no homem, permitindo dar fundamento à eticidade sobre os mesmos princípios da ontologia e da antropologia. Além disso, confirma o domínio do pensamento, a sua capacidade causal dentro da realidade natural.

Essa perspectiva é legitimada pela doutrina cosmológica das almas motrizes culminando no motor imóvel, doutrina que confere ao pensamento humano um papel ligado ao pensamento absoluto. Aristóteles critica, pois, a concepção platônica da transcendência absoluta do mundo ideal e da correlativa separação ontológica da alma em relação ao corpo (e, assim, da identificação do homem "verdadeiro" só com a alma). A tal concepção contrapõe a unidade substancial do homem como composto de alma e corpo em nível ontológico, obtendo dessa forma uma individuação do ser humano na sua realidade mundana e histórica. Contudo, não nega uma particular relação da alma com o "divino", com o eterno e o imutável. Pelo contrário, essa relação é confirmada seja em sentido de fundamentação e causalidade, seja em sentido ético-religioso. Porque a alma é dotada de capacidade de abstração e, portanto, capaz não só de contemplar mas também de produzir o universal (tese exposta não só nas obras psicológicas e lógicas, mas também na *Poética* e na *Ética*).

Com efeito, a alma em Aristóteles é tripartida como em Platão, mas segundo uma revisão fundamental em sentido hilozoísta da posição platônica: não se trata de opor as partes, mas de compreender suas recíprocas interações e principalmente a natureza exata da hierarquia. Aristóteles distingue uma alma vegetativa (vinculada ao alimento e à reprodução), uma alma sensível (também própria dos animais, que desenvolve atividades de percepção e de imaginação) e uma alma racional (própria do homem somente). O modelo é, portanto, o de uma escala ascendente das funções e das prerrogativas psíquicas, acompanhadas por uma redução do número de indivíduos que por elas são caracterizados. Todos os viventes enquanto tal se caracterizam pela alma "inferior"; só alguns, os animais, também pela intermediária; e poucos deles, os seres humanos, também pela superior.

A alma vegetativa não é mais a parte negativa a ser domada, mas a que propicia a capacidade de ter apetites (diluída, porém, a carga de pulsão presente em Platão) e de reprodução. A alma sensitiva, ao dar a capacidade de ter percepção e imaginação, possui alguns atributos inovadores relativamente a Platão, ainda que ele também tivesse reconhecido que a alma volitiva e a desiderativa caracterizam também os animais. A alma racional mantém as determinações platônicas com relação à capacidade de compreensão da esfera ideal, ao mesmo tempo em que recebe uma capacidade superior de produção comparada à passividade contemplativa que tem em Platão.

A alma racional, além disso, está em contato com um intelecto agente (*nous poietikós*) superior, cujo estatuto ontológico não é de fácil determinação — com efeito, tem sido objeto de disputas inumeráveis — mas, no sistema aristotélico, permite compreender substancialmente como a alma individual pode atingir o universal e, desse modo, constitui a determinação seja gnosiológica, seja ontológica máxima para um ser finito que é o homem. Esse saber absolutamente verdadeiro alcançado pelo intelecto agente (que, no entanto, não é um intelecto individual) constitui além do mais, do ponto de vista ético, o ideal máximo de perfeição específico da essência humana, inserido na alma intelectiva: a vida especulativa devotada à sabedoria. A "superação" do platonismo leva, pois, em Aristóteles à confirmação e mesmo à fundamentação crítica da relação essencial entre a alma (como intelecto e, portanto, vontade) e o divino. O divino, por sua vez, não é visto mais como puro e inativo "objeto" ideal a contemplar, mas como subjetividade sempre em ato, que coincide consigo no ser plena posse de si como Ato puro, "vida perenemente contínua e eterna" na medida em que há coincidência de atividade intelectiva e de vida em sentido eminente. A alma humana é, portanto, não puramente sensitiva e vivente no sentido biológico do termo, mas, tendo em si um aspecto intelectivo semelhante àquele eminente de Deus, pode se pôr Deus como modelo e participa da sua verdade, chegando dessa forma à atuação da natureza específica do homem.

O modelo aristotélico constitui dessa forma uma grande celebração da superioridade humana em relação ao resto do cosmo no interior do próprio cosmo, como sua parte eminente, que se eleva por força da própria capacidade de "imitar" a estrutura divina; esta, por sua vez, é entendida como subjetividade absoluta (no sentido etimológico de ser *ab-soluta* da passividade material e ser assim totalmente em ato e, por isso mesmo, pensamento de si, pensamento de pensamento). Assim se explica por que Hegel citou ao final da *Enciclopédia das ciências filosóficas em compêndio* exatamente a passagem da *Metafísica* em que Aristóteles diz:

> A inteligência pensa a si mesma colhendo-se como inteligível; com efeito, ela se torna inteligível intuindo e pensando-se, de tal modo que inteligência (*Nous*) e inteligível coincidem. De fato a inteligência é o que é capaz de colher o inteligível e a substância, e está em ato quando os possui. Portanto, mais ainda que aquela capacidade, o que a inteligência tem de divino é essa posse; e a atividade contemplativa é o que há de mais agradável e de mais excelente (XII, 7, 107 2b, 22-25).

Essa felicidade é dada ao homem de modo fragmentário e descontínuo; perenemente, a Deus.

Porém, também se pode observar que, se em Aristóteles o homem (que é homem enquanto *zoon logon echon*, ou seja, dotado de linguagem) encontra uma posição eminente no cosmo, tal ocorre por força de uma atenuação e de uma espécie de "neutralização" das instâncias presentes na própria alma, que, por outro lado, tinham encontrado larga expressão em Platão, a ponto de serem retomadas por Freud. Além disso, encontra-se em Aristóteles, particularmente na *Ética*, um exame detalhado das relações entre racionalidade teórica e prática, e do nexo entre intelecto e vontade, que tem a função de modelo insuperável em toda discussão posterior sobre o assunto.

A concepção aristotélica da alma é predominantemente funcionalista, ou seja, entendida em termos de capacidade do corpo de agir, de perceber e eventualmente de pensar. A alma permite ademais a unificação das funções corporais. Desse ponto de vista a perspectiva aristotélica é essencialmente biológica. O grande filósofo, com efeito, tenta uma síntese audaciosa entre diferentes concepções da alma, superando os reducionismos opostos que às vezes querem a alma como expressão de funções exclusivamente vitais (conforme as concepções mais arcaicas), outras vezes como presença do divino no homem, como no caso dos dualismos "órficos". Para realizar essa síntese Aristóteles coloca em ação uma refinada doutrina "estrutural" da alma, vista como essência (*ousia*) do corpo vivente, sua "causa" (*aitia*), princípio (*arché*) e fim (*telos*). Aqui ele aplica de modo coerente e particularmente brilhante a própria concepção metafísica geral relativa à realidade e ao ser. No entanto permanece assim em aberto a questão do estatuto ontológico de algo que, sendo "sujeito" no sentido moderno (ou seja, não em sentido aristotélico), e não somente objeto, requer uma compreensão ontológica que, afinal, foi deixada sem solução entre as categorias aristotélicas. Em Platão como em Aristóteles, como em geral na filosofia grega até Plotino, a alma é identificada sem dúvida na sua especificidade ontológica, mas falta uma tematização explícita sobre o ser da alma enquanto incomparável em relação ao dos outros entes. Nesse sentido é clara a posição de Aristóteles, segundo a qual a estrutura ontológica forma-matéria e potência-ato é utilizada valendo integralmente também no caso da alma, sem nunca pôr o problema se é dessa forma efetivamente preservada na sua própria condição ontológica peculiar, ou concebida sempre como se fosse um ente, ou se é *sui generis*. Que a alma — o eu, ou subjetividade — não seja um ente é o que a metafísica aristotélica não permite definitivamente pensar. Como veremos, a questão começa a mudar só com Plotino.

7. Desenvolvimentos pós-aristotélicos: epicurismo, estoicismo, neoplatonismo

Depois da morte de Aristóteles e da do seu mais famoso aluno, Alexandre, o Grande, o quadro sociopolítico helênico muda profundamente com o fim da experiência da *polis* e o início do período chamado helenista[14]. Mudam também as concepções filosóficas, que, no entanto, não param de colocar no centro da própria reflexão a questão da alma. Seja na filosofia epicurista, seja na estoica, a preocupação fundamental se torna a da condição individual, enquanto o aspecto intersubjetivo, o político e o comunitário passam para segundo plano. Disso também se ressente diretamente a concepção da alma. Permanece o projeto de fundo que confere à alma uma função de superação dos limites da matéria, de dinamismo, de vontade, de pensamento. Tudo isso, porém, tingido por uma característica mais íntima: emerge o problema da salvação pessoal.

No início da sua reflexão, tanto a escola de Epicuro como a Stoa adotam uma concepção mais material da alma, que, então, parece inadaptada para satisfazer a exigência ética e existencial. A retomada epicurista do atomismo de Demócrito serve para dissipar o temor da morte e do destino ultraterrena, mas confina a atividade terrena a um cálculo dos prazeres que não pode resumir toda a complexidade da experiência humana. Também a introdução do conceito de *parenklisis* ou *klinamen* (na versão de Lucrécio), ou seja, a variação do curso dos átomos, como possibilidade de compreender a causalidade, a indeterminação, a imprevisão, se livre da perspectiva fatalista e mecânica, não permite compreender o aspecto mais profundo da dimensão de busca do sentido que é própria da alma como concepção do homem. O epicurismo é uma lúcida reafirmação do estranhamento da natura diante das aspirações humanas ao sentido. Todavia, a não ser em termos privados, não dá conta dessa exigência de sentido.

---

14. Quanto aos autores e às escolas consideradas nesse parágrafo, ver: J. Annas, *Hellenistic Philosophy of Mind*, Berkeley, University of California Press, 1992; D. Clay, *Lucretius and Epicurus*, Itacha (NY), Cornell University Press, 1983; É. Bréhier, *La théorie des incorporels dans l'ancien stoicisme*, Paris, Vrin, 1962; G. Verbeke, *L'évolution de la doctrine du pneuma: du Stoicisme à Saint Augustin*, Paris, Desclée de Brouwer, 1945.

Epicuro não renuncia a uma definição da alma, dirigida de acordo com a sua concepção atomista e "materialista" da realidade, que, no entanto, não exclui a possibilidade de operar uma distinção entre o "somático" e o "psíquico". A quadripartição epicurista da alma se traduz em Lucrécio, ao contrário, numa importante distinção terminológica entre *animus* e *anima*: o primeiro é a parte superior, racional, localizada no peito; a outra, ao contrário, é irracional ou não racional e difusa por todo o corpo. A concepção epicurista-lucreciana possui traços funcionalistas e institui um interessante e inédito relacionamento entre alma e corpo, pelo qual cada um dos dois termos necessita do outro para ser o que é. Ou seja, não existiria um corpo vivente sem a sua alma, mas reciprocamente não poderia haver propriamente alma sem ser alma de um corpo. Dessas considerações, seja Epicuro, seja depois Lucrécio deduzem a mortalidade da alma. É importante lembrar que a obra de Lucrécio (junto com a de Cícero) representa uma passagem crucial na história dos conceitos filosóficos, na medida em que traduz a terminologia grega para a latina, a qual depois influenciará toda a cultura posterior.

A posição estoica vai além, em sentido oposto relativamente ao epicurismo. A teoria do *pneuma*, ou seja, uma alma ou espírito universal que governa todas as coisas, dá um caráter otimista e finalista aos acontecimentos universais, reconduzindo-os a uma providência necessária. Mas assim retira à liberdade do indivíduo quase todo sentido. A única liberdade que fica é a de aceitar a própria condição (o "estoicismo" no sentido popular do termo). Isso significa que a alma é, com certeza, uma centelha divina destinada a retornar ao Uno, mas deve aceitar a própria condição corporal sem ter, contudo, os meios morais e intelectuais suficientes para essa aceitação. Tal moral é, de fato, essencialmente ascética, implica afirmar como fim e valor a própria razão como realização racional e pessoal e, portanto, requer uma compreensão personalista da alma que a doutrina estoica, ao contrário, não é capaz de oferecer.

Esse enfoque torna assim, a um só tempo, significativa, mas não desenvolvida, a introdução por parte do estoicismo de um termo importante: *syneidesis*, que prefigura mas não configura a noção de "consciência". Já os estoicos antigos, com a introdução desse termo, operam uma separação entre as coisas externas e uma "interioridade". A doutrina estoica assume nesse sentido uma posição teórica nova, em que a "consciência", assim entendida, deve ser vista essencialmente como conduta moral reta, isto é, capaz de se destacar do "mundo". Contudo, continua substancialmente não questionado o estatuto ontológico dessa interioridade, que, aliás, propõe novamente o problema do destino ultraterreno do homem. Como resposta e integração diante da carência das teorias puramente "racionais" sobre a alma e a vida, abre-se dessa forma um caminho para um recurso renovado à fé na individualidade e na espiritualidade da própria alma e em sua sobrevivência indefinida, condição da sua salvação e, portanto, do significado da sua vida.

A concepção estoica da alma é funcionalista, no sentido em que considera a alma uma estrutura de unificação das funções corporais e, principalmente, por meio da parte superior, racional (*hegemonikón*), uma estrutura de conexão e integração dos dados sensoriais. Isso permite à doutrina estoica realizar uma concepção mais integrada e unitária em relação à aristotélica. Também é relevante a classificação das capacidades (*dynameis*) da alma, articulada em aparição (*phantasia*), assentimento (*synkatathesis*), impulso (*hormé*) e razão (*logos*), conforme a metáfora em que a alma é unitária como um fruto, mas como fruto tem múltiplas propriedades, como o perfume ou a forma. De particular interesse é a noção de impulso, ou seja, a ideia de que a alma age, e não se limita a contemplar. A concepção estoica insiste no aspecto prático: as ações são a consequência de uma deliberação racional relativamente a um impulso para agir proveniente do haver unificado e "aprovado" as manifestações ou aparições da realidade exterior. Trata-se de uma intuição que continuou latente na história seguinte das reflexões filosóficas sobre a alma e sobre a consciência, para reaparecer, no entanto, aqui e ali e encontrar em certas doutrinas contemporâneas um eco indireto.

No seu conjunto a perspectiva helenista, típica de uma época de incerteza e de crise, semelhante em muitos aspectos à nossa, leva, não apenas em nível popular, à difusão de mitos e de mistérios, velhos e novos, e permeia também a filosofia da primeira idade helenista e depois romana. A filosofia da época procura essencialmente realizar uma fusão de todas as perspectivas capazes de fazer brotar tal síntese espiritual. Assim, são colocados juntos Platão e Aristóteles, mas também Pitágoras e os mistérios, numa concepção inevitavelmente eclética e sincretista, cujo símbolo talvez mais eloquente seja o hermetismo.

Uma resposta análoga e paralela a essa tendência geral que põe a alma como "ulterior", na sua origem e no seu destino, relativamente à esfera do mundo e, portanto, do seu conhecimento racional e crítico-reflexivo, encontra-se no neoplatonismo[15]. Essa escola procura definir, à luz de categorias filosóficas clássicas, a possibilidade de transcender o âmbito do *logos* dialético em direção a uma perspectiva transcendente de algum modo "mística". A metodologia dialética de Platão é transposta para a filosofia de Plotino com a finalidade de suportar uma tendência a alcançar o Absoluto, no entanto visto de maneira diferente do Bem platônico. A alma é concebida como ente intermédio, entre a realidade que a transcende e da qual provém toda sua potência e sua atividade e o mundo da espacialidade e da sensibilidade material. É por isso mesmo que ela deve voltar-se "para o alto", reencontrar a própria origem transcendente (que é simetricamente repúdio do mundo, visto substancialmente como mal), usando todo o seu poder para a própria ultrapassagem em direção à união mística com o Uno.

Para Plotino a alma é colocada diante de uma escolha entre a conversão à inteligência (*nous*), e com ela ao Uno, e a permanência na corporeidade sensível. Tal escolha é ao mesmo tempo ética e ontológica: a matéria é o não ser. Se a alma não consegue "sair" de si, condena-se à ilusão do mundo e permanece numa imagem ilusória de si mesma. Na conversão da alma ao Uno ela supera a racionalidade mesma, mesmo ao usá-la. Dá-se dessa forma uma sublimação da individualidade consciente, que assim atinge o próprio fim; mas essa sublimação é ao mesmo tempo também dissolução na totalidade, porque a individualidade é, entretanto, vista como limite, seja gnosiológico, seja ontológico, que se interpõe à participação com o Todo. Toda distinção é então entendida como uma alteridade incompatível com a unidade-totalidade do Uno que é a única verdade e a única salvação.

O neoplatonismo, mesmo de forma ainda racional e dialética, é, portanto, uma filosofia mística que prega as progressivas deposição e remoção

---

15. Sobre a doutrina da alma de Plotino pode-se ver: H. J. Blumenthal, *Plotinus' Psychology*, Den Haag, M. Nijhoff, 1971; É. Bréhier, *La philosophie de Plotin*, Paris, Boivin, 1928; C. Steel, *Il sé che cambia*: l'anima nel tardo neoplatonismo, Bari, Pagina, 2006.

de toda forma e de toda determinação finita. Nesse sentido é a sua própria lógica interna que leva à purificação dos elementos míticos presentes na filosofia popular (tanto no orfismo como no hermetismo) e juntamente à eliminação do problema do destino individual. Tal solução, porém, deixa em aberto o problema de onde emergia. Daí a oposição de fundo entre neoplatonismo e cristianismo nascente, da qual dará testemunho a reflexão e a própria aventura biográfica de Agostinho. Se a alma "é" si mesma somente dissolvendo-se no Uno, e assim liberando-se de toda temporalidade e de toda acidentalidade contingente, ela termina por não poder dar mais sentido algum à própria existência corporal, à própria vida. Na dialética entre vida e sentido, a solução neoplatônica (e as versões ainda mais radicais dessa solução, como o maniqueísmo) apresenta-se assim desequilibrada e, portanto, com o tempo, insatisfatória.

Isso não impediu que importantes aspectos da filosofia neoplatônica tenham passado ao cristianismo, particularmente no que se refere ao problema da ascensão até Deus e também em relação à concepção triádica (Uno–Intelecto–Alma) proposta por Plotino, que pela mediação de Proclo influenciará os Padres da Igreja na sua elaboração do conceito de trindade divina. Mas é a reflexão de Plotino sobre a capacidade da alma de retornar ao Uno através de uma "saída" da matéria que será particularmente significativa e fecunda: para Plotino essa saída do que é material, e portanto dotado de extensão, é pensada como o entrar num reino que, sendo diferente do material, deve, então, ser "inextenso". Acolhendo algumas instâncias socrático-platônicas relativas à alma como lugar em si, Plotino inaugura assim uma noção da interioridade despida de qualquer caráter "físico" e, por isso, eminentemente não espacial. Com essa revisão efetivamente radical da ideia de alma, Plotino abre caminho para uma novidade conceitual que será ratificada pela obra de Agostinho. O homem "interior" de que fala Agostinho de fato não é simplesmente o homem que se recolhe em si mesmo e que se fecha aos estímulos do mundo. Muito mais radicalmente, o homem interior está situado "em outro lugar" relativamente ao homem corporal.

Uma vez que essa interioridade não pode mais ser de algum modo espacial (Plotino critica duramente as reflexões estoicas sobre a possibilidade de pensar a relação alma–corpo em termos de mistura), abre-se a questão da sua condição ontológica. Plotino elabora para isso uma doutrina particularmente sugestiva. Ele parte de uma reviravolta do modo costumeiro, também filosófico, de determinar o nexo entre alma e corpo. Em lugar de dizer que a alma está no corpo, ele sustenta que o corpo está na alma. Essa tese deixou muitos comentadores perplexos, mesmo entre os antigos. Sem poder aqui entrar em detalhes desse tema complexo, deve-se notar, porém, que segundo Plotino a alma que reside no corpo é "imagem" (*eidolon*) da alma como verdadeira e própria hipóstase. Portanto, a alma é propriamente só uma, e como tal é o resultado do processo que parte do Uno como um raio de luz provém do sol. Esse raio de luz perde progressivamente em esplendor e clareza à medida que se afasta da sua origem, a ponto de perder em consistência. A alma incorporada é, então, quase um simulacro de tal origem. Mas pode reconquistar a si mesma e a própria natureza se sabe abandonar a aparência, ou seja, a corporeidade, e reencontrar a sua verdadeira realidade, como tal esquecida e, portanto, estando para ser redescoberta. O dualismo plotiniano difere, pois, do platônico, na medida em que, por um lado, a recuperação da própria natureza autêntica por meio da separação da corporeidade material não mantém a individualidade psíquica, mas na melhor hipótese a leva a uma fusão com a luz originária do Uno; mas correlativamente, por outro lado, essa natureza originária deve ser pensada em termos totalmente distintos do que caracteriza a matéria espacial. Daí se impõe uma questão sobre quais são as suas características.

2. A reviravolta cristã

1. A concepção cristã originária e a relação com o judaísmo e com o helenismo

Séculos antes que a pregação de Cristo chegasse a transformar a questão do destino da alma, já havia começado na bacia do Mediterrâneo uma obra complexa de mediação cultural e de hibridação entre ideias e noções gregas e hebraicas[1]. A partir do século III antes da era cristã, numerosos escritores tentaram operar uma síntese entre doutrinas diferentes, quando não opostas. A operação foi feita tanto do ponto de vista linguístico como do conceitual. Gradualmente, em diversos lugares e com velocidades variadas, foi sendo criado um novo léxico, baseado numa complexa estratégia de interconexões e de substituições entre diversos conjuntos de termos.

---

1. No que se refere ao tema tratado nesta seção pode-se ver: R. H. Gundry, *Soma in Biblical Theology*, Cambridge, Cambridge University Press, 1976; R. Jewett, *Paul's Anthropological Terms*, Leiden, Brill, 1971; H. W. Robinson, *The Christian Doctrine of Man*, Edimburgh, T. & T. Clark, 1926; J. A. T. Robinson, *The Body*. A Study in Pauline Theology, London, SCM Press, 1952; H. A. Wolfson, *Philo*. Faith, Religion and Philosophy in Judaism, Christianity and Islam, Cambridge (Mass.), Harvard University Press, 1962; F. Calabi, Tra Atene e Gerusalemme. Anima e parola in Filone di Alessandria, in R. Bruschi (a cura di), *Gli irraggiungibili confini*, Pisa, ETS, 2007, 217-236.

Foram ao menos três as correntes principais que levaram a esse processo de transformação. Em primeiro lugar a tradução para o grego de setenta textos principais das Escrituras hebraicas, obra conhecida depois por isso mesmo como "os Setenta [Septuaginta]" e logo destinada a adquirir um peso e uma autoridade notáveis, mesmo incluindo textos não canônicos (os chamados apócrifos). Em segundo lugar, a anexação ao cânon hebraico e grego de textos não provenientes da literatura hebraica, como o livro dos Provérbios, o livro de Jó, o Eclesiaste — conhecidos como literatura sapiencial. Em terceiro lugar, finalmente, a obra de proselitismo iniciada com os evangelistas e com Paulo de Tarso, com a finalidade de atingir a mais ampla e diversificada recepção possível. Além disso, esse complexo fenômeno esteve ligado e às vezes se confundiu com a difusão, na mesma época, de textos e doutrinas heterogêneos, de origem platônica e estoica, mas também de origem médica e mágica. O resultado foi uma gradual e disseminada transformação da noção grega de *psychḗ*, mas também da noção hebraica de *nephesh.*

A terminologia grega bíblica se avizinha do grego popular, mas ao mesmo tempo mantém sua nota distintiva que a remete às origens semíticas e a distingue da língua e da cultura helenistas. Isso significa em particular, no que concerne à noção de alma, que o dualismo grego é geralmente ausente da conceituação bíblica da relação entre alma e corpo. Obviamente há muitos matizes e notáveis diversidades no interior do corpo testamentário, que aumentam ao se levar em consideração também o Novo Testamento. Se, por um lado, se pode encontrar o complexo trabalho de mediação de Fílon de Alexandria, judeu helenizado interessado em identificar uma via para harmonizar a filosofia grega e a sabedoria hebraica, por outro lado existe a operação quase totalmente inédita de transformação conceitual levada a cabo por Paulo para fazer valer a novidade da mensagem cristã.

A tradução de *nephesh* por *psychḗ* na versão dos Setenta não traz consigo a valência dualista adquirida depois de Platão pelo termo grego, retornando, antes, a uma compreensão da alma como princípio vital ligado à vida terrena. Aqui a separação entre alma e corpo está ausente, ao passo que reaparece nos livros não canônicos, como o da Sabedoria. Também nesse caso, além do mais, a alma não é caracterizada em termos de princípio ou de constituintes divinos. O homem por inteiro é uma criatura de Deus, ainda que destinada à imortalidade enquanto imagem divina. O corpo é considerado mortal e corruptível, mas não é a sede do mal. Depois da morte o corpo retorna à terra e a alma ao Deus que tinha emprestado à pessoa a própria alma. Mais impregnado de dualismo helenista apresenta-se o livro dos Macabeus, apócrifo (ainda que incluído no cânon cristão católico e ortodoxo), no qual se diz que a morte é a via para a imortalidade, o prêmio para a virtude.

Fílon de Alexandria ocupa um lugar especial na história das relações entre filosofia grega e doutrina hebraica, graças ao seu profundo conhecimento de ambas. A sua estratégia consiste em discernir, entre as várias concepções gregas do divino, a que melhor possa adaptar-se à mensagem da Bíblia hebraica. A escolha recai sobre as teses platônicas do *Timeu*, onde se lê sobre um Deus independente do mundo que continua a existir também depois de tê-lo criado, mesmo permanecendo estranho a ele, enquanto incorpóreo, diante de um mundo material. Daqui Fílon se move em direção a uma assimilação da doutrina aristotélica da alma racional como "lugar das formas", de tal modo que pode concluir que o mundo das ideias, um mundo chamado inteligível, tem sede própria no *nous*, ou também, por contaminação do grego dos Setenta, no *logos*. A tendência a assimilar e conciliar leva Fílon em seguida a distinguir uma alma irracional, criada juntamente com o corpo tanto dos seres humanos como dos animais, e uma alma racional, criada na criação do mundo e, portanto, antes da "captura" do corpo. Essa ideia mostra também o emergir de uma noção não grega de criação, que leva Fílon a distinguir uma primeira criação da matéria do nada por parte de Deus e uma segunda criação do mundo a partir da matéria, alinhada com a noção platônica do *Timeu*. A imortalidade da alma não é, pois, intrínseca à sua "natureza" (*physis*), como sustenta Platão no *Fedro* ou no *Timeu*, mas é assim por graça divina, e *poderia*, portanto, ser destruída. A distinção entre uma alma inferior e sensível e uma superior e racional leva além disso Fílon a chamar a última de "alma da alma", cuja natureza é espírito divino (*pneuma*). Também há acenos a uma perspectiva próxima ao gnosticismo, em que Fílon concebe o *logos* como receptáculo do *nous*. A alma está realmente em sua própria casa somente quando volta ao mundo incorruptível das formas, de tal modo que a sua existência terrena é substancialmente uma prisão ou um túmulo (segundo o modelo platônico do *Fédon*).

Com os textos contidos no Novo Testamento[2] se assiste, antes de tudo, a uma expansão do campo semântico da noção de *psychḗ* e à sua maior determinação. A valoração propriamente humana é sublinhada, ao passo que o sentido de condição da vida é enfatizado em vista da questão, central na pregação do Cristo, de uma vida depois da morte. Consequentemente fica desvalorizada a ideia de vida como processo meramente biológico. A "verdadeira" vida é a que depende de Deus como dom. Ao mesmo tempo, contudo, a alma como fonte da vida não tem uma condição autônoma em relação ao seu corpo. Além do mais, a mensagem protocristã sublinha sem ambiguidade a ressurreição do *corpo*, e não somente da alma, mesmo que esse conceito de corpo tenha uma valência inaudita, graças particularmente à complexa operação cultural iniciada por Paulo. O tema central que está articulado em grande parte dos textos incluídos no Novo Testamento é, portanto, a vida, não em geral, mas enquanto própria dos indivíduos humanos, entendidos como existências encarnadas. A individualidade subjetiva se encontra ao mesmo tempo elevada a questão decisiva e generalizada, mas restrita só às criaturas humanas, "ícone" de Deus criador.

Essa operação realiza uma profunda renovação das perspectivas tanto veterotestamentária como da visão filosófica helênica. A individualidade da existência, o seu sentido, a sua relação com uma transcendência dotada de poder criador absoluto (onde o pensamento grego não tinha admitido a ideia de nada e de criação a partir do nada), a capacidade de referir-se a si mesma como via para uma vida mais verdadeira são temas ou totalmente inéditos ou profundamente renovados em relação a concepções precedentes. Isso não exclui que o cristianismo nos seus começos se empenhe também numa obra de assimilação do quadro conceitual anterior, por um lado em tensão dialética com a lei mosaica, por outro lado em diálogo frequentemente polêmico com a cultura clássica. O problema da alma, aliás, não é o objeto de uma discussão acadêmica, mas antes o núcleo de

---

2. Sobre esse tema a bibliografia é imensa. Limito-me a lembrar os seguintes ensaios: M. Adriani, L'anima nell'Antico e nel Nuovo Testamento; C. Fabro, L'Anima nell'età patristica e medievale, in M. F. Sciacca (a cura di), *L'Anima*, Brescia, Morcelliana, 1954, respect. 9-28, 71-105.

uma mensagem revolucionária que, por vezes abertamente, outras vezes implicitamente, é lançada em ruptura com o passado. Ela se insere num quadro mais geral de reflexão teológica, messiânica, escatológica, mas também política e ética. As cartas de Paulo são a propósito o documento mais eloquente, ainda que nos evangelhos muitos desses aspectos sejam tocados, de modo por vezes diferente e de qualquer modo plural.

Para além do problema de interpretar o sentido da mensagem evangélica (problema que não interessa diretamente a este estudo), o elemento talvez decisivo para compreender o sentido especificamente cristão da noção de alma é o da promessa de uma vida depois da morte, promessa que torna a vida terrena fundamental para a destinação da seguinte e, ao mesmo tempo, menos importante enquanto menos "verdadeira". Assim se introduz progressivamente e não sem hesitações uma cesura fundamental em relação ao pensamento anterior, seja hebraico seja grego, como se verá com Agostinho: o sentido da alma como existência votada a um destino ultramundano se liga intimamente a uma renovada concepção do tempo que quebra a ciclicidade da temporalidade, tal como concebida pelos gregos, enquanto atribui à existência uma destinação definitiva e dirimente, que, no entanto, encontra no presente o próprio crivo, e delineia assim uma tarefa mais determinada em relação à perspectiva messiânica judaica.

Desse ponto de vista a alma não pode mais ser vista simplesmente como princípio vital "desta" vida, na medida em que ela vale acima de tudo para garantir a seguinte, a verdadeira. Daí a afinidade e, junto com ela, a diferença em relação à concepção platônica e, com ela, a toda a corrente "órfica" antiga. Tal diferença, sendo também renovação implicada pela adoção da fé cristã, é um passo mais significativo na decisão de participar de um rito mistérico como o de Elêusis. Sem diminuir as semelhanças estruturais, que aliás caracterizam todas as práticas religiosas de renovação da Antiguidade, pode-se notar, no entanto, que a mensagem cristã dá ao processo de transformação (marcado pelo batismo) um sentido novo. A consciência do sentido da existência que se quer obter na perspectiva cristã é a de uma destinação ulterior que se adquire, porém, "aqui e agora", conferindo assim à vida terrena um sentido diferente, uma "direção" e uma teleologia inéditas, assim como possíveis para todos, isto é, universais.

Nesse sentido, é a própria ideia da morte que muda de sinal: a antropologia cristã faz da morte uma passagem que se refere a todos (portanto, não só aos iniciados) e, por isso mesmo, é universalizável e não diz respeito apenas a quem "sabe", mas antes a quem crê e se converte à verdadeira fé. Sendo um dom do Deus criador, a vida ultraterrena não depende senão do Seu julgamento, não, portanto, do humano. Em relação à concepção clássica grega, emergem na antropologia cristã algumas características distintivas da alma: a sua realidade e a sua individualidade pessoal originárias, derivadas diretamente da criação (esta provém do ato de Deus e não é gerada por divisão, disseminação, participação de uma alma do mundo); a sua distinção, mas juntamente não oposição ao corpo, que é também ele originariamente criado por Deus e, portanto, não tem em si um valor negativo e inferior, mas é destinado a ser dominado e desenvolvido pela alma; o caráter secundário e historicamente derivado de uma relativa contrariedade corpo–alma (paixões, dor, morte), proveniente de uma escolha ética negativa (o pecado) não necessária nem permanente, mas anulável graças à conduta proba e à ajuda divina (o que, de alguma forma, dá um sentido à dor); a historicidade concreta e pessoal do destino da alma, individualmente distinto e concebido em sentido não de necessário, não implicado no ciclo do todo cósmico, mas dependente ao mesmo tempo da providência divina e da escolha humana — é talvez essa a virada mais radical do "pensamento" cristão, que desloca o centro da perspectiva do cosmo ao homem na sua relação direta com o divino e, portanto, da ontologia à ética. Nesse sentido, a mensagem cristã retoma o pensamento judaico. Contudo, em relação ao judaísmo e ao primado do tempo futuro (o messias que deve ainda vir), o cristianismo põe o primado do presente como conversão à vida verdadeira com base no evento da morte e ressurreição de Cristo. É isso que leva à diferença com o judaísmo e ao nascimento de um pensamento da história como fundação da cidade humana à imagem da celeste, cuja realidade é garantida pela ressurreição.

Tal novidade, no entanto, deve ser expressa no interior de categorias provenientes da cultura e da filosofia gregas, e portanto isso comporta um esforço laborioso de transformação do sentido dos conceitos da tradição grega e latina para um sentido novo. Esse processo acontece, não sem incertezas e ambiguidades, no bojo da tradição patrística, em que se pode encontrar posições em si muito diversas, algumas até externas à que depois se tornou a doutrina da Igreja; mas isso pode ser explicado exatamente por uma perspectiva histórica como processo de elaboração interno e dialético. Em particular, é com a elaboração de Paulo dos conceitos bíblicos de *nephesh* e de *ruah*, agora interpretados em sentido muito mais dinâmico, que se afirma uma dupla perspectiva: o primeiro termo é traduzido em grego por *psychḗ*, que agora tem valor de criatura vivente e ao mesmo tempo seu princípio biológico, de movimento e crescimento global, como tal distinto da corporeidade (*sarx*, a carne) e ao mesmo tempo, no entanto, a ela unida; o segundo, traduzido em grego por *pneuma* e depois em latim por *spiritus*, deriva diretamente de Deus e com ele está em contato, capaz de elevar-se até Deus, porque seu dom específico, e, assim, de renovar o homem. Com *pneuma* se define, ao contrário, o próprio espírito divino ("santo") que desce sobre o homem e nele habita. Desse ponto de vista Paulo está mais próximo dos estoicos e de sua ênfase no conceito de pneuma do que de Platão ou de Aristóteles.

A doutrina paulina da alma leva-o a instituir uma estreita conexão com o corpo (*soma*), que assume uma valência nova relativamente à perspectiva dualista de origem órfico-platônica. Ainda que os comentadores não estejam completamente de acordo quanto à interpretação dessa noção, pode-se dizer que em Paulo o corpo não é um elemento de separação mas, na melhor das hipóteses, de conexão do ser humano com os seus semelhantes e com o mundo. O corpo coopera com a alma, e isso significa que ele possui qualidades "psíquicas" que anteriormente não eram realçadas nem pela concepção judaica nem pela grega. Mesmo sem se poder dizer com certeza o que Paulo pudesse pensar quanto ao problema mente–corpo (também não atuava na qualidade de filósofo, mas como porta-voz de uma doutrina de salvação destinada a quem quer que fosse), muitos críticos julgam que com essa posição ele se subtrai substancialmente da alternativa entre dualismo e reducionismo. A oposição é, na melhor hipótese, colocada entre o corpo (*soma*) e a carne (*sarx*).

Enquanto o corpo é a condição ineludível da existência encarnada própria dos seres humanos, e como tal possui propriedades e capacidades que alguns autores do século XX (em particular Rudolf Bultmann) aproximaram às doutrinas baseadas no conceito de intencionalidade (sobre o qual nos deteremos ao seu tempo), a carne é um conceito que em Paulo está carregado de valências morais de cunho pessimista. Ele sustenta que a carne é a expressão da tendência humana a inclinar-se ao pecado, entendido como indulgência para com as tentações (exatamente da carne). Enquanto o corpo é sempre animado (*soma psychikón*) e constitui a condição inicial que, superada com a morte e ressurreição de Cristo, leva à vida verdadeira como corpo espiritual perfeito (*soma pneumatikón*), a carne constitui o pecado do qual se deve redimir-se para poder ter acesso à condição de salvação ultramundana. O complexo esquema de relações e oposições instituído por Paulo, por outro lado, não está isento de imprecisões e contradições, e será Agostinho que tomará o encargo de esclarecê-las e resolvê-las. Mas é dupla a novidade da noção paulina de carne: de um lado permite deslocar o eixo da oposição grega tradicional entre corpo e alma, cujo resultado é levar a uma maior atenção à corporeidade (os textos hebraicos não distinguiam de fato as duas noções, falando somente de *basar* em sentido genérico); de outro lado introduz também uma novidade praticamente ignorada pelos gregos: a ideia de que determinadas paixões (as "carnais") são *intrinsecamente* más, e não apenas negativas caso sejam levadas ao excesso. Nem em Platão nem nos estoicos a carne era considerada *per natura* pecaminosa. Esse aspecto da doutrina paulina terá repercussões notáveis sobre toda a reflexão cristã posterior.

2. Agostinho

A reflexão agostiniana sobre a alma representa o desatar de um nó decisivo[3]. A sua posição, fortemente religiosa e "ascensível", e a identificação do pensamento com a vida do ser racional à procura de Deus põem o tema da alma no centro da sua filosofia. Porém, isso não leva Agostinho a uma elaboração diretamente antropológica da temática, e sim a uma elaboração

3. Sobre Agostinho ver: P. Cary, *Augustine's Invention of the Inner Self*, Oxford, Oxford University Press, 2000; É. Gilson, *Introduzione allo Studio de Sant'Agostino*, Genova, Marietti, 1983; R. O'Connell, *St. Augustine's Confessions.* The Odissey of the Soul, Cambridge (Mass.), Harvard University Press, 1969.

da vida de ascensão para Deus por meio da alma, em conexão com uma reflexão sobre ela como objeto e sede de escolhas axiológicas.

Em relação a tal pensamento, a alma é determinada na sua realidade e na sua estrutura. Essa determinação comporta algumas passagens cruciais: em particular a noção de interioridade como "lugar" de Deus (que abre a porta à valorização da interioridade como tal) e a de temporalidade como articulação da alma que elucida a articulação do agir divino. A alma é para Agostinho um princípio hierárquico de domínio do corpo e da sua orientação em relação às paixões. Isso significa que a alma se apresenta distinta do corpo sem ser totalmente o seu oposto. Agostinho, porém, tende a distinguir a alma como princípio vital do *animus* como *summus gradus animae*, e enquanto tal identificado com o *spiritus* e com a *mens* e as suas manifestações (*ratio*, *intellectus*). Isso permite a Agostinho pôr a estruturação da alma na direção ética, como capacidade racional de colher o valor dos bens espirituais em relação aos corporais.

Deve-se dizer, ademais, que em Agostinho coexistem várias determinações da alma e da relação corpo–alma, de acordo com a fase da evolução do seu pensamento, e isso não vale apenas para a conversão do paganismo ao cristianismo, mas também depois que tal conversão aconteceu. A influência da filosofia de Platão e dos neoplatônicos é considerável também depois da adesão agostiniana ao credo cristão, mesmo se os críticos não estão de acordo sobre quais e quantos tenham sido os textos que Agostinho efetivamente conheceu e utilizou na sua grandiosa tentativa de síntese de filosofia grega e cristianismo.

A concepção da alma de Agostinho possui aspectos de continuidade, mas também de ruptura com relação à tripartição geralmente mais difundida entre os autores gregos. Ele retoma a ideia de que a alma racional deva ser distinta da "irracional", noção que, no entanto, unifica o que em Platão é distinto entre alma volitiva e alma desiderativa; portanto, a "terceira" parte da alma, a puramente vivente, se assemelha muito mais à alma vegetativa de Aristóteles. No entanto, o platonismo permitiu a Agostinho afirmar, com uma clareza nunca antes alcançada pelos autores cristãos, o caráter imaterial da alma. Com a finalidade de esclarecer tal natureza incorpórea ele está entre os primeiros a usar uma metáfora destinada a prolongado sucesso: a da alma comparada à luz que se propaga num meio material como o ar.

A afinidade com Deus é, então, no homem, relativa mais à alma que ao corpo. Isso leva a uma posição às vezes bastante pessimista e rigorista. Em certos momentos há em Agostinho também a tendência a distinguir os dois componentes da alma em duas substâncias diferentes, uma espacial e divisível, a outra não espacial nem divisível e inteiramente presente em cada "parte" sua. Tal componente, além disso, enquanto pensante, é capaz de se reconhecer como existindo separadamente do corpo, sobre o qual age, mas em relação ao qual não pode ser passivo. Isso dá lugar a oscilações do pensamento de Agostinho (em alguns textos se aproxima muito a um pensamento da unidade de alma e corpo) que produziram uma longa história de revisões às vezes em sentido dualista, às vezes em sentido unitário.

Agostinho rejeita a teoria de Orígenes que vê a origem da alma como preexistente ao corpo e decaída, mas não precisa as modalidades com que Deus cria cada uma das almas. Ao contrário, relativamente à questão da sua imortalidade, ele retoma o argumento platônico da afinidade da alma às ideias divinas e do ser da alma como princípio de vida, indefectível por princípio, dando a esses argumentos um colorido personalista marcadamente cristão. Agostinho afirma muitas vezes e de maneira enérgica que a alma não é um princípio "divino" no sentido dos maniqueus, mas é uma criatura de Deus, o qual cria do nada e pode sempre reconduzir ao nada o que criou. Nesse sentido Agostinho rejeita o dualismo radical dos seus antigos mestres. Aliás, ele sempre se afastou cada vez mais do dualismo maniqueu, até delinear uma concepção da relação entre alma e corpo como composto, que tem uma origem estoica.

Muito aprofundada é a sua reflexão sobre o aspecto voluntarista, referente ao problema da liberdade. Só exercendo a própria vontade, que é livre, a alma acede à verdade e à salvação por meio da fé. A graça divina é um dom absolutamente gratuito, que não só não nega mas, ao contrário, torna possível a via da libertação concreta, que é libertação em Deus. Deus é atingido pela alma graças ao seu contato ativo com o absoluto na sua interioridade consciente. Deus é condição ontológica desse mesmo contato, que é agir racional enquanto pode fundar-se sobre a garantia divina. Deus é a causa última que torna possíveis todas as operações da alma, além de produzir o seu próprio existir e persistir, e, portanto, a eficácia de tais operações sobre o corpo, *per se* estranho ao espírito. A posição agostiniana final insiste na possibilidade, por parte da alma, de controlar o corpo e, assim, rejeita a ideia de uma necessidade total e cega de pecar. O homem é livre para escolher e, portanto, tem a responsabilidade pelas próprias escolhas.

No *De Trinitate* a alma é chamada *imago Dei* enquanto as suas faculdades e estruturas são expressão da vida de Deus. Com isso a alma humana é fundamentalmente retirada do reino da natureza "terrestre" e marcada, ainda que de modo diferente do usado na gnose, para um destino ultraterreno. Para fundamentar tal perspectiva Agostinho elabora uma concepção da interioridade que tem afinidade com o fundamento socrático-platônico, mas dele se distingue por dois aspectos: em primeiro lugar, pela generalização universalista própria do pensamento cristão, que prescreve tal condição como criada diretamente por Deus e, portanto, não submetida *per se* a condições; em segundo lugar na medida em que tal interioridade é caracterizada pela racionalidade, mas ainda mais pela sua não espacialidade. A modalidade essencial da alma é a sua temporalidade, verdadeiro "sentido" do seu ser, em relação ao qual a corporeidade é associada à espacialidade.

A função decisiva da temporalidade produz uma reviravolta no pensamento na medida em que põe como valor o próprio tempo, como determinação da "divindade" da alma, em relação a toda a filosofia grega no seu conjunto, que tende a desvalorizar o tempo como condição inferior e, portanto, não divina. O nexo entre temporalidade e divindade é alcançado por Agostinho por força da concepção "messiânica" da temporalidade própria da posição cristã, que rompe a ciclicidade grega do tempo e funda uma perspectiva histórica. Graças a tal nexo — pelo qual a *distensio animi* é precisamente *imago* da articulação da ação de Deus na história, feita de eventos originários, de ação presente e de *telos* em direção ao futuro como conclusão e fim — Agostinho pode assim ver na temporalidade o código da interioridade como "diferença ontológica" com relação ao mundano.

O tempo torna-se o "sentido" — na sua dupla acepção de direção e de significado — da presença divina no homem, que lhe dá o próprio lugar no cosmo como artífice da construção da cidade celeste através da construção da cidade terrestre, a comunidade cristã. Tal sentido se obtém por graça e fé, mas pode ser "elucidado" racionalmente por força de tal homologia estrutural entre temporalidade da vida do homem e temporalidade da vida histórica da comunidade. Pode-se aceder a tal perspectiva somente através do momento da conversão, que é a virada decisiva na medida em que produz o verdadeiro nascimento.

Tal conversão se articula, contudo, não por mera negação do mundo, mas sim pela via da "confissão" entendida como revisão do próprio passado e como escritura da própria experiência, que se tornou significativa não em si, mas principalmente como *exemplum* da ação divina no si. A via da autointerpretação da alma assume assim um colorido mais "existencial" em relação àquela eminentemente ético-racionalista de origem socrática. E também a presença das paixões está articulada no interior de uma nova concepção, na verdade bastante revolucionária, da "escritura do si". A confissão assume então o valor de articulação da verdade como produção do que é "maximamente verdadeiro" mas pode permanecer principalmente oculto. A presença de Deus na interioridade é essa escritura sem véus do si que, com isso, por si mesma transforma e absolve, obviamente por força da graça divina que redime.

3. A influência da filosofia árabe sobre a escolástica e o pensamento de Tomás de Aquino

A reflexão sobre a alma da primeira filosofia medieval é essencialmente impregnada de filosofia platônica (aliás, mal conhecida), de influências neoplatônicas e, sobretudo, de influências agostinianas. A posição aristotélica relativa à alma como forma do corpo é, ao contrário, tendencialmente rejeitada em razão da sua substancial falta de conciliabilidade com as teses cristãs sobre o destino ultraterreno da alma[4].

Na elaboração filosófica medieval é sublinhado principalmente o componente espiritual, por vezes tendendo a ser diluído numa concepção

4. No que se refere às temáticas tratadas nesta seção ver: H. Corbin, *Storia della filosofia islamica*, Milano, Adelphi, 1973; M. Amid, *Essai sur la psychologie d'Avicenne*, Genève, Vandrouves, 1940; G. Endress, J. Aersten (ed.), *Averroes and the Aritotelian Tradition*, Leiden, Brill, 1999. No que se refere a Tomás em particular, ver, além das obras já citadas de Gilson: A. Kenny, *Aquinas on Mind*, London, Routledge, 1993; A. C. Pegis, *Saint Thomas and the Problem of the Soul in the Thirteenth Century*, Toronto, Pontifical Institute of Mediaeval Studies, 1934.

quase mística relativa à contemplação de Deus como essência da alma (por exemplo em Escoto Erígena), concepção que, portanto, tende a ignorar ou, de algum modo, a desvalorizar decisivamente a função do corpo. No início do século XIII, no entanto, também em virtude da influência das filosofias hebraica e árabe, já presente por meio da obra de interpretação de filósofos como Avicena, uma nova forma do pensamento aristotélico começa a abrir caminho. No começo é lido em registro platônico também por causa do pouquíssimo conhecimento dos textos originais. A alma é vista como essência intermédia entre eternidade e tempo, entre absoluto e natureza criada, inserida numa hierarquia de inteligências motrizes que dão origem ao universo.

Em Avicena a existência da alma é dada por si mesma de modo mais certo que a do corpo (antecipando de algum modo o argumento cartesiano). O intelecto é pelo menos potencialmente em toda alma individual, ainda que em ato seja único e universal (é único porque só assim se pode compreendê-lo como universal). Averróis, ao contrário, pensa que é único também o intelecto possível, e individual só o intelecto passivo, simples disposição para receber os inteligíveis já em ato. Tal disposição é corporal e, portanto, transitória. Aqui nasce a controvérsia com o averroísmo latino em matéria de imortalidade pessoal.

Os pensadores árabes (de Al-Kindi a Al-Farab, de Avicena a Averróis) estão em geral interessados no problema epistemológico: como a alma (e, portanto, o homem) pode conhecer o universal, e com ele a verdade. A investigação sobre a alma se concentra, portanto, sobre o problema de como conceber o intelecto e como distinguir um intelecto passivo, próprio de cada indivíduo, de um intelecto agente geral e impessoal, que toda a filosofia árabe está de acordo em considerar separado do intelecto dos seres humanos ainda que em contato com eles. Como Tomás verá com acuidade, na reflexão árabe islâmica vai-se muito além das indicações contidas em Aristóteles e transmitidas pelos comentadores gregos, particularmente Alexandre de Afrodísia.

Se Aristóteles distingue em maneira "estrutural" três funções da alma, para Avicena trata-se, antes, de mostrar como a alma racional e em particular o intelecto podem desenvolver uma capacidade cognitiva que parte de uma estrutura mais simples para chegar a uma mais complexa. Ele distingue assim um intelecto passivo ou material, um intelecto habitual e um adquirido. O primeiro é só potencialmente capaz de conhecer os universais. O segundo é o que atingiu essa capacidade, mas não faz uso efetivo dela. O terceiro, enfim, é o que se relaciona ativamente com os universais. A perspectiva, portanto, não é mais simplesmente estática e classificatória, como em Aristóteles, mas genética e ascendente. Em Averróis tal aproximação é retomada, mas invertida, na medida em que o intelecto agente é visto como a última das formas da hierarquia celeste. Para explicar, então, a relação entre intelecto e formas sensíveis ele lança a hipótese de um processo bidirecional. Em primeiro lugar há um processo de abstração por meio da imaginação, pelo qual as formas são "extraídas" da matéria na qual estão aprisionadas. Há, pois, a recepção intelectual delas enquanto formas inteligíveis. A importância dessa perspectiva está no identificar uma função peculiar à faculdade da imaginação, que Aristóteles já entrevia, mas sem tê-la desenvolvido ulteriormente. Tais reflexões serão muito importantes para o mestre de Tomás, Alberto Magno, e para a sua tentativa de harmonizar Aristóteles com o cristianismo.

Um primeiro efeito do encontro entre filosofia hebraica e árabe e escolástica platônico-agostiniana latina é a teoria da alma como luz, ou seja, da peculiar materialidade da alma. Uma vez que toda criatura, ao menos por um aspecto, deve ser distinta do criador, e sendo esse aspecto a sua "matéria", pertence às almas como criaturas espirituais uma matéria particular distinta da corpórea. A luz é essa matéria particular que representa o conhecimento e é símbolo de Deus, o qual, segundo Agostinho, ilumina a mente humana dando-lhe a capacidade de colher as essências inteligíveis e, portanto, de atuar a verdadeira vida da alma como conhecimento e amor. Essa é a via seguida por Boaventura.

Alma e corpo são concebidos como substâncias independentes que podem unir-se, mas sem que isso implique que a alma venha a morrer com o corpo. O interesse principal dessa nova "psicologia" é sempre a vida para Deus, a ascensão por meio do conhecimento da alma. A metafísica da luz de Roberto Grosseteste, na qual é entendida como primeira forma criada, elo entre o universo espiritual e o corporal, mostra que o conhecimento encontra origem em Deus e assim é entendido como via privilegiada para o próprio Deus.

A origem da posição de Tomás deve ser situada na polêmica do século XIII contra a posição platônica (e agostiniana) e o averroísmo latino, mas muito cedo a supera graças, por um lado, a uma complexa fundamentação ontológica e, por outro, a uma capacidade particular de reflexão sobre dados da experiência. Nesse sentido Tomás se destaca também do seu mestre Alberto Magno, também ele grande estudioso de Aristóteles, que sustentava ainda as teses da alma como substância "intelectual" e o seu ser forma do corpo não o seu atributo essencial, mas só uma das suas funções.

Os fundamentos da posição de Tomás são: espiritualidade e imortalidade da alma individual como princípio de conhecimento e liberdade, ou seja, uma posição fundamentalmente personalista; mas unidade substancial da alma com o próprio corpo, do qual é forma e ato primeiro; referindo, portanto, à alma toda atividade corporal e condição do intrínseco ser uno e indiviso de cada homem.

A metodologia de Tomás consiste em interpretar os fenômenos fisiológicos e psíquicos à luz dos seus princípios ontológicos gerais. As teses aristotélicas do hilemorfismo (na sua peculiar acepção), da hierarquia cósmica das formas, da unicidade da forma substancial de todo ser e da correspondência entre modo de ser e modo de operar são interpretadas à luz dos dados da experiência humana e dos testemunhos da revelação cristã. Para Tomás tem particular importância, na polêmica seja com os averroístas, seja com a posição platônica, sublinhar a continuidade entre aspecto sensível e passional e aspecto intelectual e volitivo da "consciência", o que leva à posição da unicidade irredutível da individualidade e da historicidade da pessoa.

Assim, a razão humana existe só individualmente, e tal individualidade é essencial ao homem para ser homem, na medida em que o define essencialmente como *rationalis naturae individua substantia*. Tomás julga que toda alma individual possui a totalidade das capacidades intelectivas (negando com isso tanto a tese averroísta do único intelecto ativo como a platônico-agostiniana da identificação do intelecto agente com Deus). Segundo Tomás toda alma tem, portanto, um próprio intelecto agente. Analogamente, toda alma tem em si toda prerrogativa relativa às capacidades operativas, de tal modo a poder dar-se uma própria vida intelectual e ética.

Essa posição sustenta, portanto, a liberdade individual e assim também a responsabilidade ética individual de toda alma. Isso não subtrai a alma à causalidade divina — que é causalidade primeira, mas opera por meio das causas segundas — e permite, assim, preservar o espaço de ação individual a cada alma. Então, segundo Tomás, não devem ficar confundidas duas ordens bem distintas de considerações relativas às causas, coisa que levaria à negação ou à limitação da liberdade humana. O reconhecimento da ligação alma–corpo e da presença do elemento passional permite que Tomás compreenda o homem como nexo, como individuado e, portanto, como unidade ontológica primária. Ele põe um acento particular na individuação da alma, na medida em que é criada "por" um determinado corpo, como ente histórico. Isso implica negar a preexistência da alma ao próprio corpo, o que significa a negação do dualismo platônico, implicitamente presente também em certas posições de Agostinho.

Assim, o corpo não é mais entendido como castigo metafísico ou moral, mas como instrumento para a autorrealização humana. Com isso Tomás confirma a intuição da mensagem cristã relativa ao mal: não culpa irremediável, ontológica, mas só ética, portanto superável por meio da própria renovação interior. A perfeição que é dada à alma no seu nexo corporal inquebrável fica assim limitada, mas não negada. A aventura humana nesse sentido encontra o próprio significado como esforço de elevação não contra o mundo e a natureza, mas por meio deles. A alma não anula a ordem natural, mas é vista como instrumento de uma ordem infinitamente superior que os transcende ambos, mas dessa forma os preserva sem opor-se a eles.

Tal ordem superior se alcança no plano da fé, que, no entanto, não nega o conhecimento porque é até esclarecida por ele se entendida retamente, isto é, racionalmente. Tomás visa com isso a uma síntese das verdades "parciais" do agostinismo e do aristotelismo. A alma existe de modo independente como espiritualidade, mas isso significa que ela é o princípio ativo do corpo, do qual é forma substancial, isto é, comunica-lhe o ser e toda potência ativa, sendo sua forma única e, por isso, unificante. Na sua atividade e, portanto, no seu existir a alma, porém, excede os limites da corporeidade, porque no conhecer ela se eleva acima da efetividade da experiência sensível e reúne conceitos e valores universais. Nesse sentido Tomás visa a superar os limites do agostinismo na medida em que este permanece de certa forma incapaz de determinar adequadamente a "singularidade" do espírito humano, que dele faz a sua personalidade individuada enquanto o seu fundamento.

A incorporeidade da alma é afirmada em virtude da sua capacidade de ação intelectual (que nada deve ao corpo). Em razão de tal incorporeidade Tomás pode afirmar a autossuficiência da alma enquanto capaz de agir autonomamente. A partir disso ele então pode concluir — de modo original em relação às argumentações anteriormente utilizadas com essa finalidade — pela imortalidade da alma na medida em que ela é incorruptível. Incorporeidade e substancialidade da alma são nesse sentido as premissas de um silogismo que leva à sua imortalidade. Todavia, essa argumentação deixa ainda em aberto o problema do estatuto ultramundano do corpo, que não pode ser garantido por um raciocínio análogo. A solução de tal problema é substancialmente confiada à bondade imperscrutável de Deus, que criou todo o universo e, portanto, também as coisas materiais, que não podem, então, ser intrinsecamente más, mas só imperfeitas e, no entanto, dependentes da bondade infinita do Deus criador que tudo pode. A posição de Tomás é radicalmente otimista e, como tal (aliás conforme à intenção de Tomás, que se considerava um teólogo antes e mais que um filósofo), mesmo no esforço de conciliar fé e razão, prefere a fé, na medida em que a razão não parece suficiente para resolver uma questão nessa problemática.

4. Concepções humanistas e renascentistas da alma

A cultura humanista, a começar pelo nome, afirma a centralidade do homem no universo e o seu papel de agente autônomo, desvinculado de qualquer tutela, mesmo sobrenatural[5]. Por isso não podia deixar de encontrar lugar nessa perspectiva uma reflexão renovada sobre a alma,

5. Para as temáticas tratadas nesta seção, ver ao menos: E. Cassirer, *Individuo e cosmo nella filosofia del Rinascimento*, Firenze, La Nuova Italia, 1974 (clássico); P. O. Kristeller, *Concetti rinascimentali dell'uomo e altri saggi*, Firenze, La Nuova Italia, 1978; F. Papi, *Cosmologia e civiltà nel pensiero di Giordano Bruno*, Firenze, La Nuova Italia, 1968; nova ed. Napoli, Liguori, 2006; C. Trinkhaus, *In Our Image and Likeness.* Humanity and Divinity in Italian Humanist Thought, London, Constable, 1970.

também à luz do trabalho filológico de recuperação dos textos originais gregos que se deu após a diáspora no Ocidente dos intelectuais bizantinos depois da queda de Constantinopla. A alma do homem, pelo contrário, é nessa perspectiva carregada de valências, pelo menos ideológicas, ulteriores em relação à reflexão medieval, à qual por vezes se contrapõe frontalmente, ainda que frequentemente a acompanhe em suas temáticas e estruturas conceituais, partindo de uma concepção do homem como ser peculiar radicada na reflexão cristã.

A concepção humanista exalta na melhor hipótese a posição do homem no cosmo e recupera elementos panteístas que, ao contrário, o cristianismo tinha eliminado. Com efeito, a concepção do homem dos séculos XIV-XV, na sua fisionomia geral, o entende como *nexus* universal, centro de atração e mediador entre as partes do todo. Os intelectuais do humanismo contestam a especulação escolástica como uma elaboração inadequada das problemáticas relativas à dimensão moral própria da condição humana na sua especificidade. O problema mais frequentemente levantado está ligado à doutrina da graça e à necessidade de delinear mais claramente uma perspectiva capaz de indicar de que modo se pode levar uma vida boa e virtuosa. O humanismo, portanto, ao menos no começo, faz uma reivindicação que se insere no tronco da doutrina cristã, que se deve integrar e não rejeitar. Ao otimismo tomista sucede uma estação mais sóbria, em que o ideal de educação é subtraído à argumentação lógica escolástica para ser entregue à meditação literária (pense-se no papel fundamental das obras de Francisco Petrarca).

Essa perspectiva, porém, tem como contrapartida uma maior dificuldade em compreender a individuação, a estrutura ontológica peculiar do ser humano. Com efeito, encontram renovado impulso as doutrinas de origem neoplatônica que compreendem a alma numa perspectiva de elevação cósmica. Platão, Plotino, mas também Jâmblico e Proclo são redescobertos depois do seu eclipse que se seguiu à implantação da filosofia aristotélica sobre o tronco cristão, operada por Alberto Magno e Tomás. Agora, porém, são os textos originais gregos que devem ser lidos diretamente (graças principalmente à obra grandiosa de tradução empreendida em Florença, sob os Medici, por Marsílio Ficino) e não mais apenas a sua "tradução" cristã filtrada pela filosofia de Agostinho.

Ao lado dessa perspectiva desenvolvem-se concepções de procedência aristotélica e averroísta, tendências místicas cristãs e não cristãs; além disso, começa-se a conhecer também textos de tradições diferentes da clássica: do *corpus hermeticum* à Cabala hebraica, num florescimento de pesquisas de sabor esotérico. A reflexão sobre a experiência psicológica e natural não raro assume valências polêmicas de caráter não só realista, mas materialista. Essas concepções tendem a atenuar o peso da problemática relativa ao estatuto individual da alma e ao seu destino ultramundano. Em alguns casos, de fato, a acentuação do lado sensível e corpóreo da alma respeita e, no melhor dos casos, amplia a sua individuação, mas ao preço de uma perda de contato com o problema da sobrevivência ultraterrena (Valla e, de maneira mais rarefeita, Pomponazzi). Em outros, ao contrário, como no caso do neoplatonismo de Ficino, a posição cósmica da alma "universal" é ampliada em conexão com a esfera transcendente das ideias e do divino, e com a sua natureza de princípio animador unificante do todo. Isso permite compreender a alma mesma como princípio divino "afim" a Deus, mas mantém a sua unicidade universal, diluindo-lhe a determinação individual e tornando a personalidade do homem uma questão eminentemente terrena, ligada à sua natureza sensível e mortal.

Nesse contexto se delineia uma oposição de método e de conteúdos entre a corrente substancialmente platônica e neoplatônica de Nicolau de Cusa e de Ficino e a naturalista representada por certa maneira de ler Aristóteles. A primeira corrente procura compreender a colocação da alma a partir de uma unidade, considerada logo como já adquirida, de revelação natural e histórica, e concebe o autorrevelar-se da alma como presença do divino na natureza e no homem.

A doutrina de Nicolau de Cusa merece ademais um discurso à parte, na medida em que contém também elementos muito originais e não assimiláveis imediatamente à corrente genericamente neoplatônica. Em particular ele se reporta a uma meditação pessoal de origem geométrica para expressar a simplicidade e junto com ela a complexidade de Deus (aproveitando a imagem do círculo infinito e a consequente adoção do conceito de infinito, que leva a explodir o universo fechado do pensamento medieval). Nicolau de Cusa introduz a noção de *intuição intelectual* para expressar o nexo entre pensamento racional discursivo e imaginação eidética, de origem platônica, como função eminente da alma na sua capacidade de "figurar" o divino e com isso elevar-se até ele. Tal intuição não é senão o inverso da ação de "contração" de Deus no homem, do absoluto no tempo, a concretude máxima possível do divino no mundo, em que o homem ocupa uma posição excelsa. Desse modo, a alma contempla a si mesma na experiência terrena como semelhança ou conjectura da sua essência eterna, e recolhe no mundo os sinais do seu destino ultramundano de reunificação intelectual como união com Deus. Por meio dessas reflexões Nicolau de Cusa se faz promotor da exigência de pôr um problema preliminar a qualquer discurso sobre Deus ou sobre o divino: antes de examinar-lhe o conceito, é oportuno indagar da possibilidade desse mesmo exame. Nesse sentido, como sustentou Ernst Cassirer, Nicolau de Cusa sai do quadro filosófico da escolástica, mas também da filosofia renascentista, para delinear primeiro um tipo de indagação afim à moderna.

A segunda corrente, difundida principalmente em ambientes acadêmicos, parte, ao contrário, de uma substancial eliminação de toda influência "teológica" e se fundamenta exclusivamente na tradição filosófica e na experiência "empírica" (no sentido aristotélico), aplicando um método lógico-racional que, sem polemizar abertamente com o cristianismo, permanece exterior e paralelo a ele, sem refutá-lo nem confirmá-lo. A disputa sobre a imortalidade da alma entre Agostinho Nifo e Pedro Pomponazzi, realizada a partir dos textos aristotélicos e dos seus comentadores, é, nesse sentido, exemplar. Essa contraposição se repropõe também no pensamento seguinte, renascentista, às vezes no interior de um mesmo sistema de pensamento. É o caso de Bernardino Telésio, cujo pampsiquismo universal representa uma refutação do naturalismo aristotélico, mas não da imanência da alma na corporeidade, o que leva à hipótese de uma *mens superaddita* como fundamento da imortalidade e da espiritualidade do princípio pessoal, que tem por órgão a própria alma e, portanto, dela se distingue.

Giordano Bruno constrói uma obra grandiosa de reconfiguração do pensamento renascentista, na qual está presente uma pluralidade notável de perspectivas, mas fundidas numa visão original e sugestiva. No entanto, o problema da alma permanece marcado pela inconciliabilidade substancial entre concepções diferentes que já estava no pensamento renascentista anterior. A alma universal não pode ser nem identificada nem totalmente distinta da alma individual, que é princípio de atividade, conhecimento e vida. O mesmo vale para a relação com o princípio primeiro e absoluto que a tudo anima, ou seja, Deus, que se manifesta dentro da própria natureza, e nela vive e no homem como intelecto universal. Além do mais, em Bruno também está representada aquela tensão já implicada no pensamento de Nicolau de Cusa entre uma perspectiva teórica nova derivada da introdução do conceito de infinito e a necessidade de compreender tal novidade entre categorias filosóficas ainda marcadas pela suspeita tipicamente grega em relação ao que não tem "limites".

O modo como Bruno define a alma individual varia sem alcançar uma posição definitiva. A partir de uma posição inicial — mais próxima ao neoplatonismo e à distinção e reduplicação da alma sensível e da alma do mundo — ele passa a um esforço interessante de síntese, por meio do conceito de mônada, para o qual confluem o atomismo epicurista e lucreciano e a alma neoplatônica. Tal conceito permite sintetizar em unidade a compreensão das ideias plurais, e, além disso, é princípio unitário de energia. Com isso apresenta-se em Bruno uma forma de tematização do sujeito como distinto em — e, juntamente, expresso por — um princípio intelectual infinito e um princípio material limitado que antecipa a nova metafísica moderna, mas não impede que depois o problema da unidade de forma e matéria venha a ser resolvido apenas dentro de um monismo renovado. A análise de Bruno se insere, aliás, num quadro fortemente marcado por exigências de tipo cosmológico. Ele se torna promotor da hipótese heliocêntrica, difundida pouco antes pelas pesquisas de Nicolau Copérnico, e ao mesmo tempo procura uma generalização filosófica dela, na qual o universo é visto como infinito e a terra perde o seu lugar de centro do mundo. Consequentemente, também o lugar do homem no cosmo resulta a partir daí revirado, e a filosofia deve poder ser fundamentada novamente em bases opostas às do aristotelismo cristão medieval, visto como verdadeira estrutura teórica de fundo de uma época agora definitivamente ultrapassada.

Tomás Campanella retoma o sensismo e o pampsiquismo naturalista da vertente mais imanentista da metafísica renascentista, acrescentando-lhe um recurso renovado sobre as teses agostinianas da alma como espelho de Deus e de toda a criação, mas entrevendo, mesmo na alma enquanto autoconsciência, o primeiro princípio crítico da certeza e, portanto, o fundamento não só da antropologia, mas em geral do saber ontológico.

Em conclusão, a concepção renascentista da alma apresenta uma pluralidade de aspectos que constituem tanto o seu interesse e o seu fascínio como a sua problematicidade. Do ponto de vista da análise, muitos autores manifestam uma exigência de compreensão intelectual dos dados extraídos da experiência concreta — contra as construções lógicas escolásticas, vistas como abstratas — que por si só é importante, mas vai de encontro a uma metodologia pré-científica e profundamente impregnada de categorias filosóficas antigas, inadaptada para satisfazer autenticamente tal exigência.

Do ponto de vista da síntese global, o renascimento manifesta a exigência de levar de novo o homem à natureza para dele fazer, ao mesmo tempo, o seu membro e o seu guia. Contudo, também desse ponto de vista isso apresenta traços ambíguos: a renaturalização do homem o subtrai de uma espécie de "consciência infeliz" diante de uma divindade muito superior para reconciliá-lo com múltiplas manifestações da natureza, mas que sugerem ao mesmo tempo quanto a sua beleza seja caduca. A naturalidade do homem é fascinante, mas deprimente, porque destinada a findar e a não poder transcender-se num lugar ultraterreno visto como mitológico.

Também nas doutrinas mais espirituais a alma do homem pode no máximo transcender-se numa alma do mundo que é a vida natural, e como tal representa uma forma de consciência ecológica *ante litteram*, mas contrasta com o espírito dos tempos, voltado para a celebração da *potestas humana*, que só uma capacidade diferente de tradução da teoria na práxis tecnológica (a qual se tornará disponível com a revolução científica) poderá realmente satisfazer. Com isso, no entanto, se inaugura também uma tendência, de fato já presente no renascimento tardio, a transferir a reflexão sobre a alma naquilo que não seja pertinente à religião em direção a um saber "técnico", racional, correndo assim o risco de unilateralidade, que muito cedo reabrirá o problema do "sentido" como aquilo que é irredutível aos "sentidos", mesmo quando interpretados intelectualmente.

3. A revolução científica e as concepções filosóficas modernas da alma

1. A revolução científica e o problema antropológico

Após as transformações impostas pela revolução científica o pensamento moderno realiza uma clara escolha na fundação de uma nova antropologia filosófica[1]. Tal fundação não pode se concretizar numa ciência autônoma, mas abarca de maneira global a problemática do método e da fundamentação do saber em geral. A centralidade cósmica da alma afirmada no renascimento é assim repetida e, mais ainda, emerge progressivamente a importância daquele particular universo histórico-cultural que é o saber humano como tal. No seu início, em particular, o pensamento moderno segue as linhas traçadas pela filosofia renascentista, que via duas tendências opostas entre si: de um lado a perspectiva naturalista, de outro a espiritualista. Essa divisão, no entanto, transformou-se em força da nova consciência crítica, própria da perspectiva proveniente do nascimento do método científico, numa concepção dúplice e alternativa

1. Para os temas tratados nesta seção pode-se ver: R. H. Popkin, *Storia dello scetticismo*, Milano, Mondadori, 2008; A. Banfi, *Galileo Galilei*, Milano, Il Saggiatore, 1961; L. Geymonat, *Galileo Galilei*, Torino, Einaudi, 1962; A. Koyré, *Studi galileiani*, Torino, Einaudi, 1976; A. R. Hall, *La rivoluzione scientifica, 1500-1800*, Milano, Feltrinelli, 1976.

da objetividade e da verdade, que envolve inteiramente a questão da interpretação da alma.

Por um lado, a realidade corresponde ao objeto adquirido e empiricamente verificado com os métodos de mensuração e de controle matemático próprios da nova física. Dessa forma, ele é reconduzido às suas qualidades "primárias", que competem à matéria em movimento e como tais constituem o módulo da certeza do real e da sua cognoscibilidade científica, conforme a perspectiva inaugurada por Galileu. Desse ponto de vista então a alma é, em relação aos fenômenos físicos, um elemento perturbador, na medida em que introduz aparências subjetivas. Constitui também um elemento limitante na medida em que é admitida como realidade indubitável, é verdade, mas, cientificamente incognoscível — portanto, deve ser deixada às religiões e às regras práticas da vida. Tal cisão não pode, ademais, permanecer assim por mais tempo, na medida em que com o iluminismo se dará início à busca de uma aplicação da metodologia científica também à esfera psíquica e ético-histórica.

Por outro lado, a alma, enquanto objeto pensado como primeiro e puro, e portanto devolvida à determinação do pensamento e despojada de toda sensibilidade e toda organicidade, ou seja, como *res cogitans*, torna-se modelo e fundamento do mesmo esquema explicativo da interpretação matemática e mecânica da natureza. A alma vem a ser o lugar da verdade absolutamente independente de toda premissa e de todo pressuposto e, pelo método da clareza e da distinção, coincide com o próprio ato do pensamento. Elevada a essa função, contudo, a alma perde a sua concretude e a sua integridade. Não sendo mais essencialmente força animadora do sensível, da corporeidade, e não sendo mais, tomisticamente, um princípio orgânico de finalização, desde dentro e espontaneamente, da realidade material, ela perde também a própria característica de princípio voluntarista de liberdade, escolha e decisão. Ao contrário, passa a ser o princípio e a sede de manifestação da pura necessidade racional, da evidência cognoscitiva. Portanto, age diretamente somente sobre si mesma, ao passo que para ser eficaz sobre a matéria necessita de uma mediação.

Assim, inaugura-se no pensamento moderno uma cisão que frequentemente se multiplica numa estratificação de oposições presentes simultaneamente. Como subjetividade autoconsciente a alma é entendida, em nível crítico-metodológico, como princípio de fenomenização, ou seja, fundamento e critério de certeza do que se manifesta. Enquanto princípio de conhecimento ela é sede de evidência necessária e nesse sentido não pode mais afirmar-se como princípio prático de espontaneidade e liberdade a não ser por meio de uma nova fundamentação ontológica (que chega de forma coerente com Spinoza). A sua realidade ontológica é determinada essencialmente como a ação totalmente peculiar que é o pensar (*cogito, res cogitans*). Pode então conhecer, sim, a realidade exterior (*res extensa*), mas apenas como ideia, não imediatamente, portanto não na sua real alteridade, mas por meio do fazer-se presente à alteridade do Absoluto como garantia de correspondência entre ideia e "coisa exterior". Sempre graças ao intermédio do Absoluto pode agir então sobre a esfera corporal, mas por isso trata-se de uma ação não "verdadeira", porque o dualismo ontológico leva a impedir a ação direta da alma sobre o corpo. Disso e nesse sentido provém a tentativa de todo racionalismo de pensar o paralelismo mente–corpo (pensemos em Leibniz, mas também no ocasionalismo). Dessa forma está posto o problema da crise de pensabilidade da unidade e da individualidade do homem, como também da pensabilidade da comunicação entre substâncias pensantes, isto é, o problema da intersubjetividade.

2. A filosofia de Descartes

O problema da mente está no centro do sistema cartesiano[2]. Segundo Descartes, a doutrina da alma não pertence às ciências da natureza, mas é ciência de uma realidade extrassensível. A natureza da alma funda a possibilidade de toda ciência e por isso permite ao homem estender o olhar para além dos limites da própria ciência, em direção aos problemas da metafísica.

---

2. A bibliografia sobre Descartes é inesgotável. Pode-se ver pelo menos as seguintes obras: F. Alquié, *La découverte métaphysique de l'homme chez Descartes*, Paris, PUF, [3]1987; H. Gouhier, *La pensée métaphysique de Descartes*, Paris, Vrin, 1962; G. Rodis-Lewis, *L'anthropologie cartésienne*, Paris, PUF, 1991; F. Bonicalzi, *Il costruttore di automi.* Descartes e le ragioni dell'anima, Milano, Jaca Book, 1987; S. Landucci, *La mente di Cartesio*, Milano, Angeli, 2002. São em seguida muito importantes os numerosos estudos dedicado ao pensamento cartesiano por J.-L. Marion. Em italiano está disponível *Il prisma metafisico di Descartes*, Milano, Guerini, 1998.

Na investigação metafísica sobre a substância espiritual e inteligível a razão dá a contribuição do seu rigor demonstrativo às verdades da fé.

A abordagem cartesiana, porém, se defronta dessa forma também com o problema do dualismo de alma ou espírito e matéria, dualismo declinado de maneira "pura" à luz da nova teoria do conhecimento. A conexão imediata entre a autoconsciência própria do pensamento e a sua consideração enquanto substância incorpórea transparece desde o *Discurso sobre o método* (1637), na parte IV, onde, examinando as razões que provam a existência de Deus e da alma humana, Descartes sustenta que pode simular não ter um corpo, mas não pode fingir que de fato não existe. A existência fica assim conexa com a determinação da sua certeza, e esta, por sua vez, com os procedimentos intrínsecos da alma. Nesse sentido, a substância pensante é aquela

> cuja essência toda, ou natureza, não está senão no pensar e que, para ser, não necessita de lugar algum nem depende de coisa alguma material. Dessa forma esse eu, isto é, a alma, pela qual eu sou o que sou, é absolutamente distinta do corpo e é também mais fácil de conhecer do que ele, e ainda que o corpo não existisse a alma não deixaria de ser tudo o que é[3].

O enfoque de Descartes no problema da prova de existência inverte o tradicional. Em lugar de admitir como evidente em primeiro lugar a existência do mundo sensível e do corpo humano para chegar depois à da alma e à de Deus, faz o caminho inverso por meio de uma investigação preliminar relativa à própria noção de certeza. Esse procedimento tornou-se possível e, mais ainda, necessário após a crise do saber tradicional causada pela revolução científica e em razão do ceticismo em relação ao sensível que atravessa o pensamento da época, mesmo independentemente das pesquisas naturais. Para Descartes é então fundamental recorrer à razão filosófica, e não aos argumentos teológicos, para fundamentar de maneira indiscutível — ou seja, em referência ao critério de evidência — verdades que não possam mais ser postas em dúvida por nenhum argumento. A fundamentação deve, pois, ter um caráter de *autofundamentação.*

---

3. R. Descartes, Discorso sul metodo, in *Opere filosophique*, a cura di E. Lojacono, Torino, UTET, 1994, v. I, 522.

É isso o que faz da introdução da "primeira pessoa" o caráter revolucionário da análise cartesiana: o eu, mesmo negando-se, não pode não existir. Mas isso transforma o panorama filosófico: a introdução da perspectiva em primeira pessoa produz uma renovação radical da problemática da alma, que se torna consciência em sentido eminente.

Tal importância do papel da consciência só teve um antecedente filosófico: a perspectiva agostiniana. Contudo, ao passo que em Agostinho o eu que se confessa e produz a própria verdade não faz mais do que exprimir a verdade divina inserida na interioridade humana, em Descartes se encontra apenas uma perspectiva imanente. A verdade do eu é o eu, não Deus. Deus é garantia de tal verdade, mas apenas na medida em que ela se dá só por ela. A reviravolta consiste pois, no atribuir à alma, entendida como eu, um primado ontológico que é tal na medida em que é psicológico e gnosiológico. Passa a ser atribuída à interioridade uma nova condição ontológica, irredutível às ciências naturais não por falta (como se fosse algo que escapa à compreensão racional), mas por excesso, na medida em que fundamenta qualquer possibilidade de compreensão racional, mesmo do mundo físico. A posição cartesiana suscita, ademais, um problema na medida em que, para determinar a novidade ontológica da subjetividade, repropõe categorias ontológicas por si sós inadequadas para tal fim, isto é, não submetidas a verificação crítica. Essa questão é colocada de maneiras diferentes e paralelas pelas escolas geradas a partir de Descartes, seja a racionalista, seja a empirista. Em ambos os casos põe-se o problema de como compreender a substância, isto é, a determinação ontológica geral do ser, à luz da virada cartesiana, tomada como ponto de ruptura e sem retorno.

Pode-se notar a propósito que nem mesmo essa reflexão consegue colocar-se à altura da tarefa na medida em que não vem expressa adequadamente a exigência que, afinal, guia tal procura, ou seja, a elaboração de um pensamento ontologicamente tomado na sua especificidade: o estatuto, em outras palavras, da própria autoconsciência. Assim se põe o problema da relação entre pensamento pensante e pensamento pensado: o seu nexo sistemático e a sua autocompreensão crítica. Uma mudança de sentido acontecerá somente com a concepção transcendental kantiana. Mas nesse caso também a solução não pode ser considerada satisfatória, e toda a problemática vai reaparecer em Husserl, como veremos a seu tempo.

Descartes distingue a alma da mente, na medida em que esta não é mais vista, como na escolástica, em termos de "parte" da alma no seu todo, mas coincide com a alma *enquanto conhece a si mesma.* Portanto, a mente é algo diverso da alma como animação do corpo. Com efeito, segundo alguns intérpretes, a alma não deve ser associada à mente e, assim, ao pensamento ou substância pensante (que deve, portanto, ser ligada à substância extensa, ou seja, à corporeidade material mecânica), mas é um "terceiro gênero", cuja condição Descartes caracteriza com o termo *permixtio*, como se vê particularmente no tratado *As paixões da alma* (1649). Essa posição não é, porém, universalmente aceita e, além disso, coloca o problema da demonstração da imortalidade da alma (que, efetivamente, não foi totalmente resolvido por Descartes, não obstante a intenção originária com que compôs as suas *Meditações metafísicas sobre a filosofia primeira* [1641]).

Em Descartes, de fato, a demonstração da natureza peculiar da alma como substância pensante permite *ipso facto* demonstrar a sua imortalidade. É a própria diferença ontológica com a matéria que garante tal característica, segundo a equação seguinte: se a matéria é perecível e a alma não é matéria, então a alma não é perecível. Além disso, Descartes é bastante despreocupado também a respeito do destino futuro da alma, como especifica nas *Cartas.* O que o move é principalmente determinar o seu estado "presente", isto é, definitivamente, o estatuto lógico relacionado com o problema da autofundamentação da evidência.

Em face de tal determinação, a ideia do corpo emerge como matéria submetida às leis físicas. Isso se aplica também ao corpo humano. O estatuto da corporeidade é o da extensão e, portanto, da exterioridade recíproca das partes. Essa é a razão conceitual que leva à determinação do corpo "próprio" (o corpo daquele que diz eu) em termos absolutamente análogos aos de todos os outros corpos.

Ressurge, portanto, o dualismo platônico, mas sob forma totalmente inédita: é a determinação do autoconhecimento que opera a cisão e o divisor de águas entre *res cogitans* (que é *cogitans* porque pensa a si mesma) e *res extensa.* Não sendo "animado", o corpo tem seus movimentos explicados de maneira necessária e suficiente por meio da imagem da máquina. O corpo humano é identificado com o corpo animal e em geral com a matéria como o que é submetido a leis de natureza exclusivamente mecanicista.

Pierre Gassendi objeta a essa posição que a alma se apresenta, por exemplo, durante o sono, ligada ao corpo do qual deveria estar totalmente separada. É o problema — capital — da passividade da alma. Diante desse problema Descartes fica obrigado a explicar como, uma vez distintas tão radicalmente as duas substâncias, elas então tenham efetivamente um nexo. Tal problemática se articula, aliás, mais amplamente em relação aos conteúdos mesmos do pensamento, as "ideias". Alguns conteúdos são dados à alma de modo inato, outros, no entanto, são construídos sobre a base da experiência (ideias artificiais) e outros ainda impostos à alma desde o exterior (ideias adventícias). Como explicar tal "impressionabilidade" da alma? Não é por acaso que Descartes é levado por esses problemas a alongar-se num tratado sobre as "paixões" da alma. Conceito que, no mínimo, é um oximoro se formulado no contexto da filosofia.

O problema da relação psicofísica, de acordo com o que resulta da abordagem cartesiana, é o problema da relação entre o que é extenso e o que é inextenso num sentido essencial, isto é, "outra coisa" que a extensão. Trata-se de uma problemática que encontrará o seu análogo no debate atual sobre relações entre mente e cérebro e sobre a possibilidade de "mensurar" o pensamento por meio das conquistas, de um lado, das neurociências e, de outro, da psicologia experimental. A solução da glândula pineal é paradoxalmente muito "materialista" para um pensador que tentou retirar radicalmente o pensamento de qualquer determinação material. É provável, entretanto, que essa solução tenha sido efetivamente necessária por causa da falta de compreensão da peculiaridade ontológica da própria *res cogitans*. Com efeito, como lhe foi contestado por Edmund Husserl, Descartes compreende o eu de um modo que de fato faz do eu ainda "um pedaço do mundo", um quê de "real", isto é, uma coisa. Isso leva inevitavelmente ao problema mesmo do dualismo, que se mostra como consistindo na impossibilidade de encontrar um nexo entre duas "substâncias" que na realidade não diferem efetivamente em nada de essencial, mas só em determinações funcionais. Então, não se pode encontrar uma solução para o problema da relação entre "mente" e "corpo" senão colocando-se antes de maneira correta a verdadeira determinação da sua diferença.

Para Husserl, essa diferença não pode ser expressa a não ser segundo o desenvolvimento da intuição cartesiana da especificidade do eu, ou seja, retomando o que vem da tradição socrático-platônica. Se nos pensadores gregos falta a compreensão do sentido filosófico do eu, são dadas, porém, as categorias conceituais para uma definição ontológica diferente, menos criticamente ingênua do aquela a que Descartes recorreu. Mas essa via não é a que vão seguir imediatamente os pensadores que recebem a herança cartesiana. Eles, ao contrário, se colocam problemas diferentes e múltiplos, que indicam em todo caso uma passagem ulterior no processo de transformação da antiga problemática relativa à alma para a moderna, firmada sobre o problema da mente e da consciência.

No tratado sobre as paixões da alma, Descartes distingue três tipos de paixões: as percepções sensoriais direcionadas para o exterior, as sensações corporais internas e as emoções. Dois desses três tipos são, portanto, ligados essencialmente ao corpo, ao passo que só o terceiro se refere à alma em si. O caráter fundamental das emoções é particularmente relevante, na medida em que elas constituem o modo como a alma é afetada diretamente por si mesma. As emoções como autoafecções da alma recebem, portanto, um estatuto comparável ao do *cogito* como autoevidência do pensamento a si mesmo. A partir dessa homologia estrutural Descartes delineia a própria concepção final da pessoa como baseada sobre três características essenciais: a sua corporeidade, a sua condição de vivente, a sua consciência. Nenhuma das três determinações depende, estritamente falando, das outras. Dessa forma, se por um lado se tem uma atenuação do dualismo metafísico predominante nas *Meditações metafísicas*, por outro são lançadas as bases para uma compreensão da personalidade como estrutura complexa, que deixa progressivamente de lado o problema do destino ultraterreno para concentrar-se, antes, na sua condição ética e ontológica mundana.

3. O racionalismo: Spinoza e Leibniz

Nada é mais estranho a Baruch Spinoza[4] do que a abordagem de Nicolas Malebranche, que centra a sua filosofia no estado de pecado da alma, até

4. No que se refere à obra de Spinoza relativa à temática aqui tratada, ver: P. Grassi, *L'interpretazione dell'immaginario.* Uno studio in Spinoza, Pisa, ETS, 2002; M. C. Lombardo, *La mente affettiva di Spinoza*, Padova, Il Poligrafo, 2004; V. Morfino, *Incursioni spinoziste*,

porque é o próprio conceito de alma como substância imaterial individual que não encontra lugar no seu sistema.

Se os primeiros escritos de Spinoza (*Princípios da filosofia cartesiana* e *Pensamentos metafísicos* [1663]), os únicos a ser publicados com o seu nome, expõem o sistema cartesiano sem reais diferenças, isso se deve à intenção divulgadora e não pessoal dessas obras. Na realidade, um dos aspectos de maior novidade e originalidade do pensamento de Spinoza é a sua concepção da "mente". Ele deixa claro explicitamente, já desde as primeiras cartas a Henry Oldenburg, que um dos principais defeitos da perspectiva cartesiana é a sua concepção da mente.

Para Spinoza a substância infinita, da qual o homem, como as outras coisas finitas, não é senão um modo, se dá a conhecer nos atributos do pensamento e da extensão. Tais atributos da substância não são os únicos, mas são os cognoscíveis pelo homem. Entre alma e corpo não existe um simples paralelismo como nos ocasionalistas, porque os atributos, dos quais alma e corpo são modos, pertencem à essência de uma substância única. Isso implica, pois, uma crítica da ontologia cartesiana e da sua pobre reflexão quanto ao conceito de substância. A própria multiplicidade dos seres humanos mostra claramente que a substância não constitui a forma do homem, mas, ao contrário, que a essência do homem é "constituída por certas modificações dos atributos de Deus"[5].

Na parte II da *Ética* (1677), dedicada à "mente", Spinoza desenvolve a própria "psicologia". Ele usa a palavra "mente" na medida em que, na sua opinião, é o termo latino que melhor mostra o aspecto do pensamento, enquanto o termo alma é para ele muito comprometido em sentido corpóreo. Aqui se percebe como a transformação aberta por Descartes encontra uma primeira canonização. O atributo fundamental da psique é o pensamento, e isso implica a eliminação dos aspectos corporais também num sistema "monista" como o spinoziano, no qual se haveria de esperar principalmente encontrar a união entre alma e corpo. Na realidade, para Spinoza tal união pode ser compreendida somente se

---

Milano, Mimesis, 2002; S. Sportelli, *Potenza e desiderio nella filosofia di Spinoza*, Napoli, ESI, 1995; G. Deleuze, *Spinoza e il problema dell'espressione*, Macerata, Quodlibet, 1999.

5. Etica, parte II, proposição X, corolário, in *Etica e Trattato teologico-politico*, a cura di R. Cantoni, F. Fergnani, Torino, UTET, 1972, 139.

o pensamento é separado, na sua definição conceitual, dos demais componentes psíquicos.

A mente humana não é senão parte do intelecto infinito de Deus. É Deus que se experimenta quando se diz que é a alma que se sente: não Deus em si, mas na medida em que se expressa na natureza humana. Uma vez que é a extensão também atributo da substância divina, o objeto da alma humana não pode ser senão o corpo, como a sua correspondente modificação estendida. A vida do corpo é, pois, modificação da alma. Essa é a perspectiva "monista" spinoziana que tem sido privilegiada por certas correntes contemporâneas da pesquisa científica, como, por exemplo, a posição de Antonio Damasio[6].

A união de alma e corpo não pode ser compreendida de modo "claro e distinto" — porque sentir o corpo é *ipso facto* experimentar a alma — se não se conhece primeiro adequadamente a natureza do corpo (proposição XIII, escólio). A ideia do corpo e o corpo, isto é, mente e corpo, são um único e idêntico indivíduo que se concebe ora sob o atributo do pensamento, ora sob o da extensão (proposição XXI, escólio). Se, portanto, a alma é por um lado identificada ao pensamento, correspondentemente o pensamento é pensamento do corpo, e a mente se compreende como "ideia do corpo", segundo uma ambígua definição.

Spinoza coerentemente deriva dessas posições que a mente não pode ser prerrogativa única do homem, deixando os animais na condição de autômatos. Se toda coisa existe necessariamente como ideia de Deus, então também aos animais se atribui o pensamento. Além disso, para Spinoza, o conceito fundamental que exprime a existência de qualquer coisa é o de *conatus*, isto é, a tendência de um ente a persistir no ser. Desse ponto de vista a hierarquia dos entes fundamenta-se não em considerações metafísicas ou morais (o homem como "imagem de Deus"), mas no grau de complexidade da sua organização interna e na medida da sua independência da influência de causas exteriores. As duas determinações são conexas: quanto mais um ente é organizado de forma complexa, tanto mais é capaz

6. De A. DAMASIO deve-se ter presente tanto *L'errore di Cartesio* (Milano, Adelphi, 1995) como *Alla ricerca di Spinoza* (Milano, Adelphi, 2003). [Ed. br.: *O erro de Descartes*, São Paulo, Companhia das Letras, 1996; *Em busca de Espinosa*, São Paulo, Companhia das Letras, 2004. (N. do T.)]

de se autodeterminar e de subtrair-se à passividade do ser exposto à influência de eventos externos.

No entanto, para definir a diferença entre o homem e os animais é preciso admitir uma diversidade de grau e não de natureza, e compreender, portanto, a natureza do objeto, ou seja, do corpo humano. Dessa forma é abolida a posição privilegiada do homem no cosmo. Nem o homem nem os animais são simples máquinas, mas são todos, no entanto, rigorosamente determinados, sendo compreendida a variação exclusivamente como causalidade (o que constitui uma retomada do atomismo antigo, principalmente lucreciano). Todo corpo tem a sua ideia paralela, ou seja, a sua alma. Só o corpo humano, no entanto, tem uma capacidade tal que faz que a própria alma seja uma mente, isto é, a ideia de si mesma.

Com isso também se declara sem sentido a tormentosa questão da "sede" da alma e também a das influências recíprocas entre corpo e alma. Se pensamento e extensão são duas faces da mesma moeda (a substância infinita), aquilo que do ponto de vista da extensão é um corpo do ponto de vista do pensamento é uma alma. Para Spinoza, além do mais, não existem ideias que não se refiram a corpos extensos. Portanto, fica de fora a questão se pode haver algo de real e ao mesmo tempo inextenso: a correlação estrutural entre pensamento e extensão assegura, por um lado, a existência de uma determinação ideal para cada objeto mas, por outro, exclui que existam determinações ideais sem objeto correspondente. A estreita correlação entre os dois planos faz que, para Spinoza, se deva abandonar a questão da liberdade, que é uma palavra vazia decorrente do fato de os homens serem conscientes das suas ações, mas ignorantes das causas por que são determinadas (proposição XXXV, escólio).

O corpo humano é composto de um grande número de corpos individuais, por sua vez compostos. Em consequência, a alma humana não pode ser simples. A proposição XV sustenta que a ideia que constitui o ser formal da mente humano não é simples, mas composta por muitas ideias. Negando a simplicidade da alma — que, efetivamente, é uma cadeia de estados de consciência — Spinoza renuncia ao argumento tradicional para demonstração da sua imortalidade. Toda a doutrina de Spinoza comporta uma negação da ideia da imortalidade de qualquer substância imaterial e individual. Implicitamente, Spinoza não pode também admitir a persistência e a imutabilidade da alma no corpo vivente e unida a ele; muito menos aceitar que ela subsista além da morte corpórea.

Tal problema é retomado muitas vezes no seu pensamento. Se corpo e alma, diz Spinoza, perecem como modos, são, contudo, imortais como atributos divinos. É esse, pois, o caminho para repropor uma compreensão da imortalidade que, porém, não é evidentemente pessoal. A imortalidade deve ser entendida como elevação da alma-modo à compreensão da sua necessária procedência da substância infinita, de tal forma que em seu retorno a ela se acalma e a mente contempla a ocorrência do mundo de um ponto de vista não pessoal e contingente, mas universal e necessário.

Algumas expressões que se encontram nas proposições XXI-XXIII da parte V da *Ética* parecem apontar, porém, mais para uma compreensão da imortalidade como sobrevivência das almas individuais. Contudo, semelhante interpretação contrasta com o espírito geral da *Ética* e da parte V em particular, pela qual não se deve entender a imortalidade como sobrevivência depois da morte corpórea, mas como elevação, já em vida, da mente até o ponto de vista do eterno, que vai ocorrer ou não conforme uma perspectiva rigorosamente necessária da qual não participa a responsabilidade do homem. Em Deus a conexão entre as ideias dá-se de maneira completa e necessária. Porém no homem dão-se influências exteriores que abrem lacunas no encadeamento das ideias e tornam fragmentário o seu conhecimento. No entanto, é possível em princípio reconstruir toda a cadeia de ideias, o que explica como Spinoza possa, por um lado, apontar para o aperfeiçoamento do intelecto como acesso à imortalidade identificada com a necessidade e, por outro, reconhecer que isso nem sempre é possível, mas, contingentemente, é plenamente real só para os que concretamente a ela têm acesso.

A posição de Gottfried Leibniz[7] representa certamente uma tomada de distância crítica em relação à de Spinoza, do qual, afinal, o seu sistema

7. Algumas das muitas obras relevantes para as questões aqui tocadas são: N. Rescher, *The Philosophy of Leibniz*, Newark (NJ), Prentice-Hall, 1967; B. Mates, *The Philosophy of Leibniz*. Metaphysics and Language, Oxford, Oxford University Press, 1986; E. Vailati, *Leibniz and Clarke*. A Study of Their Correspondence, Oxford, Oxford University Press, 1997; E. Pasini, *Corpo e funzioni cognitive in Leibniz*, Milano, Angeli, 1996; G. Deleuze, *La piega, Leibniz e il barocco*, Torino, Einaudi, 2004.

está profundamente impregnado. A concepção leibniziana se baseia na ideia de mônada como substância individual. Tal concepção é explicitamente lançada contra o monismo spinoziano, que seria válido se não existissem uma base e uma substância nas coisas, constituídas exatamente pelas mônadas. Passa-se dessa forma da única substância infinita à infinidade das substâncias únicas.

A mônada é em Leibniz chamada substância, mas também alma, enteléquia, força. Essa multiplicidade de termos sinônimos revela a originalidade da concepção leibniziana relativamente à ontologia diante seja da tradição aristotélico-escolástica, seja da posição cartesiana. Para Leibniz, substância não é o que pode ser concebido por si, independentemente de toda outra coisa, como quer a tradição de Aristóteles a Spinoza. A definição leibniziana é, em vez disso, fundada na capacidade de ação. Para chegar a tal definição Leibniz reforma também o princípio cartesiano da compreensão da realidade física, baseado na conservação da quantidade de movimento (de onde derivam o seu mecanicismo, a rejeição da ação a distância e a negação da existência de um espaço vazio), transformando-a em princípio de conservação da energia. Além disso, ele pode dessa forma reintroduzir uma concepção finalista da realidade física contra o estreito determinismo cartesiano.

Essa passagem permite então a Leibniz generalizar a noção de energia como mais originária que as de pensamento e extensão. Estes, ao contrário, são compreendidos como manifestações de grau diferente da única energia, que fornece a definição essencial da mônada. No interior desse monismo "pluralista", pois admite uma infinidade de substâncias individuais, Leibniz introduz, então, a distinção entre representação e apetite, transformando a compreensão mesma da percepção. Essa perspectiva é fortemente crítica em confronto seja com Descartes e a sua concepção ontológica indefensavelmente dualista, seja com Spinoza e a sua — no parecer de Leibniz — de igual modo indefensável perspectiva monista.

Efetivamente, tal inovação permite a Leibniz admitir "representações" inconscientes fundadas na ideia de que a energia não se transforma sempre em consciência. É a distinção entre *percepção* e *apercepção*. Resulta daí também uma crítica de toda perspectiva ocasionalista, que, sustentando definitivamente que só Deus age, acaba dando razão à doutrina averroísta que defende um único espírito universal, com o qual se confunde toda alma particular. Motivo fundamental de tal doutrina é para Leibniz a injustificável separação entre a alma e suas funções e o corpo. As motivações dessa posição são as que fazem chegar à exigência de preservar a imortalidade para a alma no momento da morte corporal.

A tal concepção contrapõe-se outra, igualmente falaciosa, que para preservar a individualidade das almas acrescenta a hipótese de uma igualmente injustificável e indemonstrável separação da substância corpórea em relação à substância extensa. Para superar ambas as posições errôneas, a Leibniz é necessário, mas também suficiente, examinar o conceito de substância extensa. A extensão não pode ser real por si mesma porque nela não existem elementos simples que não possam ser divisíveis ao infinito, nem das suas propriedades pode-se derivar uma compreensão do movimento atual. Os elementos da realidade extensa devem possuir a simplicidade do ponto matemático e ao mesmo tempo um caráter dinâmico e unitário, como usualmente se reconhece no próprio "eu". A mônada é assim concebida como generalização da ideia de substância, simples como o eu e como ele dotada de propriedades dinâmicas.

A unidade do eu é tal precisamente em virtude do seu ser sem partes e capaz ao mesmo tempo de presidir à unificação da multiplicidade da experiência. Toda substância é capaz de ação, mas deve-se distinguir as substâncias simples e as compostas. Os corpos ou os compostos são agregados de partes simples. Uma vez que sem os simples não há compostos, segue-se que toda a natureza está "cheia de vida" (*Princípios da natureza e da graça fundados sobre a razão* [1714]). Portanto, é partindo do exame do ser que Leibniz chega à conclusão em favor de uma pluralidade indefinida de substâncias, ou melhor, uma verdadeira infinidade, que são, por essência, espirituais enquanto análogas ao que se recolhe no íntimo do nosso ser.

Toda mônada é um ponto de vista particular sobre todo o universo. O que distingue as várias mônadas são as qualidades e as ações internas, ou seja, as "percepções" e os apetites, estes definidos como tendências de uma percepção a outra. A doutrina leibniziana da alma é uma doutrina da atividade. Na *Carta a Wagner*, escrita em 1710, ele distingue dois significados do termo "alma":

Em sentido lato a alma é o mesmo que vida ou princípio vital, isto é, o princípio da ação interna existente na substância simples ou mônada, ao qual corresponde a ação externa. E essa correspondência de interno e externo, ou representação do externo, do composto no simples, da multiplicidade na unidade, constitui verdadeiramente a percepção. Nesse sentido a alma será atribuída não só aos animais, mas a todos os seres perceptivos.
Em sentido estrito a alma é considerada uma espécie de vida mais nobre, ou vida sensitiva, na qual não há a simples faculdade de perceber, mas também a de sentir, uma vez que à percepção se juntam atenção e memória. Da mesma forma a mente é a espécie mais nobre de alma, isto é, a mente é alma racional, na qual à sensação se acrescenta a razão ou consequencialidade da universalidade das coisas verdadeiras. Como a mente é alma racional, assim a alma é vida sensitiva e a vida é princípio perceptivo[8].

Essa identificação da vida com a percepção está na base do original pampsiquismo leibniziano, na medida em que se pode dizer que a partir do mundo "material" existe ao menos a percepção (tese já presente em Francis Bacon). O mesmo vale para a apetição, que é, aliás, um modo de compreender a dinâmica intrínseca da realidade desde as suas mais baixas manifestações. Tal concepção é lançada diretamente contra a perspectiva cartesiana que entende os seres viventes (exceto os seres humanos) como máquinas. A propósito das formas de mônadas dotadas de racionalidade, para fazer uma distinção ulterior, então se pode falar de espírito. Nele a apetição se torna vontade.

Também no nível de mônadas racionais ou de espíritos permanece em todo caso um resíduo de percepção obscura, pois esse resíduo deriva da sua "materialidade", ou seja, do ser criatura finita. A continuidade das substâncias permite superar a cesura cartesiana entre mecanicismo natural e teleologismo espiritual. Uma vez que se trata somente de uma diferença de grau, é possível evitar separar de maneira substancialista o que na realidade se diferencia apenas pelo modo da própria atividade, ou seja, da própria manifestação.

---

8. G. W. Leibniz, Lettera a Rodolfo Cristiano Wagner sulla forza attiva dei corpi, sull'anima dell'uomo e sulle bestie, in *Scritti filosofici*, a cura di D. O. Bianca, Torino, UTET, 1968, v. II, 776.

Isso traz uma consequência que diz respeito à problemática do traducianismo: para Leibniz todas as almas estão em potência, quer dizer, originariamente e exclusivamente almas sensitivas, e se tornam propriamente humanas só quando, e se, se desenvolvem nessa direção. Isso permite preservar a "corrupção" original derivada do pecado e, ao mesmo tempo, compreender como o "devir humano" por meio da aquisição da razão venha representar uma perfeição que permite ao homem recompor a própria condição originária (como se vê na *Teodiceia* [1710]).

Todas as mônadas são naturalmente indestrutíveis, exatamente em razão da sua natureza metafísica de ponto sem dimensões, independente de outras substâncias. Isso não significa, porém, nivelar todas as diferenças: as almas espirituais conservam não apenas a vida mas também a consciência de si e a memória do estado anterior, isto é, numa palavra, da "pessoa" (*Carta a Wagner*). Essa pessoa está coerentemente compreendida como imortal não só "fisicamente", mas também moralmente. Isso implica uma distinção entre indestrutibilidade, própria de toda mônada, e verdadeira e própria imortalidade, que só diz respeito às pessoas.

Todo animal tem uma alma orgânica, e, aliás, todo aspecto da matéria é monádico e, portanto, animado. A diversidade está nas capacidades diferentes que toda mônada possui, capacidades que não são entre si separadas por abismos metafísicos, mas devem ser vistas como progressivos aprimoramentos de capacidades que, no entanto, sempre encontram uma base no que é inferior (Leibniz apresenta várias observações sobre a psicologia dos reflexos e dos hábitos).

A noção de mônada ou alma como "forma" tem uma origem aristotélica, porém renovada profundamente (a força ou potência é em Leibniz prioritária em relação ao ato, ao contrário de em Aristóteles). Leibniz pretende expressar a convicção de que a identidade de um sujeito não é uma propriedade sua exterior, dedutível de alguma maneira das suas condições físicas ou materiais. O espírito geral da filosofia de Leibniz é o de abolir a diferença entre alma e corpo "espiritualizando" o corpo e, ao mesmo tempo, relativizando a separação do espírito. Leibniz não rejeita o mecanicismo como tal, mas sustenta, antes, que toda máquina é na realidade um organismo. Assim, é possível compreender de modo adequado a corporeidade sem reduzi-la a um conjunto de mecanismos desconexos.

Também desse modo se entende o sentido da expressão aparentemente paradoxal "mecanicismo orgânico", usada às vezes por Leibniz para caracterizar a própria filosofia. Ele rejeita a ideia de que a vida seja uma propriedade que surge de uma matéria em si não viva. Tal concepção da matéria, com efeito, é errada, segundo Leibniz, na medida em que metafisicamente condicionada por um dualismo infundado. A progressiva complexidade de um mundo, de qualquer modo já "vivo", permite explicar melhor como de formas simples sejam geradas formas mais complexas enquanto dotadas das capacidades não só de perceber (isto é, de interagir), mas também de desenvolver uma consciência dessa interação.

Pode-se perguntar, no entanto, se tal exigência foi levada até o fundo. Com efeito, Leibniz mostrou que, se tudo deriva da experiência, o que fica de fora é o que permite a própria experiência (tudo o que está no intelecto esteve antes nos sentidos, exceto o próprio intelecto). Mas como entender esse intelecto? Basta que uma determinação, nos termos tradicionais de substância, seja transformada à luz do conceito de mônada? Com efeito, fica faltando uma compreensão satisfatória do aspecto fenomênico do real, ou seja, do papel da alma como sujeito perceptivo, que está, sim, presente em Leibniz, mas ao lado de outras possibilidades e, de todo modo, sempre carregando o peso de um realismo inicial que nunca foi verdadeiramente superado.

Como prova dessa incompletude temos o fato de que Leibniz continuou a levantar novamente a questão da relação entre alma e corpo até os anos da plena maturidade. Em muitas passagens, incluídas algumas da própria *Carta a Wagner*, a corporeidade é entendida realisticamente num sentido metafísico. Deve-se nisso encontrar de novo a presença de motivos que já tinham inspirado a tese da harmonia preestabelecida no *Novo sistema da natureza e da comunicação das substâncias e da união entre a alma e o corpo* (1695). Isso, no entanto, expõe Leibniz à objeção de que o corpo seja então substancialmente inútil na sua doutrina. A resposta de Leibniz não pode evitar parecer ardilosa, defendendo a oportunidade derivada da divina providência do fato de existirem no mundo um número antes maior do que menor de substâncias. A riqueza de intuições do sistema leibniziano — em particular em relação ao papel da "força viva" como princípio explicativo de todo o dinamismo do real no seu agir e, portanto, do seu manifestar-se — se dilui dessa forma, endurecendo-se numa ideia tradicional da substância. É ao empirismo que lhe é contemporâneo que se deve o início do fim de tal conceito, por meio de uma concepção crítica da experiência e da sua compreensão racional.

4. O empirismo: Locke, Berkeley, Hume

O empirismo inglês constitui uma corrente filosófica principalmente coerente, mesmo na diferença às vezes também radical das posições tomadas pelos seus maiores expoentes[9]. Da posição de John Locke — que é a de um cauteloso ceticismo em relação à possibilidade de conhecer a alma e mais em geral de saber se é possível decidir "que coisa" seja isso que pensa — passa-se à reação "tradicionalista" de George Berkeley, que na realidade contém notáveis elementos de novidade, até chegarmos ao ceticismo humiano.

Na sua primeira edição do seu *Ensaio sobre o intelecto humano* (1690) Locke declara que a incerteza refere-se à possibilidade de que a matéria pense ou não. Na segunda edição tal posição arriscadamente herética é atenuada com a perífrase "um ser qualquer puramente material". O que em geral Locke sugere é que não é contraditório pensar que Deus torne capaz de sensibilidade e de pensamento o que existe materialmente e, portanto, que tal possibilidade não deve ser descartada.

Isso significa que, mesmo quando se considera razoável e muito provável que exista uma substância espiritual imaterial, tal posição não pode ser determinada com absoluta certeza. A imaterialidade de Deus pode, ao contrário, ser determinada com certeza, porque, dado que a matéria *per se* não pode pensar (a menos que nesse ponto Deus tenha dado a ela a

9. Algumas entre as muitíssimas obras ligadas aos temas discutidos nesse parágrafo são: W. D. Hart, *The Engines of the Soul*, Cambridge, Cambridge University Press, 1988; N. Jolley, *Leibniz and Locke*, Oxford, Oxford University Press, 1984; H. Noonan, *Personal Identity*, London, Routledge, 2003; C. Taylor, *Radici dell'io.* La costruzione dell'identità moderna, Milano, Feltrinelli, 1993; I. C. Tipton, *Berkeley, The Philosophy of Immaterialism*, London, Methuen, 1974; W. Waxman, *Hume's Theory of Consciousness*, Cambridge, Cambridge University Press, 1984; J. Yolton, *Thinking Matter.* Materialism in Eighteenth Century Britain, Minneapolis, University of Minnesota Press, 1983.

faculdade de pensar, mas tornando-a então diferente da pura matéria inerte), e visto que existe o pensamento, então se deve concluir que o criador absoluto do mundo não pode ser senão pensamento.

Essa posição cautelosa não poupou a Locke acusações de ateísmo e de materialismo, assim como se deve observar que a partir da posição de Locke desenvolveram-se pesquisas abertamente materialistas no campo psicológico. A polêmica que se desenvolve entre Locke e os seus críticos — em particular o bispo anglicano Edward Stillingfleet, de Worchester — sobre as influências da sua posição na obra de John Toland, em particular, traz à luz claramente qual é o sentido da posição lockiana. Locke sustenta que é necessário concluir, a partir do exame da experiência que se faz do próprio pensar, que o ato de pensamento é mantido por um sujeito do pensamento, uma "substância pensante". O que, contrariamente, não se pode afirmar necessariamente é que tal substância seja imaterial. A existência dessa substância imaterial pode ser no máximo muito provável. As próprias Escrituras, segundo Locke, sustentam a imaterialidade exclusivamente do espírito divino.

Locke reconhece a demonstrabilidade, como vimos, dessa última tese. Mas isso não basta para excluir que Deus tenha a possibilidade de dar à matéria a capacidade de pensar. Não é talvez verdadeiro que Deus tenha dado à matéria as propriedades aptas para torná-la matéria vivente nas plantas e nos animais? Se sobre essa questão há unânime acordo, então por que negar a possibilidade de uma matéria pensante? Mesmo admitindo a criação de duas substâncias — uma material, outra imaterial —, a mente humana não pode explicar a atividade da segunda melhor do que pode fazê-lo quanto à primeira.

A imortalidade da alma não é prejudicada pela sua materialidade. Afinal, o dogma cristão prevê a ressurreição dos próprios corpos; logo, o argumento que sustenta ser impensável a sobrevivência da alma após a morte do corpo vai contra os próprios artigos da fé. Portanto, é a disputa sobre a materialidade da substância pensante aquela sobre a qual se concentra a investigação crítica de Locke, preparando a posição criticista de Kant.

A novidade representada pelo enfoque lockiano está na tentativa de se aproximar do espírito da revolução científica, particularmente na investigação dos dados da experiência, e a partir daí determinar as conclusões exclusivamente plausíveis sem pular para a especulação. O equívoco gerado por essa aproximação deve-se ao uso de uma terminologia ainda muito escolástica apesar de condicionada por questões relativas à filosofia cartesiana, que tendem a obscurecer a novidade da sua perspectiva.

A psicologia de Locke baseia-se numa transformação da noção cartesiana de ideia, por si só já inovadora. Locke exclui a possibilidade da presença na mente de ideias inatas, derivando-as todas da experiência. Isso implica que a ideia de substância não possa ser deduzida de modo puramente conceitual e, portanto, obtida por especulação. Cai assim a possibilidade de fundamentar a psicologia numa colocação puramente racionalista. Derivam daí muitas consequências fundamentais: a substância não é um conceito ineliminável, pois, com efeito, do ponto de vista da experiência só pode ser determinada como ideia complexa e, portanto, derivada. A sua condição ontológica é, pois, deslocada para a da mente que pensa, concepção que opera uma reviravolta em relação à tradicional, que habitualmente ia da mente, entendida como atributo, à substância, fundamento desse atributo. Isso significa uma passagem de uma posição "substancialista" em sentido lato a uma posição em que a essência do pensamento é determinada pela sua atuação.

Não há necessidade, na realidade, de hipostasiar uma substância para poder dar conta de modo satisfatório do fato de que haja, ou melhor, de que aconteça o pensamento. A natureza do pensamento é, de fato, a de ser atuação, mas não segundo o esquema metafísico aristotélico que liga o ato à potência e, portanto, a forma à matéria. Com efeito, com Locke dá-se uma transformação, mesmo incompleta e não isenta de incertezas, do próprio plano ontológico: seja o espiritualismo, seja o materialismo metafísicos são abandonados definitivamente como irrelevantes e irresolúveis.

O pensamento, diz-se no *Ensaio sobre o intelecto humano* (livro II, 9, 4), é a ação e não a essência da alma. Com uma tese dirigida diretamente a Descartes, segundo Locke é impossível, mas também inútil, passar do pensamento à substância pensante. O que do pensamento se compreende e, portanto, também se exprime com conceitos adequados é o ser "consciência", isto é, ter uma relação a si pela qual, no momento em que se dá, também tem conhecimento do próprio dar-se. Funcionalisticamente é isso que determina uma diferença com a matéria, cujo acontecer pode ser qualificado como não consciente exatamente porque não é acompanhado de uma consciência de si. O pensamento é determinado como atividade, e como tal oposto à matéria "inerte". No entanto, tal determinação se entenda no sentido da consciência acima delineado.

A novidade da posição de Locke transparece de maneira mais clara na sua discussão sobre a identidade pessoal (livro II, 27, 12), que está garantida pelo conhecer, por sua vez entendido como persistência da memória. Isso implica também que para Locke não é só o homem que pode ser caracterizado pela consciência mas também, ao menos em princípio, os animais. A personalidade humana, por outro lado, está ligada a uma dimensão ulterior, de tipo "jurídico", no sentido de que a ela estão conexos direitos e deveres.

Surgem assim, mesmo de maneira ainda não plenamente questionada, alguns aspectos cruciais da compreensão da alma como consciência: a sua extensão temporal, que afinal é uma extensão, ainda que não espacial; a sua estrutura de conexão plural, baseada sobre a memória; a sua diferença da substância, se entendida como identidade indiferenciada de si consigo mesma. A consciência é "fluxo".

A concepção da consciência como fluxo determina a propriedade "fenomênica" mais importante da consciência: a sua "atividade", da qual faz a sua personalidade. Agora não é o ser, mas o agir que se põe em primeiro plano. Desse ponto de vista pode-se instituir um paralelismo instrutivo entre Locke e Leibniz, mesmo na diversidade das respectivas posições — radical em muitos aspectos —, ao observar como o atributo da ação, da capacidade de agir, é o que vem em primeiro plano na compreensão da alma; e como essa atividade é conjugada com a capacidade de conhecer, partindo dos extratos mais "baixos" da experiência.

A psicologia de Locke teve notável difusão nos ambientes anglo-saxões entre o final do século XVI e o início do século XVIII, levando muita água ao moinho daqueles livres-pensadores que sustentavam a mortalidade da alma em polêmica com as posições teológicas tradicionais. Para descrever a mente Locke usa também a imagem da "câmara escura", que assim terá uma influência sobre a metáfora humiana da mente como um teatro. Em Berkeley temos uma recepção do pensamento de Locke que ao contrário vai, de maneira muito original, na direção do espiritualismo.

Segundo Berkeley, a negação da substância material como substrato estranho à mente não comporta uma análoga negação da substância espiritual. Berkeley recupera a definição de substância como aquilo que é por si: desse ponto de vista ele rejeita a hipótese de ser a substância algo pressuposto às suas manifestações, mas como tal incognoscível. Isto é: não se pode compreender como possa existir algo que é pensado como impensável. Não existem ideias subsistentes independentemente da mente que as pensa.

Essas duas proposições, com efeito, não são idênticas, mas são distinguidas por Berkeley, que da passividade das ideias como produtos da mente deduz, ao contrário, a necessidade da existência de uma mente como atividade que produz ideias. A alma é desse ponto de vista substância no duplo sentido de ser ativa e de "ser por si", isto é, consciência. A alma é invisível porque é inextensa (espacialmente), e capta as ideias, por si inertes, isto é, inativas, isto é, "passivas". Portanto, não é admissível a tese da incognoscibilidade da alma. No caso da matéria o *esse* se reduz ao *percipi*.

Mas a alma (do homem) tem conhecimento direto do que entende com as palavras "eu" ou "mim mesmo", ainda que tal conhecimento seja distinto daquele das ideias. O espírito então pode ser chamado "intelecto" enquanto percebe as ideias, e "vontade" enquanto as produz e opera sobre elas. Daí provém o absurdo que é obter uma "ideia" da alma, o que produz a confusão que reina nesse campo. A alma não pode ser assimilada a uma ideia porque é a origem das ideias. Ou seja: da atividade não se pode obter uma imagem que, como tal, é, ao contrário, passiva. A atividade é propriamente "sem figurabilidade". Toda figura dela é uma traição.

Simplicidade e imaterialidade da alma, assim entendidas, demonstram a sua imortalidade. A matéria, ao contrário, se resolve nas ideias que dela se possa ter, segundo a equação entre ser e ser percebido que é o "*slogan*" da sua filosofia, mas que não lhe exaure o sentido. O ponto fundamental a ser sublinhado na posição de Berkeley é que ele sustenta resolutamente a impossibilidade de "figurar" a atividade da alma, e isso lhe permite não aderir a uma posição análoga, *ante litteram*, à de Hume, o qual, exatamente em polêmica com Berkeley, tenderá a reduzir a alma aos estados mentais. Para Berkeley essa posição, examinada por ele na juventude, deve ser rejeitada na medida em que tem na base uma inadequada (poderíamos dizer ontológica) determinação do conceito de coisa. Trata-se, pois, de compreender que nos enganamos se acreditamos ter "ideias" das operações mentais, porque a alma é propriamente vontade, isto é, atividade, isto é, essencialmente distinta do próprio produto.

Essa posição é extremamente importante para o debate sobre a compreensão "científica" da consciência, porque mostra como é necessário indagar preventivamente sobre o que seja uma "imagem" da atividade de consciência. Tal problema será reencontrado no enfoque fenomenológico, que, de fato, deve mostrar explicitamente como será possível, ao contrário, "conhecer" o conhecimento mesmo, porém sem traí-lo. Trata-se de um problema que será levantado em Husserl em particular, em oposição a Kant.

Para Berkeley, em todo caso a "substancialidade" da alma não é uma coisa, e isso lhe permite manter tal termo, mesmo reconhecendo o sentido crítico da abordagem de Locke. A substancialidade da alma se traduz em Berkeley em atividade do espírito, que, no entanto, não se presta como tal a figurações: o seu ser não é ser percebido mas perceber. Como tal é o que propriamente não se manifesta na manifestação, mas nem por isso não "é". Isso permite a Berkeley pôr em bases diferentes a questão da identidade pessoal, que não pode ser garantida por representação alguma, mas nem por isso pode ser negada.

Com David Hume se chega a uma posição radicalmente crítica contra qualquer tese ontológica sobre a substancialidade da alma, mesmo se entendida como substância espiritual, isto é, sobre a sua substancialidade imaterial. A posição crítica de Hume está fundada na sua gnosiologia, que, por sua vez, tem por finalidade o redirecionamento de todo tipo de experiência à sensível. Uma vez que para Hume toda ideia deriva de uma impressão precedente como elaboração de uma série de dados sensíveis, daí decorre que é inexplicável sustentar que se teve impressões relativas ao que por definição não pode produzi-las.

A crítica de Hume se concentra principalmente no problema do conceito de semelhança, como caminho para a passagem da impressão à ideia, no caso em que se deva obter tal passagem entre o que é radicalmente heterogêneo: a substância não tem imagem. A concepção humiana da experiência tende a negar qualquer sentido à tese da necessidade de um fundamento para a experiência, ou seja, à tese de que a experiência seja o produto de uma substância experiente subjacente ao próprio experimentar. O experimentar "acontece" sem que isso implique um "substrato".

As percepções subsistem *per se*, sem dever ser atribuídas a alguma coisa, em particular a uma substância, a que seriam inerentes. Hume é o primeiro a avançar a hipótese de que para compreender a experiência é necessário descrevê-la tal como acontece, sem remetê-la a algo precedente que a "explicasse", mas que, por isso mesmo, também mudaria a sua natureza. Trata-se de uma intuição depois amplamente desfrutada pela fenomenologia de Husserl. Portanto, é a própria questão se a alma é material ou imaterial que é destituída de fundamento. Desaparece o pressuposto mesmo dessa questão. Fica ainda mais fraca assim a ideia de uma continuidade da experiência que esteja fora da própria experiência. Para corroborar essa posição Hume abre o caminho de uma profunda pesquisa sobre as modalidades da experiência sensível, que o leva a rever a distinção entre qualidades primárias e secundárias.

Com efeito, a tendência a construir conceitos que indicassem substâncias se explica com a atitude da mente para operar conexões entre impressões. Tais conexões atuam segundo as leis fundamentais da contiguidade, da semelhança e da sucessão causal. Como se sabe, para Hume, o fato de que tais nexos se deem na experiência não basta para sustentar que eles existam em si, nem muito menos que sejam índice de propriedades reais das coisas. Para Hume as impressões são fatos atômicos sem relações: não se dão impressões relacionais. As relações são então instituídas pela mente com base na sua atitude de instituir nexos associativos, que não têm, no entanto, um encontro com a realidade, na medida em que não são verificáveis. Essas análises levam Hume a concluir que tanto os espiritualistas como os materialistas podem dirigir-se reciprocamente as mesmas acusações de incoerência, uma vez que cada facção faz um uso polêmico de determinadas experiências descurando outras, e principalmente baseando a própria posição numa investigação insuficiente da realidade das impressões sensíveis.

Resulta daí uma distinção arbitrária entre qualidades extensas e inextensas que não tem fundamento algum experiencial. Em particular emerge a questão da localização das impressões, que, como tal, faria o papel de teste verificador ou papel tornassol para poder atribuir à experiência uma base material ou não. Na realidade, para Hume não é possível chegar a uma posição definitiva nem a favor nem contra a possibilidade de localizar as impressões, porque exemplos podem ser citados em cada um dos dois sentidos.

O problema fundamental se torna então o de esclarecer por que a mente humana tende a crer que o mundo se constitui segundo relações causais. A questão se desloca da pergunta sobre a natureza das causas para a da origem da crença nas relações causais. Hume coloca a origem de tal crença na atitude mental de conectar as impressões sensoriais por meio da imaginação, obtendo objetos complexos que são, porém, sempre impressões afinal de contas, e não "coisas". Disso a mente extrai a representação da extensão e a ideia abstrata de espaço, bem como a de tempo. Isso dá origem a ideias como a de substância, ideias que, no entanto, são produtos da mente e não dados da experiência. Para Hume a coexistência de percepções diversas não autoriza a pensar que tal coexistência seja uma união efetiva, espacial ou temporal. Analogamente pode-se argumentar em favor da relação de causa e efeito: uma sucessão não é *per se* uma relação (segundo o adágio *post hoc sed non propter hoc*).

Essas investigações, bem como aquelas sobre o movimento, encontram-se particularmente no *Tratado da natureza humana* (1739-1740), ao passo que estão completamente omitidas na seguinte *Investigação acerca do entendimento humano* (1748). No conjunto, Hume toma uma posição *a*metafísica diante do problema da alma, o que o conduz a notáveis reflexões para o desenvolvimento da psicologia como ciência empírica. Menos válida, pelo contrário, aparece a crítica apressada ao conceito de atividade espiritual, demasiadamente apequenado em cima de uma noção simplificada da mesma experiência sensível. A sua crítica do conceito tradicional de substância envolve de modo injustificável também a posição de Berkeley, que não se pode aprovar de início.

A impossibilidade de reduzir o pensamento a uma sucessão de ideias separadas e distintas aparece na discussão apresentada por Hume sobre a identidade pessoal (*Tratado da natureza humana*, livro I, parte IV, seção VI). O eu ou pessoa não é para Hume uma ideia à qual corresponda uma impressão, mas simplesmente aquilo a que supomos referir-se nossas impressões e ideias. É a imagem da mente como teatro. A tendência a atribuir à mente uma identidade que de fato é fictícia se deve à associação de ideias em virtude das leis associativas, que se origina de uma tendência da própria mente. Tal posição não parece, porém, satisfatória nem mesmo ao próprio Hume, que de fato não a retoma na *Investigação*. Com efeito, fica por esclarecer por que a mente assim age, ou seja, que relações institui com o que não é "mental". Em outras palavras, a ilusão da identidade da estrutura da experiência é, afinal, dada a partir da experiência, e isso inevitavelmente coloca um problema de circularidade ou de inconsequência.

Também no que se refere ao tema da imortalidade da alma a posição de Hume consiste substancialmente em afirmar a indizibilidade de tal questão. Ele, além disso, parece acentuar com o tempo a própria posição em sentido cético e negativo diante das teses tradicionais. Em particular no ensaio *Sobre a imortalidade da alma*, publicado postumamente (1777), conforme a sua vontade, ele lança um ataque cerrado às posições tradicionalistas. A sua tese fundamental é baseada no argumento consolidado da impossibilidade de conceitos como substância e causa, que estão na base das argumentações a favor da imortalidade. Além do mais, muitos argumentos tendem, ao contrário, a dar suporte à ideia de uma *mortalidade* da alma: as doenças, o sono, as alterações do corpo são acompanhados de "confusões" temporárias ou "extinções" da alma, e parece, pois, plausível a tese de uma extinção total da alma com a morte do corpo.

A posição de Hume, de resto, é bem exemplificada na sua crítica a toda religião revelada, que mostra sob que luz efetiva devam ser considerados a prudência e o escrúpulo com que ele examina, para cada questão, seja as razões a favor, seja as razões contra uma tese. Ele admite, afinal, que o Evangelho revelou a imortalidade da alma, mas que essa revelação pode ser admitida somente por fé, não por convicção racional.

4. Kant, o idealismo alemão e as filosofias anti-idealistas

1. Kant

A questão da alma se apresenta na filosofia de Immanuel Kant[1] numa dupla modalidade, conforme sejam consideradas as obras pré-críticas ou as críticas. Na primeira fase do seu pensamento ele tende geralmente a não enfrentar o problema, mas, em todo caso, acenos presentes em seus textos revelam, também a respeito, sua adesão à perspectiva metafísica baseada nas obras de Christian Wolff.

A filosofia de Wolff constitui efetivamente uma espécie de nova escolástica difundida em ambiente alemão que ele realiza graças à obra de sistematização, mas também de esquematização e de compilação em ma-

1. Sobre a concepção kantiana da subjetividade e a sua crítica às doutrinas filosóficas anteriores, ver: A. Brook, *Kant and the Mind*, Cambridge, Cambridge University Press, 1994; W. Waxman, *Kant's Model of the Mind*, Oxford, Oxford University Press, 1991. Sobre a questão da relação entre mente e corpo, ver V. Bochicchio, *Il laboratorio dell'anima*, Genova, Il Melangolo, 2007. Sobre a ética kantiana uma recentíssima atualização se encontra em L. Fonnesu (a cura di), *Etica e mondo in Kant*, Bologna, Il Mulino, 2008; também são muito importantes os trabalhos de L. Scaravelli e de S. Marcucci. Uma leitura muito original se encontra em T. Tuppini, *Kant*, Milano, Mimesis, 2005; também importante F. Leoni, *L'inappropriabile.* Figure del limite in Kant, Milano, Mimesis, 2004.

nuais da reflexão de Leibniz. Nessa obra perde-se, em particular, a parte do pensamento de Leibniz que parece mais inovadora em relação à tradição no que concerne à concepção da alma. A posição de Wolff, ao contrário, retoma em grande parte as formulações tradicionais no que se refere ao estatuto tanto ontológico como antropológico da alma. Kant retoma a posição geral de Wolff inerente à concepção de força ativa, e no seu primeiro texto (*Pensamentos sobre o verdadeiro valor das forças vivas* [1746]) observa que ela não consegue dar conta da produção de representações e de ideias. Considerações análogas se encontram em *História geral da natureza* (1755).

Ao contrário, com o desenvolvimento da sua filosofia em direção ao criticismo, estamos diante de uma verdadeira reviravolta. Com efeito, ela representa principalmente uma reproposição de natureza metodológica que transforma profundamente toda a problemática do conceito de alma na medida em que transforma a relação entre ser (em geral) e conhecer.

A concepção kantiana produz principalmente uma separação entre plano fenomênico, entendido como única sede de cognoscibilidade, e plano numênico, entendido como esfera das coisas em si. Tal separação é explicitamente destinada a tirar da psicologia racional (bem como da cosmologia e da teologia) a sua legitimidade, relegando-a, no máximo, a uma condição de perspectiva reguladora. Mas, além desse efeito, a posição da *Crítica da razão pura* (1781) produz outro igualmente decisivo, ou até mais: o estabelecimento de um princípio formal de unificação da experiência, o "Eu penso".

Tal concepção se diferencia radicalmente daquela da subjetividade numênica, que pode ser considerada campo tendencial de colocação da espiritualidade e dos seus valores, a ser recuperados, mas em nível da prática, não no campo cognoscitivo. O Eu penso, ao contrário, constitui o próprio lugar da atividade de consciência como condição do conhecimento em geral, da objetividade da natureza, bem como de toda determinação que seja fenomenicamente configurada. Os conteúdos de consciência são então determinados em sentido fenomênico, como manifestações que encontram no tempo a condição pura e *a priori* do próprio aparecer (mas não do aparecer do próprio tempo, que constitui um problema ulterior; Kant oscila sobre esse ponto com afirmações nada claras).

Determinados dessa forma, os conteúdos de consciência podem pois ser objetivados por meio das categorias. Mas o Eu penso, sendo a sede que condiciona a unificação das mesmas categorias, por sua vez não pode ser categorizado no mesmo sentido. Ele recebe consequentemente qualificações *ex negativo*, substancialmente, ou seja, como pura atividade sintética, sem limites objetivos nem individuação, pura função da razão, depurado de toda substancialidade e igualmente também existencialidade. Como tal, o Eu penso é potencialmente absoluto, não nasce nem morre, não é a rigor nem mesmo "uno" enquanto distinto dos "outros", mas é função geral e impessoal, que, no entanto, se manifesta por meio das próprias manifestações.

Essa automanifestação é, contudo, muito diferente da autoconsciência que se pode encontrar implicitamente na reflexão filosófica antiga e mais explicitamente na moderna. A automanifestação na perspectiva kantiana é sempre mediada pela estrutura da manifestação. Essa tese constitui uma novidade profunda não totalmente explicitada por Kant, mas que, por isso, se tornará estímulo fecundo para desenvolvimentos que virão em seguida.

Com efeito, a questão abre duas problemáticas fundamentais: por um lado, a que se refere ao estatuto ontológico da subjetividade transcendental; por outro, a da manifestação da própria manifestação. A primeira questão é enfrentada por Kant essencialmente deslocando para o campo da ação moral e depois para o da reflexão "especulativa" toda a problemática, abrindo assim o caminho às inovações do idealismo alemão. A segunda, ao contrário, já encontra nas próprias obras de Kant alguns brotamentos, que, no entanto, não podem representar um sistema acabado e, também desse ponto de vista, constituem principalmente indicações depois retomadas de modo autônomo por pensadores diversos entre si por impostação e por concepção filosófica de fundo. Efetivamente, a questão pode ser reencontrada tanto em Schelling ou Hegel como, a seguir, na fenomenologia.

Em Kant, como já pudemos fazer notar, a distinção entre eu puro e eu empírico reproduz, complicando-a, a fratura já presente em Platão entre corpo e alma, ou em Pascal entre eu corpóreo e sensível, historicamente determinado, e eu como sede da universalidade portadora de exigências absolutas de significado da vida e da ação humana, de saber definitivo e de liberdade soberana. Certamente é verdade que a posição de Kant foi muito rapidamente avaliada como ambígua pelo idealismo nascente, na medida em que abria perspectivas que, se trilhadas, tornavam possível essa mesma reunificação por meio da fundação de um novo saber, que, porém, o próprio Kant não tinha querido executar.

Em realidade essa espécie de "indolência" kantiana se explica à luz da sua doutrina do "limite do pensamento", norma filosófica a que se agarra a reflexão kantiana praticamente sempre e que representa o sinal da diferença entre a filosofia de Kant e a que tenta sua "superação", mesmo que seja em nome de determinadas posições kantianas. Dessa forma, é sob essa luz que se avaliam as posições assumidas na *Dialética transcendental* em relação à determinação ontológica da alma (e simetricamente do mundo e de Deus): não pode haver uma ciência metafísica da alma, na medida em que ela pode no máximo constituir uma "ideia da razão pura", uma norma à qual se conformar, mas sem fundamento transcendental.

A alma metafísica é reconhecida como postulação referida a uma realidade em si, sem possibilidade alguma de determinação efetiva do conteúdo ou do valor objetivo da totalidade das condições da esfera subjetiva. Assim, se substitui à subjetividade pura e só formal do Eu penso uma substancialidade ontológica que na realidade não pode mais ser dada e permanece incognoscível. Portanto, toda "dedução" relativa ao estatuto ontológico da alma, mesmo ao se apresentar como "racional", acaba sendo efetivamente um paralogismo, ou seja, um raciocínio afetado por uma duplicidade semântica inadvertida ou sub-repticiamente passada em silêncio.

Mas, se está fechado o acesso à alma em sede gnosiológica e portanto no interior da perspectiva metafísica "clássica" (ainda que na realidade historicamente condicionada pelo efetivo desenvolvimento da filosofia alemã no século XVIII), Kant delineia efetivamente uma direção de fato nova, que sempre é colocada criticamente, mas que encontra no plano ético o que a perspectiva gnosiológica não alcança. Essa busca, levada a efeito na *Crítica da razão prática* (1788), inicia-se com as exigências éticas ligadas à forma pura da razão prática: o imperativo categórico como lei do dever.

Essa lei exige — como sua condição de possibilidade e *ratio essendi* — a liberdade do agir, que está baseada na não materialidade e na não fenomenicidade do agente. Portanto, como determinação da vontade, ou seja, como vontade que se manifesta na ação, sua manifestação existe, enquanto *ratio cognoscendi,* para além da manifestação fenomênica, como evidência da liberdade prática e, por isso, da espiritualidade do homem. Isso determina, por um lado, a afirmação kantiana do primado da razão prática, tornando a impostar, por outro lado, a mesma concepção da manifestação e, portanto, da capacidade de manifestar-se, abrindo caminho ao nexo entre ação prática e "manifestação", objeto de investigação do idealismo e particularmente de Hegel.

Kant chega a postular, além disso, a imortalidade como perduração sem fim do sujeito moral para além da morte do corpo, numa perspectiva de reconhecimento das exigências universais de justiça e harmonia ética e como condição de realização do sumo bem. Só a imortalidade garante tanto a perfectibilidade ao infinito do sujeito moral — como agente livre e responsável das suas escolhas segundo a lei do dever — como a sua correspondência a um estado de felicidade, com a superação dos contrastes inevitáveis entre lei moral e passionalidade humana.

Mas Kant não se detém nesse ponto, reabrindo, antes, num certo sentido, o discurso com as análises da *Crítica do juízo* (1790), que partem de uma exigência renovada de compreensão da subjetividade humana à luz da sua colocação natural. Com efeito, de um lado o homem é visto como ser natural, de outro isso se torna possível por uma recompreensão da própria natureza marcada pelo princípio (heurístico e, portanto, não determinante) da finalidade. Os sentimentos do belo e do sublime são a via subjetiva da investigação sobre o acordo "secreto" entre natureza e exigências éticas e espirituais. O sublime, aliás, traz para a luz a própria integração da espiritualidade humana como elevação que se obtém "por reflexo" no confronto com a grandiosidade natural.

A natureza se "reflete" no homem na medida em que ele, avaliando-a como excedente no juízo sublime, "excede-a" por sua vez, constituindo assim o seu acabamento como capacidade de apreendê-la por aquilo que é. Assim, do ponto de vista "objetivo", a consideração teleológica dos fenômenos naturais, se não pode dizer-se científica conforme o cânone da *Crítica da razão pura,* na medida em que meramente hipotética e, por isso, incompleta e que não pode ser completada, não obstante pode encontrar uma justificação.

Com efeito, com essa perspectiva Kant abre caminho para uma integração do finalismo biológico com a finalidade ética. Isso torna não só não absurdo, mas até admissível um esforço de ação moral no interior do próprio plano fenomênico da vida, em que o homem como ser corpóreo e histórico, afinal, está sempre implicado. Essa abordagem, então, abre caminho a uma compreensão "empírica" do homem que, mesmo não sendo mais pré-transcendental, mas pós-transcendental, é a via para a *Antropologia pragmática* (1798, a chamada "quarta Crítica"). Dessa forma supera-se a nítida separação — que se revela temporária à luz dessas considerações — entre sujeito puro transcendental e subjetividade ética e encarnada, que, ao contrário, parecia insuperável à luz exclusiva da primeira *Crítica.*

Contudo, o que não se acha presente na filosofia kantiana, menos ainda realizada, é a reunificação efetiva do sistema. Apesar disso, ela parece implicitamente presente nessa articulação complexa e abrangente das três *Críticas*, articulação que constitui então o compreensível desafio lançado a Kant pelo idealismo nascente.

2. Fichte e Schelling

Em geral o idealismo alemão faz de Kant seu ponto de partida com o fim de aí encontrar os recursos para superá-lo, em direção a uma unificação daquilo que a esses pensadores ainda parece fragmentário na reflexão kantiana. A reunificação idealista de fenomenicidade natural e atividade teórica, por um lado, e, por outro, eticidade do agir e posição de valores racionais e finalistas é colocada com força de princípios que apontam principalmente para a realidade e para a espiritualidade da alma individual, para a sua subsunção — que tende a ser resolução tanto especulativa como efetiva — nas exigências de um Absoluto visto como universal, mas também impessoal. A passagem à nova metafísica do idealismo, que se quer transcendental e crítica, consiste assim, em geral, não tanto numa reafirmação quanto, ao contrário, numa negação do espírito "finito"; isso coloca o problema ulterior do destino ultramundano do indivíduo — resposta que é substancialmente negada.

Johann Gottlieb Fichte[2] parte da remoção da limitação ontológica do númeno kantiano como coisa em si inatingível e vai colocar um princípio absoluto que, partindo do primado kantiano da razão prática, é entendido como produtividade inconsciente, anterior a toda condição do conhecer. Tal produtividade pertence a uma subjetividade pura, que é simultaneamente absoluta liberdade, e que produz a própria consciência, determinando-se então essencialmente como prática e agente. Essa subjetividade pura e absoluta, o "Eu puro" como é chamado por Fichte, torna-se progressivamente consciente da própria atividade, mas não pode ser identificada com uma consciência individual e empírica, a qual é, ao contrário, uma produção sua. Cada consciência individual expressa o Eu puro e é ao mesmo tempo transcendida por ele. Isso coloca o problema da efetiva pluralidade das consciências, que Fichte parece considerar substancialmente superado.

O homem participa essencialmente dos valores espirituais e de certo modo também da imortalidade somente na medida em que está inserido nesse processo que é infinitamente superior e não determinado por alguma finitude particular. Com efeito, é a mesma questão de uma substancialidade individual surgindo como anacrônica depois da virada kantiana e sua ulterior tradução nas categorias fichtianas. A realidade, na sua articulação plural, é compreendida como processo de realização de um único Absoluto dinâmico.

A eternidade, em particular, é compreendida como realização do Absoluto, que por definição não pode ser determinado e, portanto, limitado por uma singularidade, a qual é vista como necessariamente inadaptada à realização do bem. É, na melhor das hipóteses, a contribuição de cada um ao aperfeiçoamento da humanidade — tarefa jamais alcançável pelos in-

2. Para as questões abordadas nesta seção pode-se ver as seguintes obras: A. Bugliani, *La storia della coscienza in Fichte (1794-1798)*, Milano, Guerini, 1998; C. Cesa, *Ficthe e l'idealismo trascendentale*, Bologna, Il Mulino, 1992; M. Ivaldo, *Fichte e Leibniz*. La comprensione trascendentale della monadologia, Milano, Guerini, 2000; G. Duso, G. Rametta (a cura di), *La libertà nella filosofia classica tedesca*. Politica e filosofia tra Kant, Fichte, Schelling e Hegel, Milano, Angeli, 2000; L. Fonnesu, *Antropologia e idealismo*. La destinazione dell'uomo nell'etica di Fichte, Roma/Bari, Laterza, 1993; A. Punzi, *L'intersoggettività originaria*, Torino, Giappichelli, 2000; P. Salvucci, *La costruzione dell'idealismo: Fichte*, Urbino, QuattroVenti, 1993.

divíduos — que lhe define uma posição no Absoluto. A eternidade da tarefa que supera as forças individuais tem um sabor kantiano, mas está traduzida na nova metafísica do Eu puro como Absoluto, o qual tem uma determinação ontológica efetiva ausente na perspectiva de Kant.

Nisso existe, em Fichte, uma tendência à realização do *telos* infinito representado pela humanidade como totalidade, expressando bem o espírito do novo mundo que está se abrindo, visto como conquista do pensamento humano que se eleva acima da vida sensível.

A perspectiva de Friedrich Schelling[3] caminha, ao contrário, de uma exigência de compreensão da natureza e do lugar nela ocupado pelo homem que toca diretamente na questão do estatuto da alma.

Na primeira fase do seu pensamento, Schelling tende a atribuir um peso à objetividade, mesmo a compreendida dentro daquela perspectiva do Absoluto que constitui a chave da reflexão idealista no seu conjunto. Entretanto, também vigora em Schelling a exigência de um compreender o princípio absoluto unificante da pluralidade da experiência e da realidade sensível, exigência que nele se exprime como total imanência do infinito no finito e como indistinção entre Absoluto e multiplicidade das suas manifestações segundo uma perspectiva de cunho spinoziano.

Isso determina também uma compreensão da individualidade como parte a ser entendida nas suas relações com o Todo, cuja estrutura mostra tais relações exatamente como determinantes de cada indivíduo, em modo relacional e não substancial. A alma é entendida, pois, como modo da afirmação infinita, assim como o corpo é um modo de o infinito ser afirmado ou realidade infinita (*Sistema de toda filosofia e da filosofia natural em particular*, 1804). Alma e corpo, como modos do ser ideal e do ser real, são dois aspectos de uma mesma essência, na medida em que ser ideal e ser real se identificam no Absoluto. Isso implica a negação de uma determinação causal recíproca, na medida em que alma e corpo são antes de tudo um a outra face do outro. Isso vale em geral para todo ente, mas o

3. No que concerne a Schelling pode-se ver as seguintes obras: M. Heidegger, *Schelling.* Il Trattato del 1809 sull'essenza della libertà umana, Napoli, Guida, 1998; L. Procesi, *La genesi della coscienza nella "Filosofia della mitologia" di Schelling*, Milano, Mursia, 1990; G. Solla, *L'ombra della libertà.* Schelling e la teologia politica del nome proprio, Napoli, Liguori, 2003; C. Tatasciore, *Dalla materia alla coscienza*, Milano, Guerini, 2000.

homem se diferencia das coisas (entendidas como modos puramente passivos da afirmação infinita), assim como se diferencia do animal (que é um modo ativo do intuir mas não o próprio intuir). O homem possui uma alma que é a afirmação mesma, e não mais somente um modo seu. Como tal o homem é a representação mais bem-sucedida do infinito no finito (*Sistema de toda filosofia e da filosofia natural em particular*).

Schelling toma a direção de uma identificação total do Absoluto com a multiplicidade das suas formas ou modos. Porém isso coloca o problema da determinação do próprio Absoluto, ou melhor, da sua indeterminação ou indeterminabilidade. Essa incerteza reflete-se nas representações contrastantes do conceito de alma: depois de tê-la afirmado como modo da afirmação infinita, Schelling indica ao contrário a sua reabsorção no Absoluto.

A duração no tempo pertence à alma enquanto modo. A eternidade ao contrário, como a liberdade, é uma característica própria do conceito de alma. Isso implica que a alma dissolvida no eterno passe por uma apreensão da sua essência que é entendida, numa forma substancialmente tradicional, como superação das determinações sensíveis:

> Tudo quanto da alma é afirmação de Deus pertence ao eterno conceito da alma em Deus. Portanto, também é eterno na alma o que nela é afirmação de Deus, e nada mais; mas todo o resto, que não é afirmação de Deus, desaparece, e não é eterno, mas passageiro, pertencendo à relação.

Assim, a imortalidade não é para os que querem coisas sensíveis, porque eles querem a imortalidade do mortal e não a do imortal. O desejo da conservação da memória e da personalidade leva a alma a aproximar-se da nadificação. Somente as almas que já nessa vida estão

> repletas do que permanece, do eterno e do divino, serão eternas com a maior parte da sua essência. A eternidade já começa aqui e para quem já é eterno, no tempo, a eternidade é presente, ao passo que para quem é só passageiro no tempo a eternidade é necessariamente só futura e objeto de uma fé duvidosa ou do terror[4].

4. As citações de Schelling foram tiradas de A. Guzzo, F. Barone, *Il concetto di anima da Cartesio a Hegel*, Brescia, Morcelliana, 1954, 222.

A posição de Schelling, portanto, mesmo partindo da tentativa de continuar sobre um plano especulativo as intuições de Kant sobre a teleologia natural, leva na realidade em direção à reproposição de temas tradicionais, revisitada dentro de um quadro conceitual idealista. Os resultados de tal reflexão não estão, portanto, muito distantes da reproposição das concepções neoplatônicas, atualizadas dentro de uma metafísica dinâmica e processual que prossegue na direção indicada por Fichte, mesmo dele distinguindo-se precisamente por um peso relativamente maior atribuído à objetividade natural.

Mas precisamente a declarada ambição de integrar a reflexão natural e até científica no quadro especulativo (a *Naturphilosophie*) mostra como o empirismo de Schelling é, na realidade, ao menos no campo da psicologia, uma imposição de categorias metafísicas estranhas à observação concreta, mais do que uma generalização filosófica de dados obtidos na experiência efetiva. Mostra-se mais interessante a análise que Schelling dedica à natureza nos *Weltalter* (*As idades do mundo* [1811]), onde ela está configurada numa modalidade nova e diferente em relação ao período da filosofia transcendental: ela aparece agora como um princípio de latência ou de obscuridade no interior da totalidade, assumindo uma tonalidade quase gnóstica. Nessa perspectiva, também o tema da liberdade absoluta e, portanto, da liberdade humana é revisto e compreendido em termos menos conciliadores e principalmente menos tradicionais em relação às primeiras formulações.

3. Hegel

A posição de Georg Wilhelm Friedrich Hegel[5] representa por um lado a realização da perspectiva idealista na sua tendência a dissolver o indiví-

5. Sobre Hegel indico só alguns títulos de uma bibliografia muito vasta: H. S. Harris, *La fenomenologia dell'autocoscienza in Hegel*, Milano, Guerini, 1995; M. Heidegger, *La fenomenologia dello spirito di Hegel*, Napoli, Guida, 1988; P. Kobau, *La disciplina dell'anima.* Genesi e funzione della dottrina hegeliana dello spirito soggettivo, Milano, Guerini, 1993; P. Vinci, *Coscienza infelice e anima bella.* Commentario della "Fenomenologia dello spirito" di Hegel, Milano, Guerini, 1999.

duo na totalidade, mas, por outro, uma notável elaboração dessa tendência, procurando compreender a individualidade mesma no que tem de "positivo", mesmo que seja de maneira redefinida especulativamente.

Do ponto de vista metodológico Hegel reafirma o pensamento como autoconsciência crítica da logicidade, como única e definitiva forma da verdade e, portanto, como absoluto consciente de si. Mas isso implica uma redefinição do *logos* numa perspectiva especulativa de cunho dialético que tem implicações também para a problemática antropológica. Além disso, segundo Hegel a natureza dialética do *logos*, ao estar direcionada para a síntese suprema da Ideia absoluta, resolve afinal a realidade "em si" do caráter psicológico individual e, precisamente ao reconhecer-lhe a realidade determinada e concreta, tende a reabsorvê-la como momento necessário mas transitório do processo do *logos* mesmo, uma vez que somente dentro desse processo o indivíduo recebe o próprio significado efetivo.

Para Hegel, a alma é acima de tudo o primeiro manifestar-se do Espírito, a forma mais simples e ainda implícita da vida ideal, objeto da antropologia em sentido estrito. Ela representa, portanto, o primeiro despertar da consciência e da subjetividade (que serão objeto respectivamente da fenomenologia e da psicologia, segundo a perspectiva delineada na *Enciclopédia das ciências filosóficas em compêndio* [1817]). A alma é então determinada por Hegel como mera sensibilidade e motilidade animal, ainda implicada na materialidade orgânica como simples princípio de vida.

No entanto, em conformidade com a perspectiva dialética especulativa, nesse nível já emerge dialeticamente dela a consciência sensível, espírito potencial ou dormente (o "sono do espírito", *Enciclopédia das ciências filosóficas em compêndio*). A alma é um momento dialético universal de desenvolvimento, ligando corporeidade e espiritualidade. Como tal, é indiferentemente um "todo" natural e um indivíduo, unida e distinta ao mesmo tempo da própria corporeidade. Os seus graus internos de desenvolvimento são de fato a alma natural ou vegetativa (universal e não ainda individualizada), a alma sensitiva (individual e já subconsciente em nível sensível) e a alma "real" (capaz de opor a si a própria naturalidade como corpo e de ultrapassar dessa forma para a verdadeira e real consciência, desde a qual pode em seguida, como autoconsciência individual, acionar a afirmação do Espírito subjetivo).

O autêntico protagonista da problemática filosófica é, portanto, o Espírito mesmo, que recupera assim e ao mesmo tempo renova a perspectiva tradicional sobre a alma como entidade espiritual. De tal forma Hegel pretende superar a duplicidade constantemente observada, por um lado, entre alma como relação à sua própria corporeidade e à natureza em geral e, por outro, alma como realidade ideal conexa aos valores espirituais e, por seu intermédio, ao Absoluto. A cisão dualista que se mostra em nível antropológico torna-se, assim, ao mesmo tempo composta e compreensível em si, ou melhor, torna-se significativa no seu ser, nexo necessário e dinâmico que permite a ascensão da naturalidade e corporeidade à sua perfeição de *Seele*, e desta até o *Geist*, que por sua vez ascende ao Espírito absoluto no *logos*.

A tendência à resolução dialética dos momentos do processo do espírito na totalidade absoluta, típica do pensamento de Hegel, leva a um esvaziamento do sentido tradicional da noção de alma e à simultânea transferência da problemática, tradicionalmente expressa por essa noção, até a esfera da consciência e do espírito. Isso não impede que Hegel arrisque inserir na reflexão sobre a alma, entendida como ente natural já dotado de uma espiritualidade dialética, penetrantes observações sobre manifestações habitualmente transcuradas pela reflexão, tais como a formação dos hábitos, o sonambulismo e outras formas de passividade, assim como a problemática da loucura, vista como contradição entre o caráter imediato e o mediato e "verdadeiro" da consciência.

Com isso a vida psíquica é encontrada desde as formas mais "naturais" da vida, substancialmente biológica, segundo uma perspectiva que recupera ao seu modo as intuições aristotélicas, pondo ao mesmo tempo, no entanto, numa perspectiva de desenvolvimento o que de outro modo se apresenta como estática separação. Assim, Hegel entrega à reflexão posterior preciosas indicações para o problema da antropogênese. Aqui encontramos uma antecipação do debate entre atomismo e relacionismo que permeará no século XX as investigações sobre a experiência, para além da perspectiva sistemática hegeliana não mais recuperável na sua literalidade.

A doutrina hegeliana, porém, não pode ser reduzida às formulações, mesmo sendo principalmente esquemáticas e sistemáticas, da *Enciclopédia das ciências filosóficas em compêndio*. Na *Fenomenologia do espírito* (1807) estão contidas análises sobre a consciência e sobre a autoconsciência que representam uma das formulações mais complexas e fecundas da história do pensamento ocidental. Nessa obra, anterior ao sistema da *Enciclopédia* e, portanto, ainda não enquadrada numa exigência de sistematicidade filosófica com base dialética que o levou depois a certo enrijecimento das teses especulativas, Hegel defronta-se com o problema da consciência do ponto de vista do Absoluto, do qual a consciência é parte essencial e constitutiva, mas também transitória.

O Absoluto é o tema impostado por toda a filosofia clássica alemã, estando nisso de acordo com o clima espiritual do romantismo, mas encontra na obra de Hegel uma formulação especulativa talvez insuperável. Opondo-se às teses do Schelling idealista transcendental, Hegel sustenta que não se deve conceber o Absoluto como indiferença estática entre os seus termos, ou seja, a relação entre sujeito e objeto. Toda contraposição inerente ao Absoluto deve ser vista, portanto, como momento do Absoluto mesmo e como sua parte dinamicamente resolvida numa perspectiva dialética.

O Absoluto é, pois, concebido acima de tudo como a unidade móvel e vivente de um sujeito que permanece idêntico a si mesmo "dentro" de toda sua manifestação múltipla, de toda sua própria "objetivação". Tal sujeito, portanto, não pode ser entendido ao modo da subjetividade finita kantiana. Trata-se, antes, do Espírito, que se deve pensar como movimento, processo, historicamente delineado, que encontra em toda sua figuração determinada, isto é, em toda configuração historicamente dada, da relação mesma entre sujeito e objeto, uma forma única daquela estrutura geral que determina o Absoluto como totalidade em devir.

A consciência aparece, então, ao mesmo tempo como perspectiva de onde mover-se para captar o movimento do Espírito e como lugar em que o Espírito se manifesta necessariamente, mas também como tendência à superação dessa manifestação nos seus limites. Quanto a isso, é determinante poder delinear a estrutura da experiência própria da consciência, ou seja, apreender o nexo estrutural que leva da posição de uma separação entre sujeito e objeto (forma filosófica geral da compreensão da essência da consciência) à compreensão da *necessidade* de tal separação, isto é, à avaliação dialética da negatividade, para assim conduzir à tomada de consciência da pregnância filosófica (especulativa) de tal momento e dessa forma à sua superação.

A consciência, pois, é entendida na inevitabilidade das suas configurações parciais, que têm de ser então reorganizadas no processo dialético histórico das manifestações do Espírito, mas aliviada também da absolutização que tais configurações encontram, de modo indevido, nas diversas experiências filosóficas que precederam o pensamento hegeliano. Portanto, já não é a parcialidade das determinações filosóficas, mas a sua abstrata absolutização que constitui o erro filosófico que a dialética especulativa permite compreender e ao mesmo tempo resolver.

Os momentos, portanto, em que se pode distinguir a concepção da consciência aparecem como figuras necessárias para a efetuação da própria superação de toda determinação parcial, segundo um esquema fundamental baseado na estrutura triádica: *em si*, ou seja, interior mas não consciente; *por si*, ou seja, exteriorizado; *em si e por si*, ou seja, que se tornou consciente por meio da própria autoexteriorização. Tal esquema encontra a própria razão de ser na consideração de que toda determinação singular aparece como "total", isto é, coincidente consigo mesma e, portanto, idêntica a si e diferente das outras; mas precisamente no instituir tais nexos relacionais, mesmo negativos, com o que é "outra coisa" do que ela mesma ela demonstra também não ser na verdade idêntica a si senão graças à sua alteridade em relação a si.

Isso é o Absoluto na sua estrutura geral de determinação da realidade das singularidades, que não podem ser singularidades a não ser na medida em que se distinguem entre si, produzindo aquela lógica peculiar da identidade e da diferença que é essencial no pensamento dialético. Fundamental nessa análise é a ideia de que a manifestação seja estranhamento de si mesma, ou seja, de que a consciência deva compreender-se diferenciando de si mesmo coincidindo consigo mesma. É essa diferença na identidade que faz que a consciência não seja uma coisa.

Vista nesta perspectiva, toda manifestação individual da consciência, toda sua própria autodeterminação, é seu objetivar-se ao mesmo tempo necessário e não suficiente, porque parcial e, portanto, destinado a se resolver numa ulterior negação. A "cisão" é a lei da manifestação e também do desenvolvimento processual do Espírito como resolução da cisão mesma por meio da estrutura dialética. O Absoluto não é assim jamais redutível a alguma das suas manifestações, mas ao mesmo tempo necessita de todas.

Nesse processo se produz progressivamente também a compreensão da pluralidade das consciências por parte de cada uma delas, e portanto a superação da posição do isolamento seja formal, seja substancial da "consciencialidade" da própria consciência. Essa tomada de consciência é necessariamente de natureza dialética e, portanto, assinalada com a marca da negatividade, que se exprime na célebre estrutura da *luta pelo reconhecimento*.

Nessa figura Hegel recupera os resultados da determinação kantiana do primado da razão prática, reinscrevendo-os na perspectiva filosófica modificada própria do pensamento idealista, em que o agir encontra uma compreensão diferente e mais ampla em relação à sua conotação moral tal como realizada por Kant. A compreensão hegeliana do Absoluto como processo dialético necessário, no qual toda determinação encontra a própria colocação e, assim, a superação da sua inicial e aparente arbitrariedade, conduz também, no entanto, à abolição da identidade individual, ou melhor, à sua recondução à estrutura geral do processo do Espírito. O conflito entre as consciências é assim reconhecido no seu atuar como um momento especulativamente decisivo, mas também resolvido na superação dialética em direção à estruturação de uma perspectiva comunitária. Foi sobre esse ponto que se centraram muitas críticas por parte de filósofos posteriores.

Está em jogo particularmente a compreensão hegeliana da liberdade como liberdade absoluta da consciência individual, na qual a relação com a alteridade assume imediatamente o aspecto do conflito. Outro e especular modo de criticar tal compreensão da liberdade é negar a determinação hegeliana do nexo entre liberdade e autodeterminação. Essa é a via seguida particularmente por Marx, que até reconhece um valor significativo à análise de Hegel da luta senhor–escravo, mas nele reprova seu "abstracionismo" em relação à determinação essencial da consciência. Se de fato ela é essencialmente livre, o problema não é tanto o de explicar essa liberdade numa determinação de reconhecimento e serviço ao outro que seja só de natureza simbólica quanto, ao contrário, de natureza prática.

Dessa forma, a alienação, por um lado, é reconhecida em Marx como estrutura essencial para a compreensão da relação entre sujeitos, mas, por outro, é negada no seu valor "salvífico", pelo qual precisamente como momento especulativo necessário ela encontra uma justificação no sistema que lhe atenua fortemente o valor de opressão. Contudo, para mostrar a falha de tal compreensão da negatividade dialética por parte de Hegel, Marx deve mostrar como é possível que a consciência seja submetida. Por isso vai distinguir liberdade formal e liberdade substancial, e mostrar ulteriormente as raízes históricas da sujeição substancial mesmo no reconhecimento formal da liberdade que progressivamente se realizou.

Assim a alienação torna-se em Marx também o momento do conflito que encontra solução não no mútuo reconhecimento das consciências, mas na superação de toda exploração da humanidade concreta. O modelo dialético hegeliano passa, nessa perspectiva, a ser ao mesmo tempo interiorizado e transformado. A temporalidade dialética do processo é retirada de uma circularidade estrutural e entregue a uma linearidade que ao seu modo recupera valores escatológicos cristãos.

4. Reações ao idealismo: Kierkegaard, Schopenhauer, Nietzsche

A filosofia de Søren Kierkegaard[6] configura-se em aberto contraste com o espírito de sistema do idealismo em geral e de Hegel em particular. A reflexão de Kierkegaard estabelece a instância de uma "filosofia autobiográfica" que empenhe e comprometa o filósofo na própria condição existencial do homem. Kierkegaard exprime frequentemente a sua doutrina em forma literária, em páginas muito sugestivas e permeadas por um sentido de desconfiança da exposição filosófica tradicional. Com ele começa um período marcado pelo distanciamento dos maiores pensadores em relação à academia.

O pensamento de Kierkegaard, tecido por subjetivismo e religiosidade, se dá em polêmica com toda a tradição cartesiana e racionalista da filosofia ocidental, particularmente com os aspectos historicistas e otimistas do

6. Sobre Kierkegaard pode-se ver pelo menos: U. Regina, *Kierkegaard*. L'arte di esistere, Brescia, Morcelliana, 2005; M. Fabbri, *Nel cuore della scelta*, Milano, Unicopli, 2005; R. Cantoni, *La coscienza inquieta*, Milano, Il Saggiatore, 1976; E. Paci, *Relazioni e significati*. Milano, Lampugnani Nigri, 1965; II: *Kierkegaard e Thomas Mann*.

idealismo hegeliano. Kierkegaard nega em particular que se possa conceber uma harmonização dialética dos estádios da existência. Vida estética, vida ética e vida religiosa não se conciliam numa síntese unificadora (na realidade, fictícia), que as transcenderia como se a vida individual fosse portadora de uma história universal que se movimenta por si mesma. Os estádios da vida permanecem, antes, em constante tensão, num estado de dolorosa fratura. A história não é o lugar da revelação de Deus, mas ao contrário o da perda do destino espiritual do homem que, abdicando da própria missão eterna, desceu para compromissos com o finito.

O mundo, enquanto história temporal, é sempre negativo, porque é visto como dispersão e corrupção. O pessimismo de Kierkegaard derruba assim, mesmo confirmando-lhe a estrutura temporal, o modelo elaborado por Agostinho e depois secularizado por Hegel. Em polêmica direta com Hegel em particular, Kierkegaard sustenta que o homem individual não pode nem deve dissolver-se na história, e que esta não é de fato a resolução do finito no infinito, do individual no universal, do irracional no racional, como quer o idealismo.

Para Kierkegaard Hegel ignora o indivíduo, avilta o mistério da vida e a concretude da existência, transformando-a no mundo racional das ideias, sacralizando o espírito objetivo e o curso da história. A dialética queria fazer tudo o que a realidade não pode: resolver o que há na existência de irracional, absurdo e incompreensível. Daqui o retorno de Kierkegaard ao cristianismo, mas não ao dogma, mas principalmente a uma posição problemática que não se identifica com igreja alguma, livre de compromissos com as instituições mundanas e na qual apenas a relação do indivíduo com Deus tem significado e validade.

Para Kierkegaard, o problema da singularidade coincide substancialmente com o da relação do homem com Deus, ou seja, o problema do pecado. Tal relação é arriscada, sem garantias, porque a fé crê apesar de tudo e assume todos os riscos. Relacionamento paradoxal na medida em que expressa a relação entre um ser finito e a verdade eterna, entre um ente limitado e um ser para o qual tudo é possível. Se o homem se fecha na própria imanência, na consciência como relação exclusivamente consigo mesmo, acaba no desespero, na "doença mortal" da personalidade humana, incapaz de realizar-se porque finita e insuficiente.

A finitude da existência e a impregnação do pecado, a tensão para a verdade do ser e as relações com o mundo se revelam ao homem na *angústia*, vista como o traço peculiar essencial da condição humana. A angústia é dada ao homem porque ele não é nem anjo nem besta. A angústia é a infinitude da liberdade, a possibilidade de escolher tudo, que, como nos românticos e no idealismo, não constitui o sinal da eternidade ideal do homem, mas, ao contrário, da sua caducidade.

Definindo como indefinidos e "possíveis" de modo indeterminado as relações do homem consigo mesmo, com o mundo e com Deus, Kierkegaard lhes dá uma interpretação ameaçadora, paralisante e problemática, delas fazendo a chave da existência. A filosofia de Kierkegaard é uma constante chamada à interioridade de Agostinho contra toda ética mundana. Ao mesmo tempo, porém, ela nega ao homem aquela certeza interior que é para Agostinho a presença de Deus no ânimo. A temporalidade é ameaça. O que não quer dizer que o homem não possa decidir-se por uma vida de empenho e de ação, mas ela deve ser de cunho eminentemente subjetivo, fora de qualquer óptica política ou mesmo científica no sentido da procura da verdade como compreensão intelectual. A posição de Kierkegaard será reencontrada depois em Karl Jaspers e no seu sentido do religioso — agudizado pelos desastres do século XX — que se volta para o mistério da existência como transcendência numa direção inefável, e em todo caso nunca definível intelectualmente.

Com Arthur Schopenhauer[7] se reencontra a mesma forte polêmica anti-idealista, lançada de maneira explícita seja contra Hegel, seja contra Schelling, do qual mesmo no pensamento schopenhaueriano não é difícil perceber algum eco. Schopenhauer realiza uma retomada autônoma do pensamento de Kant, destinada a nele encontrar (nesse assunto, de modo análogo ao primeiro idealismo) uma síntese além das suas formulações, em particular com a individuação da posição crucial do princípio de razão suficiente, capaz de dar conta seja dos aspectos gnosiológicos e ontológicos da realidade, seja dos éticos.

---

7. Sobre Schopenhauer ver ao menos: L. Casini, *La riscopertadel corpo.* Schopenhauer, Feuerbach, Nietzsche, Roma, Studium, 1990; G. Invernizzi, *Il pessimismo tedesco dell'Ottocento*, Firenze, La Nuova Italia, 1994; A. Philonenko, *Schopenhauer.* Une philosophie de la tragédie, Paris, Vrin, 1980; G. Riconda, *Schopenhauer interprete dell'Occidente*, Milano, Mursia, 1986.

A primeira forma que o princípio de razão suficiente assume é a lei de causalidade, que se refere às modificações dos objetos reais e tem como objetos as representações completas que constituem o todo da experiência. É o princípio de razão suficiente do devir. A segunda forma é o princípio de razão suficiente do conhecer, que faz referência à verdade dos juízos e tem por objetos os conceitos. A terceira forma, o princípio de razão suficiente do ser, determina com necessidade matemática as relações espaço-temporais e tem por objeto precisamente as formas do sentido interno e externo: espaço e tempo. A última forma que o princípio assume é o princípio de razão suficiente do agir, a lei da motivação, que explica a série inteira das ações conscientes, dos atos volitivos, e é a que tem por objeto o sujeito, a forma da vontade.

A definição do princípio de razão suficiente se funda no seu conjunto numa concepção relacional: para nós não é possível um conhecimento de objetos singulares e isolados, mas antes de representações que estão entre si numa ligação regulada por uma lei e segundo uma forma determinada *a priori* (*Sobre a quádrupla raiz do princípio de razão suficiente* [1813]), o princípio de razão suficiente referido. Em conformidade com as quatro formas do princípio de razão, são quatro então as diversas necessidades:

- a necessidade lógica segundo o princípio da *ratio cognoscendi*: uma vez que as premissas tenham sido reconhecidas como válidas, a conclusão deve se seguir de modo irrefutável;
- a necessidade física segundo a lei da causalidade (*ratio fiendi*): não pode faltar o efeito, logo que se tenha apresentado a causa;
- a necessidade matemática segundo o princípio da *ratio essendi*: toda relação expressa por uma proposição geométrica verdadeira é tal como ela a exprime, e todo cálculo exato permanece irrefutável;
- a necessidade moral segundo o princípio da *ratio agendi*: todo homem, como também todo animal, *deve*, logo que se lhe apresente o motivo, executar aquela ação que unicamente é adequada ao seu caráter natural e imutável e que portanto agora se apresenta de modo inevitável como todo efeito segue sua causa; ela não se deixa prever tão facilmente como todos os outros efeitos, na medida em que é difícil aprofundar e conhecer perfeitamente o caráter individual e

> empírico e a esfera cognoscitiva que o acompanha: uma investigação sobre isso é algo bem diferente do estudo da qualidade do sal químico e da previsão da sua reação.

Determinada assim a posição geral de Schopenhauer, pode-se ver de fato como a sua obra maior, *O mundo como vontade e representação* (1819), constitui uma generalização ao mesmo tempo gnosiológica, ontológica, estética e ética da perspectiva que se abriu com a sua reflexão sobre Kant. Dela deriva uma compreensão do homem como dividido e ao mesmo tempo unido entre um plano "numênico" que é pura vontade *a*rracional (isto é, não submetida à racionalização) e um plano "fenomênico" (a distinção é tirada de Kant, mas profundamente transformada) em que a racionalidade é fundamentalmente tentativa de explicar o inexplicável.

É dado, no entanto, ao homem um acesso também à compreensão da conexão intrínseca do plano fenomênico com o numênico: a corporeidade. O segundo livro de *O mundo como vontade e representação* trata de modo particular precisamente da possibilidade dada ao homem, na autoafecção que constitui o seu corpo, para chegar a saber que os fenômenos (as representações) e o númeno (a vontade) são duas faces da mesma moeda. Com efeito, o corpo ao mesmo tempo "é" e se representa, isto é, se constitui como desejo, vontade e ao mesmo tempo sua transformação intelectual. Com a sua concepção das funções do intelecto Schopenhauer inverte a hierarquia tradicional que confere ao intelecto o posto superior entre as funções da alma e como tal vê nisso a parte mais próxima de Deus. Para Schopenhauer o intelecto é fundamentalmente submetido à vontade mesma, constitui sua "sublimação", isto é, o desvio da pulsão originária em formas "lógicas" mas nem por isso orientadas a um "verdadeiro" objetivo.

Por isso, a aceitação das determinações do intelecto não só não leva à superação da vontade, mas é, ao contrário, uma das suas realizações mais eficazes, precisamente enquanto a racionalização é execução do princípio de utilidade que implica toda manifestação da vontade. A vontade é única, mas assume formas várias. Sendo fundamentalmente pulsão "imotivada" enquanto coincide com a motivação mesma, pode-se defini-la como irracional, mas só na medida em que a razão não é senão um produto seu.

Schopenhauer determina também de modo não equívoco a pulsão metafísica em relação à sexualidade. A sexualidade é o modo pelo qual a vontade se manifesta no ser humano, que depois a camufla com o amor. Se ela é vista como expressão da vontade no homem e, portanto, compreendida sob a categoria geral de vontade, é também verdadeiro que Schopenhauer é o primeiro a pôr em relação a estrutura do homem com a sexualidade. Tal concepção, como se sabe, influenciou profundamente a pesquisa de Freud.

A única forma de superação da pulsão própria da vontade não pode então ser senão uma abstenção da mesma vontade, na medida em que toda forma de determinação, mesmo negativa, não é senão uma reproposição da assertividade da vontade. Observemos, no entanto, que Schopenhauer não está necessariamente propondo uma visão irracionalista da realidade, mas ele coerentemente traz para a luz a não fundamentabilidade do fundamento racional da realidade como princípio de compreensão ao mesmo tempo lógico, gnosiológico e ontológico.

Segue-se, então, que também as soluções estéticas e éticas devem levar em conta essa exigência puramente teórica. Portanto, a estética e a ética de *O mundo como vontade e representação* (objeto dos livros III e IV) são essencialmente a explicação das modalidades de abstenção da obrigatoriedade da vontade. A conclusão maior da reflexão schopenhaueriana consiste na afirmação da *noluntas,* vista como ativa abstenção do querer. E, já que o querer é expressão da separação entre um sujeito que quer e o objeto querido, a *noluntas* corresponde à noção hinduísta de *nirvana,* ou seja, escapar da dor como saída dos limites do eu.

Tal perspectiva vai de encontro à objeção que já tinha sido feita a Schopenhauer por Nietzsche, para quem também a abstenção da vontade é, afinal, manifestação da mesma vontade, e portanto a vontade se realiza também no negar-se e no abster-se. Daqui o sentido rico do conceito nitzschiano de vontade de potência como vontade de vontade: não mais uma celebração da afirmação irracional dos instintos contra a racionalidade e a moral, mas a compreensão de que a realidade "é" afirmação constante, se assim entendida, e portanto também no negar-se e no conflitar não faz outra coisa que se realizar e ser.

O negativo para Nietzsche[8], então, não é senão uma positividade contraposta, pelo menos do ponto de vista ontológico. O negativo pode, além do mais, assumir formas fenomênicas diversas na medida em que é "ideologicamente" representado como oposto à força à qual se deveria opor. Daqui o nascimento da moral como ideia do bem, ou seja, a tentativa de colocar numa região ontológica distinta o que na realidade não difere de tudo o mais à sua frente.

Nietzsche identifica muito prontamente essa estratégia de transformação das manifestações compostas, mas não ontologicamente oposta da "vontade" na reflexão socrática, ainda que tal concepção (a dupla dionisíaco/apolíneo e a sua separação em Sócrates na oposição corpóreo/espiritual e, assim, mau/bom) depois chegue, no seu pensamento maduro, com renovada compreensão na direção de uma atenuação dessa mesma duplicidade.

Também nas obras mais tardias, Nietzsche vê no cristianismo e na filosofia de Sócrates e Platão que o preparam a atuação de uma estratégia de "reviramento" da intuição originária dos gregos da unicidade da vida na sua manifestação plural. Essa reviravolta é conduzida por meio da sub-reptícia elevação de uma norma particular de comportamento a valor ideal e ao correlativo rebaixamento de outras formas de comportamento a manifestação maligna. O nexo estabelecido por Sócrates entre bem em sentido racional-ideal e bom em sentido moral e prático significa para Nietzsche o advento da fratura (ontologicamente inexistente, mas moralmente obrigatória) entre dois mundos que na realidade estão presentes ao mesmo tempo no homem e não oponíveis ontologicamente, precisamente por força da generalização levada a efeito sobre a concepção schopenhaueriana da vontade.

De linhagem schopenhaueriana também é o conceito de corporeidade como nexo e síntese de tendências separadas, que, no entanto, encontra

---

8. Sobre o pensamento de Nietzsche existe uma bibliografia vastíssima. Sobre os temas discutidos nesta seção pode-se ver: F. C. Papparo, *La passione senza nome*, Napoli, Liguori, 1997; K. Jaspers, *Nietzsche e il cristianesimo*, Milano, Marinotti, 2008; M. Vozza, *Nietzsche e il mondo degli affetti*, Torino, Ananke, 2006; D. Frank, *Nietzsche et l'ombre de Dieu*, Paris, PUF, 1999; P. Wotling, *Il pensiero del sottosuolo*. Statuto e struttura della psicologia nel pensiero di Nietzsche, Pisa, ETS, 2006; C. Rosciglione, *Homo natura*, Pisa, ETS, 2005; A. Zupancic, *The Shortest Shadow*, Cambridge (Mass.), MIT Press, 2003.

em Nietzsche uma elaboração ulterior. O corpo é compreendido como a "grande razão", em relação ao qual a mente não representa senão um epifenômeno, em sentido estrito, ou seja, uma derivação e jamais uma cisão ontológica. A transformação operada por Sócrates e levada a cabo pelo cristianismo consiste por isso em atribuir valores a determinados comportamentos que, ao contrário, não se deve "valorizar", mas sim compreender como manifestações possíveis mas não privilegiadas da corporeidade como subjetividade humana.

Tais comportamentos, além do mais, de acordo com a concepção nietzschiana do ressentimento, são elevados a norma ideal precisamente por aquele tipo de homens que, ao contrário, são mais débeis do ponto de vista vital, ou seja, não sabem realizar a própria essência corpórea, entendida como humanidade "além" ou "aquém" da distinção entre bem e mal. Não por acaso os ideais cristãos são exatamente aqueles da mortificação do corpo nas suas manifestações "terrestres": ascese, abstinência, até amor ao próximo como temor da alteridade: a caridade como forma mascarada de autotutela (o mandamento "ama o teu próximo" mascara o outro: "não fazer aos outros aquilo que não quererias que fosse feito a ti").

A filosofia de Nietzsche, como foi dito por Paul Ricoeur, representa, juntamente com o pensamento de Marx e de Freud, uma das doutrinas de "suspeita", ou seja, uma reflexão que leva a tirar a máscara de uma vontade de domínio por trás da afirmação de um valor. A radicalidade do pensamento de Nietzsche está em ver nessa vontade de domínio a expressão de uma condição ontológica do homem, que tende estruturalmente a cobrir de significado aquilo que, pelo contrário, não tem significado. Daí o diagnóstico do niilismo no seu mais radical e autêntico valor: niilismo não é tanto a afirmação de que os valores não existem mais, mas, ao contrário, precisamente a afirmação da necessidade de que haja valores. Em outras palavras, é precisamente aquele tipo de pensamento que opera por diferenças opostas lá onde só existe uma multiplicidade de forças em competição representando o niilismo, ou seja, a desvalorização da única realidade efetiva, a terrestre. "Terra" é um termo proposto por Nietzsche em oposição aberta a "céu", ou seja, à filosofia que quer transferir para outro lugar (para o alto) uma verdade e um valor que não é capaz de encontrar no que existe tal como existe. Pode-se dizer que em Nietzsche esteja presente uma abordagem fenomenológica *ante litteram* ao sustentar a necessidade de um pensamento que não avalie, mas expresse o que existe na maneira em que existe e se manifesta.

Mais em particular o pensamento do eterno retorno e do amor pela terra é o pensamento que não se estrutura mais a partir de uma separação valorativa, ou seja, ao mesmo tempo ontológica e ética, para, ao contrário, alcançar uma compreensão da manifestação como tal. Por isso o niilismo é, na diagnose de Nietzsche, toda forma de pensamento que se estruture a partir de uma depreciação, que é surdez e desprezo perante a realidade assim como ela é, a partir daquela realidade peculiar que é a humanidade na sua "corporeidade". Tal tendência, além disso, é geral na perspectiva (da qual é necessário produzir uma desconstrução genealógica) inaugurada pela distinção socrática entre bem e mal e na correlativa identificação do bem com a racionalidade que sufoca uma "corporeidade" identificada com a irracionalidade, isto é, segundo uma oposição que não é inerente aos fenômenos, mas sobreposta a eles "ideologicamente". A genealogia da moral mostra como tal perspectiva se pôde afirmar pela sua capacidade de satisfazer a exigências tão intrínsecas no homem a ponto de estar ainda presentes até mesmo num pensamento como o de Schopenhauer, que se queria, ao contrário, oposto a tal exigência.

O tema do corpo é de natureza particularmente complexa no desenvolvimento da filosofia de Nietzsche. Em relação às formulações iniciais, canonizadas pelo *Nascimento da tragédia no espírito da música* (1872), onde o corpo é substancialmente ainda um lugar de valor ("dionisíaco") relativamente à sua restrição racionalista, o pensamento mais maduro de Nietzsche não hesita em retomar e reutilizar o conceito de alma. Não, porém, no sentido de um retorno àquelas posições platônicas que Nietzsche não teria podido acolher de novo depois da tão cerrada crítica do princípio. A alma se torna então aquela exigência de uma caracterização em relação ao mundo orgíaco e "intercorpóreo" dos corpos em comunicação, o qual não se opõe ao corpo mesmo, mas também não é dele um simples epifenômeno (do qual talvez abster-se serenamente, aderindo a um mistificante "para além do sujeito"). A alma torna-se o lugar da "pulsão para a individuação", isto é, lugar da composição das instâncias corpóreas conflitantes entre si. A alma para Nietzsche não é uma substância, mas, segundo alguns textos escritos à época da redação de *Aurora* (1881), pode ser entendida como estrutura de hierarquização das pulsões corpóreas, das exigências que o corpo se impõe (experimentar prazer, evitar a dor).

Alma é, pois, para Nietzsche fundamentalmente um nome coletivo, mesmo referido a um sujeito singular. Ela permite aceitar (segundo uma perspectiva de origens sem dúvida schopenhauerianas) a existência corpórea, isto é, desindividualizante e "louca" em princípio, sem que por essa razão deva ou possa abandonar tal condição. Se a vida é excesso, a alma é um efeito de tal excesso, como a recondução do excesso a uma "norma" necessariamente falsa: necessariamente, tanto porque não pode deixar de sê-lo como porque tal falsidade se torna necessária para a existência. A máxima nietzschiana segundo a qual não existem fatos, mas só interpretações, adotada depois por uma abordagem de cunho hermenêutico que lhe enfraquecerá, porém, e muito, o sentido entendendo-a como necessidade de interpretação, deve ser entendida, ao contrário, como consciência perturbadora de que a verdade é inaceitável e não assuntível, e que a seu respeito o sujeito deve tomar uma distância que destrua o excesso vital numa ordem aparente.

Essa estrutura da alma não necessita minimamente passar pela consciência, mas, antes, se desenvolve de alguma forma no interior daquele corpo que é a "grande razão", no sentido de possuir autonomamente a capacidade de determinar-se e de escolher sem que a escolha deva fazer-se na dependência de princípios racionais. Visto nesse sentido, o agir da corporeidade é, então, "inconsciente", mas de fato seria melhor dizer que é *a*consciente, pois é na realidade a consciência que deve ser, ela sim, um efeito: a produção de uma identidade imaginária que dê unidade à "república" das pulsões corpóreas. A alma, então, pode ser entendida como uma "cena" na qual emergem identidades, não necessariamente unívocas, mas tendencialmente voltadas para a efetivação de um processo experiencial que tenha uma coesão, um "eu". A alma é um processo impessoal em relação ao qual o emergir da consciência individual se dá como resultado sempre precário e destinado a ser de novo submerso várias vezes (por exemplo, no sono e depois na morte). O sono e o sonho são, desse ponto de vista, os elementos que melhor traduzem a verdadeira natureza da alma, cuja condição é frequentemente ligada por Nietzsche à lógica onírica. Talvez seja por isso que a alma "se oculta", isto é, não se mostra a não ser naqueles momentos em que a consciência abandona o próprio controle sobre a vida do corpo e o deixa viver de maneira mais autônoma.

5. Positivismo e antipositivismo entre o século XIX e o início do século XX

1. O nascimento da psicologia científica

O nascimento da psicologia experimental ocorre em ambiente positivista e por esse motivo pode ser considerado ao seu modo uma reação ao idealismo, mesmo com modalidades profundamente diferentes em relação às posições acima delineadas[1]. A natureza da nova aproximação experimental ressente-se, portanto, do tom geral do clima positivista, exemplificado pela explícita exclusão por parte de Auguste Comte da possibilidade de que a psicologia possa dizer-se científica.

1. Sobre as temáticas discutidas nesta seção, ver: F. Boriani, *Profilo metodologico del positivismo francese da Comte a Durkheim*, Roma, Eucos, 2000; S. Poggi, *I sistemi dell'esperienza.* Psicologia, logica e teoria della scienza da Kant a Wundt, Bologna, Il Mulino, 1977; A. Marini, *Alle origini della filosofia contemporanea*: Wilhelm Dilthey, Firenze, La Nuova Italia, 1984; A. Orsucci, *Tra Helmholtz e Dilthey.* Filosofia e metodo combinatorio, Napoli, Morano, 1992; M. Mezzanzanica, *Dilthey filosofo dell' esperienza*, Milano, Angeli, 2006; E. Monceri, *Dalla scienza alla vita*: Dilthey, Nietzsche, Simmel, Weber, Pisa, ETS, 1999; E. Franzini, R. Ruschi, *Il tempo e l'intuizione estetica*, Milano, Unicopli,1982; M. Meletti Bertolini, *Bergson e la psicologia*, Milano, Angeli, 1984; R. Ronchi, *Bergson filosofo dell'interpretazione*, Genova, Marietti, 1990; A. Hobinet, *Bergson et les métamorphoses de la durée*, Paris, Seghers, 1965; V. Mathieu, *Bergson.* Il profondo e la sua espressione, Napoli, Guida, 1971.

Na realidade as pesquisas dos psicólogos tendem acima de tudo a ampliar o campo do observável, para assim poder repelir a objeção comtiana. Enfrentam, além disso, a restrição kantiana na definição da objetividade, que excluía a possibilidade de incluir o sujeito cognoscitivo e experimentar no interior da esfera do objetivamente observável. Desse modo abre-se caminho para exigir que se redefina o conceito mesmo de objetividade.

Contudo, posto assim o problema, ele imediatamente revela a própria natureza aporética: a objetivação do sujeito induz a uma perda da especificidade do seu traço mais alto e essencial, ou seja, precisamente o seu ser subjetividade. A metodologia positivista não pode em outros termos fornecer os instrumentos adequados para levar a termo a tarefa que se tinha prefixado. Ao contrário, será a corrente nascida com Franz Brentano que porá essa questão sobre bases diferentes.

No campo da psicologia experimental, em virtude da peculiaridade do próprio "objeto", os tons antimetafísicos próprios de outros campos de investigação são notavelmente mais embaciados. Gustav Fechner, Hermann Lotze e o próprio Wilhelm Wundt se movem a partir de pressupostos relativamente "espiritualistas". A posição desses autores é a de encontrar "leis" das manifestações psíquicas por meio de investigações experimentais indiretas que levam à mensuração dos "fatos" encontrados em sede fisiológica.

Com efeito, precisamente em virtude dessa determinação do campo de investigação, mais que de leis psíquicas deve-se falar de leis psicofísicas. As teorias obtidas são elaboradas com base num método essencialmente indutivo, identificado como mais adaptado à generalização de fatos empíricos que não se prestam à descoberta de estruturas ideais, como, ao contrário, no paradigma físico galileano. O objeto de estudo é eminentemente de natureza fisiológica, e é definido a partir da dissolução do "mental" como fato complexo nas suas funções simples. Está presente uma perspectiva geral atomista em que se quer evitar qualquer referência a hipóteses holísticas, vistas como indebitamente filosóficas.

Daí a acusação lançada contra tais pesquisas por parte das posições espiritualistas, segundo as quais tal saber seria definitivamente uma "psicologia sem alma". Um gênero diferente de críticas é feito contra essa posição por ambientes historicistas: reprova-se, então, sobretudo a hipostatização em modo acrítico e ingênuo de dados concebidos como universalmente válidos, quando seriam, antes, o fruto de uma determinada configuração histórico-teórica. O debate aqui versa sobre os "dados" e sobre o modo correto de entendê-los. Críticas à posição positivista partem nesse sentido de autores como Wilhelm Dilthey e Henri Bergson, que, apesar da grande diferença de enfoque, concordam na rejeição da determinação positivista do campo de investigação do reino "psicológico", em nome de uma determinação mais autêntica daquele mesmo reino.

Dilthey julga que os dados subjetivos são a única verdadeira realidade do sujeito no seu imediatismo e assim faz apelo às noções de *Erleben* e *Erlebnis.* Tais dados são capazes de ilustrar a presença de valores imanentes à experiência vivida e de estruturas constantes aptas a dar sentido à história e à ação. Desse modo, se quer dar a razão da peculiaridade dos fenômenos histórico-sociais, irredutíveis a eventos fisiológicos, próprios antes do estrato "vivente" em sentido biológico (do qual a oposição entre *leben* e *erleben*).

Para mostrar a legitimidade de tal exigência sem negar o sentido da pesquisa científica no campo natural, Dilthey distingue as ciências naturais das chamadas ciências do espírito: as primeiras conhecem o próprio objeto por meio da identificação das causas que levam à formulação de nexos funcionais de natureza geral que se convertem em leis. À diferença deles, as ciências do "espírito" investigam os nexos motivacionais que determinam os comportamentos humanos e, portanto, não podem seguir por via de imputação de uma necessidade causal.

Daí a oposição entre o "explicar" típico das ciências naturais e o "compreender" próprio das ciências do espírito, distinção destinada a exercer uma profunda influência sobre o debate epistemológico do século XX. Por exemplo, o neokantismo retoma tal distinção por meio da contraposição entre a abordagem "nomotética" (isto é, que apresenta leis) e a "idiográfica" (isto é, que descreve indivíduos). Dilthey distingue as ciências da natureza — que, tendo o próprio objeto como externo à investigação, devem aproximar-se dele por via de hipóteses (geralmente mais de uma) e depois verificar a consistência dessas hipóteses por meio de experimentos — e as ciências do espírito.

Nas ciências do espírito — que têm por objeto a realidade humana nas suas várias manifestações históricas, estéticas, literárias, políticas e éticas —

o sujeito cognoscitivo não tem diante de si uma natureza estranha, mas o próprio homem. O investigador coincide com o investigado. O objeto, portanto, não pode mais ser determinado nos seus sentidos como se fosse uma coisa da natureza, mas é encontrado por meio daquela peculiar experiência metódica que é a investigação sobre o vivido. A diferença é crucial, segundo Dilthey, porque, ao passo que no caso dos objetos da natureza a sua conexão (ou seja, as determinações essenciais) é dada por via de conjecturas, no caso dos objetos peculiares da vida psíquica a conexão "é dada originária e constantemente no viver", e é até dada *a priori*, antes que se distinga cada uma das articulações. A afirmação da necessidade de encontrar uma diferente aproximação dos fenômenos psíquicos tem um duplo sentido: de um lado, Dilthey julga que ela possa garantir uma fundamentação diferente ao conhecimento do homem, mais afim ao próprio objeto em relação à que se obtém pelas ciências naturais, que inevitavelmente "naturalizam" o ser humano; de outro lado, essa "diferente abordagem" tem uma notável importância para a ideia mesma de ciência, que não deve ser necessariamente calcada no modelo das ciências físicas, certamente eficazes no seu âmbito de pertinência, mas, então, só se limitadas a ele, ao passo que o seu influxo pode mudar-se para negativo se afastar-se demais do seu contexto precípuo. Um conhecimento dos fatos espirituais que se limite a reproduzir esquemas derivados da ciência natural não pode senão negligenciar o próprio objeto, acabando então por justificar o ceticismo típico de muitos ambientes culturais e científicos diante das chamadas "ciências humanas".

O problema que se abre, porém, é então o da comunicabilidade intersubjetiva dos resultados obtidos da pesquisa, que, de outra forma, são expostos à ingenuidade de método ou ao arbítrio. A importância metodológica atribuída por Dilthey ao próprio objeto de uma psicologia analítica e descritiva faz que a questão deva ser resolvida de maneira clara e convincente, para não pôr em crise toda a construção teórica.

A noção de "compreensão" serve para resolver tal impasse metodológico por meio de uma determinação precisa das condições da própria execução, que, no entanto, permita respeitar a especificidade do objeto da investigação. Em Dilthey temos, portanto, uma relativa oposição entre a esfera do intelecto, que se refere à compreensão das leis da natureza exterior, e a esfera da intuição direta interna, que lida com as manifestações subjetivas. Mas temos principalmente uma crítica à psicologia "explicativa", que tenta reconstruir todo o mundo mental a partir das suas partes relativamente mais simples, como a memória e a percepção externa, perdendo de vista com isso o ser humano na sua complexidade, que, ao contrário, é objeto de intuição, mas não de argumentação nas obras dos poetas e dos escritores. A psicologia analítica e descritiva deve saber fazer-se capaz de uma intuição análoga colocada sobre o ser humano na sua complexidade, mesmo sem limitar-se a uma abordagem "literária".

Coloca-se então a questão das diversas modalidades com que as duas abordagens encontram o próprio dado. Em outros termos, quais modos diferentes dos dados devem ser distintos no caso das ciências naturais, de que é herdeira a psicologia explicativa, e no da psicologia analítica e descritiva. O mundo da mente humana é composto de fatos que se mostram numa especificidade própria, irredutível à objetivação naturalista. E essa tese é para Dilthey justificada pelo fato de que, no caso dos fenômenos mentais internos, a relação entre observador e dado observado se dá diretamente e é parte do fenômeno mesmo. É nessa direção que é compreendida a concepção de intuição e de compreensão proposta por Dilthey.

Essa tese comporta dois problemas distintos, mas não desconexos entre si: por um lado, a ideia de que a intuição leve a um conhecimento válido; por outro lado, que os fenômenos subjetivos sejam acessíveis sempre e, em princípio, a essa perspectiva de acesso. O primeiro problema diz respeito à fundamentação do saber assim delineado: põe, pois, um problema de determinação "transcendental" do que, no entanto, é em princípio historicamente condicionado, e além disso requer que tal saber seja intersubjetivo, ou seja, põe o problema de como conhecer estados internos "de outro". Daí a questão das leis históricas e a da relação entre indivíduos e entre eles e a própria comunidade. O segundo problema é mais insidioso, se possível, na medida em que coloca em discussão a hipótese mesma de que haja a possibilidade de uma "ciência" do espírito. O pressuposto de Dilthey é que a consciência seja sempre consciente de si mesma, ou seja, autoconsciência. Essa premissa não investigada é suscetível, ao contrário, de muitas críticas, precisamente em tudo o que concerne à determinação do conceito de *Erlebnis* como vivido acessível à inspeção de modo direto.

A primeira questão complica a ideia de acesso direto, no caso de fenômenos mentais não egoicos, isto é, por definição, não acessíveis diretamente. É o próprio Dilthey quem alarga então a própria concepção, fazendo referência a uma noção, de linhagem hegeliana, de espírito objetivado como testemunho das consciências nos próprios produtos, caminho que torna possível a mente do outro. A sua acessibilidade direta deve enfrentar-se com uma ideia diferente de aproximação hermenêutica, onde a interpretação não seja imediatamente identificada com a posse do próprio objeto, mas, ao contrário, com um trabalho de escavação e de retirada, de resolução de conflitos intrínsecos e, definitivamente, de elaboração das "resistências" implícitas na ideia de vontade de verdade subjacente a tal colocação. Não basta, então, opor o compreender ao explicar para obter imediatamente uma perspectiva de possibilidade de experimentação dos "fatos" subjetivos. Essa perspectiva já fora delineada por Dilthey nos ensaios mais diretamente ligados ao problema de uma nova ideia de psicologia, mas recebe sucessivamente um notável desenvolvimento com o delineamento da sua concepção da hermenêutica, que tenderá nos últimos anos a absorver também o problema psicológico.

As teses expostas por Dilthey nos seus ensaios do último decênio do século XIX foram logo analisadas e criticadas por duas frentes contrapostas: de um lado a dos psicólogos (em particular pela longa recensão dedicada por Hermann Ebbinghaus às *Ideias sobre uma psicologia analítica e descritiva* [1894]); de outro lado a dos filósofos de matriz neokantiana (com a tomada de posição de Wilhelm Windelband). Em ambos os casos foram muitos os destaques críticos feitos à impostação de Dilthey, que a seu modo recebeu tais análises e procurou fazer-lhes frente, por um lado, esclarecendo a própria proposta teórica e, por outro, dirigindo as próprias análises seguintes para uma área diferente e mais marcadamente hermenêutica.

Sem entrar nos detalhes dessa questão, é útil, no entanto, notar como a crítica movida por Ebbinghaus mostrou-se particularmente significativa, na medida em que voltada para ilustrar como grande parte das instâncias teóricas apresentadas por Dilthey diante da psicologia associacionista, ou da "explicativa", na realidade havia tempos já eram patrimônio comum dessa abordagem. O que significava que, se por um lado era possível notar uma coincidência entre algumas das teses de Dilthey e as da psicologia experimental mais avançada na época, por outro lado o sentido geral da crítica de Dilthey não saía profundamente redimensionado.

Ebbinghaus, além disso, tinha bom êxito ao mostrar como alguns dos destaques metodológicos feitos por Dilthey ao "construtivismo" da psicologia explicativa na realidade poderiam ser igualmente bem remetidos à ideia de uma psicologia descritiva que, na realidade, devia necessariamente sair do âmbito da pura descrição para poder ser reflexiva, ou seja, para poder objetivar o próprio âmbito de investigação dele fazendo algo compartilhante intersubjetivamente. O limite da descrição pura, tal como estabelecido na hipótese de Dilthey, está no fato de que a consciência pode encontrar sempre só a si mesma, traçando assim um círculo vicioso metodológico do qual não se sai senão por meio da utilização de métodos de observação externa, que, no entanto, por princípio, rompem o quadro teórico delineado por Dilthey com a sua distinção entre percepção externa e percepção interna.

A crítica proveniente dos ambientes neokantianos não está voltada tanto para os aspectos de pesquisa efetiva quanto para os pressupostos filosóficos que regem o projeto diltheyano. Windelband contesta em Dilthey a anexação da psicologia entre as ciências do espírito, julgando-a principalmente uma ciência natural. Critica, além disso, a própria distinção entre ciências naturais e "espirituais" (*Natur- und Geisteswissenchaften*), propondo antes uma distinção entre ciências que determinam regras gerais (nomotéticas), onde entram em geral as que se ocupam de fenômenos naturais, e ciências que, ao contrário, estudam o particular na sua irredutibilidade (idiográficas). Posta a questão dessa forma, a psicologia não pode entrar entre as ciências idiográficas. Além disso, compreende-se o erro de Dilthey ao se considerar que a perspectiva adotada é medida inoportunamente sobre objetos dados como preexistentes à própria investigação (as coisas naturais, os estados internos), onde, ao contrário, a distinção é feita de um ponto de vista metodológico e epistemológico, ou seja, partindo de uma discussão de *como* se encontram configurados os objetos de uma dada disciplina científica, ou seja, distinguindo não com base nos objetos, mas com base nos conceitos operativos.

Dilthey replicou a Windelband notando como uma distinção com base em conteúdos é, entretanto, oportuna e até necessária. Onde se deve admitir a presença de valores e de finalidades, aí não se está mais, por princípio, no âmbito de uma ciência natural, e então torna-se inevitável falar de uma ciência espiritual. Ora, o mundo da experiência humana não pode ser compreendido se se prescinde dessa diferença qualitativa em relação ao mundo natural, que a simples distinção metodológica entre leis e indivíduos não pode captar. Além disso, a possibilidade de reconhecer um objeto cultural do outro, isto é, externo, como em princípio análogo a uma produção que remete à atividade interior faz de fato que o mundo humano possa ser analisado dentro da perspectiva psicológica analítico-descritiva melhor e diferentemente do que dentro de qualquer outra investigação "em terceira pessoa", isto é, objetivante. Aqui se abre espaço para a noção de "expressão", que qualifica a produção cultural em relação à produtividade natural.

Dilthey observa, finalmente, que a distinção de Windelband entre ciências nomotéticas e idiográficas é transversal, e isso implica que a psicologia na realidade se valha de ambas as perspectivas, mas, por isso, ela sai necessariamente domínio das ciências naturais tal como as entende a abordagem kantiana. Em todo caso, na elaboração ulterior de Dilthey, o debate não ficou todo confinado a um momento de esclarecimento, mas produziu uma importante transformação, obrigando seu autor a adotar uma abordagem sempre mais de tipo hermenêutico relativamente ao ideal de investigação psicológica delineado com as *Ideias sobre uma psicologia analítica e descritiva*. Só no fim da sua vida Dilthey teve oportunidade de afirmar que o ideal tinha sido realizado na verdade por outro, Husserl, que, aos olhos do filósofo ancião, estava, com a sua fenomenologia, conseguindo de fato configurar uma descrição pura e ao mesmo tempo exata da vida psíquica, escapando ileso dos problemas que Dilthey reconhecia terem limitado a sua iniciativa.

Na sua tendência a substituir a psicologia fisiológica positivista, baseada numa ontologia e numa gnosiologia atomista, por uma abordagem analítica e descritiva, Dilthey mostra elementos de afinidade com a perspectiva de Bergson, que, no entanto, se distancia por outras razões. Com efeito, se é verdade que o exórdio de Bergson é exatamente o de uma meditação sobre os "dados imediatos da consciência" que permita perceber a sua diferença relativamente à abordagem positivista e, dessa forma, preservar a especificidade da experiência psíquica sem reduzi-la a evento natural orgânico, por outro lado a sua perspectiva possui alguns traços que a distinguem da concepção diltheyana. Partindo do problema de como preservar a liberdade da consciência em relação a investigações que, colocando-se no plano exclusivamente fisiológico, acabam por não encontrá-la em parte alguma, Bergson acrescenta, contudo, que a liberdade, entretanto, também não pode ser entendida pura e simplesmente como um dado a ser obtido por mera introspecção. Com efeito, em Bergson está presente uma determinação dos fatos mentais que encontra uma fratura interna na própria vida da mente. Ele distingue inteligência de intuição, mas a partir de uma problemática que concerne principalmente às diversas modalidades com que se concebe a temporalidade nos âmbitos naturais e nos psíquico-espirituais.

A análise usada no enfoque de Bergson na sua primeira obra, *Ensaio sobre os dados imediatos da consciência* (1910), é destinada essencialmente a mostrar que há aspectos da vida mental que não se prestam, como queria a investigação psicofísica por ele criticada, a uma compreensão exclusivamente quantitativa, sem que isso implique a necessidade de uma investigação puramente introspectiva e, portanto, condenada a ficar confinada no inefável. O reino da qualidade pode ser enfrentado com instrumentos racionais, desde que a racionalidade não seja identificada com uma aproximação quantitativa. Aqui intervém uma profunda revisão da noção de origem kantiana do espaço. Enquanto para Kant o espaço é forma sintética, no parecer de Bergson ele desempenha um papel de distinção e de articulação analítica. A inteligência opera sobre o espaço exatamente deixando de lado as diferenças qualitativas e concentrando-se nas quantitativas, e então pode permitir uma apreensão puramente calculadora dos dados da experiência sem que, no entanto, isso implique uma redução ontológica da complexidade da experiência ao âmbito exclusivamente quantitativo.

Do mesmo modo, o tempo tal como utilizado pela ciência física não é todo o tempo concebível. Ao contrário, segundo uma imagem que se tornou célebre, ele não é senão uma espacialização do tempo, na medida em que é tempo matemático, indiferente aos eventos que se verificam nele: pura variável numa função. O fato de que para se dissolver num copo de água um torrão de açúcar gaste um tempo *t* que se pode determinar como diferença entre t_0 e t_1 nada diz quanto ao fato de que esse tempo deva efetivamente *passar*, isto é, empregar uma *duração* que não se pode comprimir, que a linguagem formalista, porém, não capta e não está interessada em captar. Mas dessa forma se perde o aspecto qualitativo da experiência. O tempo da consciência não é um puro tempo homogêneo, um bloco indiferente, a não ser enquanto é *espacializado* por meio da sua determinação formal. Mas o tempo vivido apresenta uma natureza essencialmente diferente, intrínseca e irredutível. O que também significa que o tempo da consciência é um tempo *subjetivo*, isto é, implica um sujeito que faça experiência dele, e não pode então ser compreendido de forma geral e objetiva como processo natural.

A duração é então o caráter específico da consciência humana enquanto estrutura livre, não predeterminada (não totalmente, ao menos), irreversível e cada vez diferente, mesmo quando se repete. Com efeito, a repetição nunca é puramente tal, mas sendo repetição que se dá numa consciência também é sempre mais do que uma mera sucessão de estados iguais, como, ao contrário, acontece com os fenômenos físicos. Daí a necessidade de utilizar uma compreensão adequada desse âmbito de fenômenos que a inteligência tende a não captar.

A inteligência por isso é o que se pode chamar de intelecto usando outro léxico, mas tal tradução não se dá sem perdas. Mais do que em sede epistemológica, a determinação bergsoniana do conceito de inteligência deve ser encontrada em sede ontológica: a inteligência é aquela parte da vida da mente voltada para a conservação do sujeito e, portanto, é de natureza pragmática, mas, como tal, desenvolve principalmente uma função de seleção dos dados experienciais com finalidade de autoconservação. Em oposição a essa função encontra-se, ao contrário, a da intuição, que opera de modo "desinteressado" e como tal constitui principalmente uma "abertura" do sujeito à realidade, entendida, porém, de maneira diferente: não mais como soma de fatos, mas como manifestação geral.

Correlacionada com a primeira distinção temos uma segunda entre "memória" e "recordação": a recordação é funcional e serve para a identificação dos acontecimentos, mas por isso mesmo serve também ao esfacelamento da complexidade da realidade em partes separáveis. Uma vez que inteligência e recordação constituem a experiência comum, ou seja, a "consciente", dessa forma se explica como a ciência possa crer haver encontrado nessa base a condição necessária e suficiente para investigar os fenômenos mentais.

Entretanto, exatamente a função de seleção vital operada pela mente (numa perspectiva que não deixa de ter profundas influências darwinianas reelaboradas autonomamente) impede que o acesso à vida da intuição e da sua função privilegiada, a memória, se dê de maneira imediata. Para acessar a memória como estrato profundo da subjetividade é preciso, ao contrário, um ato preventivo de "afastamento" e de "virada" do olhar do sujeito em relação aos dados intelectuais. Trata-se de algo que Bergson define de modo similar à redução husserliana, de que falaremos no próximo capítulo. O acesso a essa estrutura profunda não é, portanto, regulado por uma linearidade de aprofundamento, mas no máximo por uma transformação das modalidades de acesso que por si só — dada, nesse caso, a coincidência de sujeito e objeto — é uma transformação do próprio sujeito. Então se trata de adotar uma concepção inteiramente nova da subjetividade, dando lugar a uma compreensão não "reificada", não objetivista da intuição e da memória. Coisa que, ao contrário, não é *per se* evitada explicitamente na abordagem de Dilthey.

Essa concepção diferente da subjetividade se coloca metodologicamente evitando o atomismo, a começar pelo seu fundamento ontológico encontrado na imagem do mundo físico de cunho mecanicista, onde espaço e tempo são entendidos como multiplicidade sem conexão. O tempo é colocado em oposição por Bergson à sua "espacialização" na física exatamente em nome de uma formulação diferente do quadro categorial, que é construído (seja bem sublinhado) exatamente a partir de uma reflexão sobre o desenvolvimento dos conceitos matemáticos, que tornou possível haver perspectivas muito diferentes do mecanicismo, ainda que *dentro da matematização mesma do real.*

Bergson estabelece dessa forma uma conexão estrutural entre temporalidade como duração, memória como estrutura profunda da subjetividade e intuição como modalidade privilegiada de "acesso" a tal estrutura, conexão que é obtida somente se encaminhada paralelamente a uma espécie de "conversão" da subjetividade indagativa que deve compreender novamente a si mesma de maneira não naturalista. Esse é o sentido peculiar do "espiritualismo" de Bergson, que não se refere a uma mal-entendida mística da interioridade, mas, antes, a uma exigência conceitual de adequação dos métodos de investigação à especificidade do objeto investigado.

Esse enfoque leva Bergson a conceber a presença do passado em termos que têm uma peculiar consonância com a imemorial presença do inconsciente em Freud. Observe-se também que o enfoque de Bergson tende a uma nova compreensão da subjetividade na sua estrutura profunda em direção a um pensamento renovado da corporeidade, não mais vista como matéria inerte, mas como sede mesma da memória. Essa perspectiva assume nas obras mais tardias uma fisionomia metafísica voltada para o papel do deslanchar criativo como força que é imanente a todo domínio do real, mas também encontra uma expressão diferente, porém pertinente, nas reflexões de Proust sobre a memória involuntária, isto é, sobre as manifestações não "conscientes" da memória nas suas expressões corpóreas (essas reflexões proustianas serão depois valorizadas por Merleau-Ponty).

As análises de *Ensaio sobre os dados imediatos da consciência* chegam de fato a dar um lugar efetivo à liberdade, mas parecem exagerar, criando um desequilíbrio excessivo em favor do psíquico sobre o fisiológico que pesquisas como as de Paul Broca sobre a área cerebral destinada à linguagem pareciam desmentir. O segundo livro importante de Bergson, *Matéria e memória* (1911), está então encarregado de esclarecer melhor a concepção bergsoniana da relação entre fisiologia (e patologia fisiológica) e psicologia.

O confronto renovado com a psicofisiologia conduz de fato Bergson a identificar no vital um reino independente em relação à matéria física enquanto puramente inerte, mas nem por isso incluído no âmbito do espiritual como esfera ontologicamente independente. Emerge aqui em particular a ideia de que a memória seja propriamente compreensível só onde acaba o peso da preocupação vital para o organismo e ele possa então voltar-se, da pura percepção imediata do que naquele momento se dá, para uma consideração do dar-se como tal. Um papel fundamental para a compreensão dessa concepção é desenvolvido pela noção de "imagem" elaborada por Bergson nessa obra.

A imagem é definida como certa existência, que é mais do que o idealismo chama de representação, porém menos do que o realismo chama de coisa; uma existência situada, portanto, a meio caminho entre a coisa material e a representação espiritual. Qual o sentido dessa afirmação? É a tese segundo a qual a matéria é constituída por imagens entendidas como foi dito acima. Essa concepção da matéria é, segundo Bergson, própria do senso comum, que não aceitaria nem identificar o que existe com uma representação espiritual, como o idealismo (aqui Bergson pensa particularmente em Berkeley), mas nem também abandonar como puramente subjetivas as características mais significativas do objeto, por exemplo a sua cor e a sua consistência fenomênica — como sustenta o realismo fisicalista. O objeto, conclui Bergson, é uma imagem, mas uma imagem que existe em si.

Isso implica que aquilo que geralmente se entende como imagem não é diferente por natureza, mas somente em grau, do que se entende como objeto. Isso porque aí está uma imagem à qual se acessa de um modo peculiar: o próprio corpo. Essa é uma imagem que se vive como centro de afecções e fonte de ações e, portanto, como capaz de mudar a ordem de aparição das outras imagens. Então, se a matéria é o conjunto das imagens existentes em si, a percepção é esse mesmo conjunto enquanto referido à ação possível de certa imagem determinada, o meu corpo. A percepção contém, portanto, menos que a totalidade das imagens. Ela opera uma seleção dirigida a finalidades vitais geradas pelo fato de que o corpo é um ser vivente. A percepção não tem, portanto, para Bergson um papel teórico, mas prático-vital, o que explica o motivo pelo qual toda teoria que tenha tentado deduzir a realidade da realidade percebida tenha caído em erro, deixando de captar a natureza peculiar da percepção.

Esse modo de entender a percepção permite a Bergson considerar o ser humano, desse ponto de vista, como um ser vivente entre os demais. Certamente mais complexo, mas tal complexidade não leva a uma diferença de natureza. As características gerais da percepção de fato se encontram nos seres vivos mais simples, e a diferenciação entre os automatismos e os comportamentos "superiores" nunca é um salto, mas sempre uma multiplicação progressiva das funções. Mas em lugar algum existe derivação da consciência, e portanto do conhecimento, a partir da pura percepção. Elas de fato são geradas pela memória, que representa para Bergson um domínio separado em relação à percepção.

A representação de uma imagem, isto é, a imagem enquanto pensada, mais uma vez não deve ser entendida como algo que a representação, relativamente à matéria, possuiria a mais, porém a menos. A representação "obscurece" tudo o que não interessa imediatamente. A maior liberdade da qual o homem goza relativamente aos outros animais é que faz que a representação seja praticamente ilimitada, mantendo, porém, a sua origem prática. Em tudo isso, porém, o espírito está ausente. O espírito não pode ser encontrado na percepção porque reside na memória, entendida também por Bergson de modo realmente peculiar.

Para justificar essa forma pessoal de dualismo Bergson deve demonstrar que a memória não é atingida pelas condições físicas do cérebro e do sistema nervoso (quer dizer, por "imagens" materiais) na medida em que as recordações não são imagens, isto é, não são matéria. As descobertas de Broca, porém, como foi dito acima, parecem negar exatamente essa distinção. Bergson sustenta que uma lesão do sistema nervoso não prejudica a recordação como tal, antes impedindo de fazer a conexão entre recordação e percepção. Isso implica que, ao passo que a percepção depende do cérebro (porque é a sua função, isto é, a expressão do sistema nervoso como funcionalidade do ser vivo), a recordação depende da memória, que tem uma natureza própria e independente.

Surge desse modo o peculiar dualismo bergsoniano, que admite uma comunicação entre as "substâncias" (corpos materiais e espíritos imateriais), de outra forma usualmente impedida, mas rejeita ao mesmo tempo a diferença de natureza entre esses dois âmbitos. Essa forma de dualismo recebeu numerosas críticas, referentes em particular à separação da memória em relação à percepção (a qual, ao contrário, parece não poder separar-se realmente da memória), mas Bergson repetidas vezes sublinhou que sua análise se pretende "pura", ou seja, tende a encontrar formas ideais que não se encontram nunca efetivamente como tais na experiência comum. E, no entanto, tais formas devem principalmente ser entendidas na sua pureza para que se possa compreender a sua real natureza.

Esse dualismo é, além disso, integrado e tido correto pelo próprio Bergson por meio da consideração das modalidades com que se pode distinguir uma recordação: as lembranças são distinguidas principalmente em "recordações puras" e "recordações-imagem", sendo aquelas ligadas ao espírito e estas à corporeidade com as suas exigências práticas. As lembranças-imagem são, portanto, as conexas com a percepção e com a constituição de hábitos. Um corpo deve poder aprender a agir de maneira eficaz diante de determinados estímulos (por exemplo, um ataque ou uma fuga). Essas lembranças nunca deixam vestígios definidos na mente, sendo principalmente esquemas de ação. Por outro lado, existem ao contrário as recordações puras, que não têm finalidades práticas, são "inúteis", mas permitem dar um quadro de uma determinada situação de maneira vívida e indelével. Tais lembranças estão geralmente "ausentes" da consciência na medida em que é empenhada em exigências práticas, mas nem por isso são um mero nada. Estando ausentes da consciência, mas "presentes" ao espírito, podem propriamente ser chamadas de inconscientes.

Ora, essa concepção das recordações permite compreender a noção de duração, isto é, de tempo não espacializado, de um modo diferente do que está delineado no *Ensaio sobre dados imediatos da consciência.* As recordações puras permitem operar uma consciência da realidade em si, ao passo que se, por hipótese, o homem tivesse de limitar a própria consciência ao que obtém com a percepção teria no máximo um conhecimento da realidade *subjetiva,* isto é, referida à interação com o próprio corpo. O reconhecimento da realidade é obtido, portanto, por meio da cooperação entre percepção e memória. Isso tem uma implicação fundamental: a memória, ou seja, as recordações puras, pode reintegrar o que a percepção excluiu. Pode, assim, oferecer uma compreensão mais ampla, mas principalmente diferente qualitativamente da realidade, em comparação com a que se obtém com a simples percepção, que, no entanto, é a que usualmente o senso comum e a ciência (que é dele uma extensão) consideram a única. Se o senso comum e a ciência operam usualmente com conceitos de coisas (corpos sólidos, interações entre corpos sólidos, leis causais) e tendem, portanto, a pensar na realidade em termos de estados diferenciados e estáticos, a reintegração por meio da memória de uma realidade mais geral permite compreender que ela é efetivamente dinâmica, caracterizada por progressivas e graduais intensidades, em vez de por patamares descontínuos, e portanto a realidade material também aparece caracterizada por aquele procedimento que era atribuído principalmente ao espírito.

Bergson pode então dizer que o conjunto da realidade se entende como uma *continuidade móvel*, em que tudo muda e ao mesmo tempo permanece, onde o senso comum e a ciência tendiam a acreditar que a realidade fosse feita de corpos permanentes e de movimentos homogêneos no espaço. Além do mais, observa Bergson, a física moderna, com Faraday e Thompson, já está seguindo as pegadas de uma concepção dinâmica da realidade e isso implica um abandono definitivo do mecanicismo. Pode-se compreender assim que a concepção da realidade como soma de corpos separados que se entrechocam é um preconceito oriundo das exigências vitais da ação. Mas se a própria matéria é definitivamente concebível em termos de duração pode-se então desfazer o dualismo inicial e colocar a duração mesma como conceito fundamental para um novo monismo gradual (envolto num halo de luz leibniziano e depois schellinguiano). Existe uma graduação evolutiva que vai da matéria ao espírito. Isso implica que o espírito, que se manifesta na memória, já está latente na matéria. Entre os dois extremos se dá, pois, uma infinidade de graus da memória, que são graus de liberdade.

A percepção pura é então pensável como grau mais baixo do espírito, e portanto também a matéria possui uma memória própria. Mas essa memória é a pura repetição do passado no presente. Por isso a matéria não "recorda": nela passado e presente coincidem. Submetida à necessidade, portanto dotada de um grau zero de liberdade, a matéria tem assim um "grau zero" de memória que não é puro nada. Ao contrário, um ser de grau superior (onde a graduação se lê em chave de evolução natural por meio de uma leitura filosófica original das teses de Darwin, mas também de Lamarck) pode colocar diferenças entre estado presente e estado passado porque o seu grau maior de liberdade implica capacidade criativa. Dessa forma a recordação não é mais mera repetição igual, mas é estratificação de uma distância que é ao mesmo tempo diferença e relação entre estados. Só com o advento da capacidade de criar, ou seja, de instituir diferenças entre estados, também emerge o que se chama propriamente de memória, quer dizer, uma distância temporal entre o que é agora e o que foi. Mas a esse ponto a noção de memória se generaliza, e se aplica ao mundo no seu conjunto e não mais somente ao ser humano.

2. O pragmatismo

Outra corrente que, nos mesmos anos ou pouco anteriores àqueles em que atuam Dilthey e Bergson, coloca de maneira autônoma uma abordagem ao problema da consciência, do conhecimento e da subjetividade, atenta aos resultados das pesquisas científicas e ao mesmo tempo crítica aos seus pressupostos filosóficos, é representada pelo chamado pragmatismo, cujos expoentes mais importantes são dois filósofos americanos: Charles S. Peirce e William James, irmão do escritor Henry. Ainda que o termo "pragmatismo" seja associado geralmente a James, foi Pierce quem encaminhou uma reflexão que se pode introduzir nesse título[2].

Peirce se movimenta a partir de uma revisão pessoal da filosofia de Kant, em particular das teses apresentadas na *Analítica transcendental*, com a finalidade de decidir se a concepção kantiana das categorias é adequada e exaustiva. A resposta negativa que Peirce chega a dar constitui o ponto de partida de uma longa e complexa reflexão que põe em questão a ideia mesma de consciência.

Peirce constata que todo pensamento é "pensamento de", isto é, referido a alguma coisa. Esse algo é uma objetivação que se oferece sempre por meio da mediação de uma representação. Como veremos, essa tese, elaborada por Peirce de modo autônomo, também caracteriza, porém, o veio de reflexão sobre a noção de intencionalidade, que vê em Franz Brentano o seu iniciador e em Edmund Husserl o autor talvez mais significativo. A intencionalidade de fato é definida por Brentano como correlação entre uma consciência (nos seus diversos atos) e um objeto, tal que a definição de consciência não é separável daquela de objeto de consciência.

Pierce julga que toda consciência é configurada dessa maneira. Isso implica que a noção kantiana de "coisa em si" não encontre fundamento,

2. Sobre as questões tratadas nesta seção, ver: C. Sini, *Il pragmatismo americano*, Bari, Laterza, 1972; R. M. Calcaterra, *Pragmatismo.* I valori dell'esperienza, Roma, Carocci, 2003; A. Santucci, *Storia del pragmatismo*, Roma/Bari, Laterza, 1992; R. Fabbrichesi Leo, *Sulte tracce del segno*, Firenze, La Nuova Italia, 1988; J. M. Edie, Notes on the Philosophical Anthropology of W. James, in Id., *An Invitation to Phenomenology*, Chicago, Quadrangle Books, 1965; V. Colapietro, *Peirce's Approach to the Self.* A Semiotic Perspective on Human Subjectivity, Albany (NY), SUNY Press, 1989.

na medida em que qualquer evento, enquanto conhecido, implica uma relação com a consciência e, como tal, não pode ser exterior a ela. Além disso, toda representação mostra possuir uma natureza inferencial, quer dizer, baseia-se no reportar-se a outras representações, pelo que será no mínimo difícil determinar eventuais termos últimos, ou primeiros, isto é, premissas imediatas. Isso tem um efeito fundamental na reflexão peirciana, na medida em que o leva a se perguntar se a fronteira da consciência seja na consciência ou exterior a ela. Também nesse caso se tem um elemento de aproximação com a perspectiva de Kant e ao mesmo tempo colocam-se as premissas para uma revisão geral da filosofia kantiana.

Um elemento importante na reflexão do jovem Peirce, que depois influenciará toda a sua filosofia posterior, é portanto a crítica ao conceito de impressão imediata ou simples. Com efeito, o modo como a mente lida com essas impressões nunca é "puro" ou sem nexo, isto é, não dá acesso a uma espécie de absoluto, mas, de fato, sempre é condicionado ao fato de que todo dado de consciência é uma relação, ou seja, uma estrutura de sinais e inferencial que é o que é somente na medida em que mostra, ao menos implicitamente ou como negação, ligações com outras determinações. Além do mais, toda relação entre um objeto e uma representação só existe por um interpretante, termo com que ele entende um terceiro elemento que qualifica a própria relação. Em outras palavras, diferentemente de muitos enfoques mais tradicionais para o problema da conexão entre objetos (realidade) e representações (pensamento), segundo Peirce a estrutura não é dual, mas triádica, o que comporta implicitamente um repúdio à própria problemática do dualismo ou às duas formas, opostas mas convergentes, de redução do dualismo: materialismo e idealismo.

O que é exatamente o interpretante? Com efeito, não é necessariamente um sujeito e menos ainda uma estrutura de consciência. Segundo Peirce de fato se pode da mesma forma dizer bem que uma palavra representa uma coisa para o conceito presente na mente de quem escuta e que um retrato representa a pessoa que se quer trazer novamente pelo conceito de reconhecimento, ou que uma bandeirola representa a direção do vento para o conceito de quem a compreende. Isso implica, pois, que o interpretante seja a função de mediação entre uma multiplicidade e a sua configuração estrutural. Se essa formulação tem certo eco kantiano (o conceito reduz à unidade o múltiplo das impressões sensíveis), por outro lado o sentido mais importante da proposta peirciana está em atribuir a essa função uma natureza triádica e não binária. Quer dizer: uma estrutura sempre determinada em algum modo particular, e não uma função geral e anônima (como é num certo sentido aquela mudança do Eu penso kantiano).

Peirce então não opõe mais as coisas aos conceitos, porque ambos são compreendidos sob a categoria geral de símbolos. Coisas e sinais são símbolos porque são todos referidos ao intelecto enquanto representações. Peirce nega que haja um conhecimento particular e privilegiado de presumidos "estados internos", porque na realidade, e exatamente de modo consequente com a sua definição particular dos símbolos, todo conhecimento do mundo interno deve ser compreendido como raciocínio hipotético a partir do conhecimento dos fatos externos. O acesso a um estado "interno" sempre acontece a partir de uma representação de algo de exterior, seja uma cor ou também um motivo para experimentar algum sentimento, como a alegria ou a raiva. Essa posição deriva coerentemente da posição inicial assumida por Peirce segundo a qual todo pensamento é pensamento-de. Mas também tem um efeito sobre o problema da autoconsciência.

Com efeito, Peirce sustenta que "eu sei que *eu* (não meramente *o* eu) existo. A questão está em de que modo eu o sei"[3]. O testemunho de um estado interno não é instintivo e não é imediato, mas mediato (como demonstra a psicologia evolutiva) a partir de fatos ou de testemunhos provenientes de outros sujeitos. Portanto, não há necessidade alguma de supor uma autoconsciência primitiva, já que ela pode ser construída como resultado de inferências.

Coerentemente com essa abordagem, Peirce critica o argumento cartesiano do *cogito*. A seu ver não é correto partir da dúvida, porque quando se começa a refletir não se pode deixar de partir de tudo o que já está disponível, de todos os preconceitos que não se pode deixar de ter. A dúvida não se colocaria também se antes não houvesse alguma cognição, que mesmo não sendo evidente não poderia ser descurada. Portanto,

3. *Writings of Charles S. Peirce*. A Chronological Edition, Bloomington, Indiana University Press, 1982, v. II, 167.

segundo Peirce, o argumento de Descartes é formalista, isto é, finge poder chegar a uma posição de certeza inabalável que na realidade não pode não se apoiar precisamente naquilo que elimina para poder realizar-se. O processo de conhecimento é um processo infinito de reenvio entre sinais, sendo arbitrário determinar um ponto inicial, assim como um ponto final. Essa consideração tem uma consequência fundamental: não é possível sair dos processos inferenciais entre signos e sonhar chegar a um lugar absoluto. Nesse sentido, a posição gnosiológica de Peirce é antimetafísica. Por sua vez isso implica que, segundo sua visão, o conhecimento não consiste em "refletir" uma realidade tida por autônoma e, de modo correlativo, que a realidade não é "substancial", mas "relacional" (a esse respeito pode-se ver paralelos interessantes entre a posição de Peirce, e aquela elaborada mais tarde por Heidegger pela noção de "círculo hermenêutico"). Isso, ademais, não significa dissolver a realidade numa sucessão de palavras nem muito menos de puras opiniões. Segundo Peirce, a realidade é o que resiste ao erro e à ilusão. A realidade não se dá imediatamente, mas mediatamente, ou seja, emerge como o que é independente das vontades particulares. Ela possui como tal uma fundamentação intersubjetiva, isto é, não coincide com a perspectiva de um só sujeito. A noção de realidade implica a de comunidade, e a verdade nunca é uma posse privada, mas um fato público.

Essas posições, levadas logo por Peirce para o âmbito da reflexão lógica e categorial, são depois generalizadas e em parte também transformadas em sua investigação seguinte, dedicada em particular (mais do que a uma concepção cosmológica da verdade) a um exame do conceito de experiência. Peirce, num debate com o amigo James (sobre cujas posições falaremos mais adiante), chega assim a definir a própria perspectiva como "fenomenológica" ou, melhor ainda, como "faneroscópica", isto é, como uma discussão e uma inspeção dos fenômenos, ou seja, das modalidades com que se manifesta a realidade. Peirce sustenta que a própria posição tem uma consonância com a ideia de "experiência pura" elaborada por James na medida em que evita recair na perspectiva empirista (usual em ambientes como aqueles em que Peirce e James operam), que tende a absolutizar dados de experiência tidos como simples e absolutos. O relacionismo de Peirce assume assim uma valoração ulterior.

A noção de faneroscopia (do grego *phanerón*) é baseada na ideia de que tudo o que se apresenta a qualquer título a uma determinada consciência (portanto, não só à consciência desperta, mas, por exemplo, também à onírica) é algo que tem sua consistência precisamente enquanto se manifesta. Então, pode-se estudar as modalidades da manifestação própria de todo tipo de "faneron", procurando explicar seus elementos estruturais importantes (o que aproxima muito o projeto de Peirce à ideia husserliana de fenomenologia, de que se falará numa seção específica no capítulo sexto).

A união da investigação sobre as estruturas de pensamento, sobre a representação e sobre sinais, com uma nova teoria da experiência que — nisso analogamente às ideias do amigo William James — saiba compreender e discutir de modo verdadeiramente radical e isento de suposições o que se experimenta, evitando sobrepor doutrinas metafísicas, acaba levando Peirce a delinear uma filosofia muito original, em que a noção de signo ou símbolo assume um papel crucial. O mundo é um universo de signos, em que o homem se encontra e cuja essência compartilha. A reflexão final de Peirce, mesmo seguindo uma via totalmente autônoma e distinta, se aproxima assim de uma forma de cosmologia que em certos aspectos assemelha-se à de Bergson e que depois encontrará uma formulação diferente em Alfred N. Whitehead. Para todos esses pensadores, provavelmente também por causa de uma notável influência "espiritual" das doutrinas darwinianas, o homem não possui um papel privilegiado, do ponto de vista filosófico, em relação ao cosmo, precisamente enquanto é parte constituinte dele. O homem não conduz a natureza desde fora e além de si mesma, mas dela é, no máximo, o ponto de virada e de "reflexão" em sentido ótico. Nesse contexto a noção de alma, em tão rápida transformação, não podia ser mais do que colocada à parte, como não sendo mais útil daí em diante para pensar o nexo natureza–humanidade.

Do ponto de vista da psicologia (filosófica, mas também científica) a posição de William James é mais elaborada e historicamente muito mais influente do que a de Peirce. James é o autor de um sólido tratado intitulado *Princípios de psicologia,* publicado em 1890 depois de uma gestação de mais de um decênio. A essa obra se deve a renovação dos estudos de psicologia nos Estados Unidos (James trabalhava na Universidade de Harvard) e a entrada naquele continente da psicologia fisiológica alemã, mesmo que mediante sua leitura pessoal e crítica. Da abordagem alemã James admira a capacidade de exame dos fatos psicológicos sem superestruturas metafísicas. Não compartilha, no entanto, o papel privilegiado conferido aos métodos quantitativos, que tendem a fragmentar a vida da mente em fatos desconexos, perdendo assim de vista o problema geral.

A obra de James, com efeito, é complexa e não isenta de contradições. Nela desempenha papel importante a influência das ideias evolucionistas de Darwin, mas também do filósofo Spencer. Assim, a fisiologia alemã será substituída por um modelo em grande parte de origem biológica. E pode-se dizer que o evolucionismo em James se casa com uma abordagem tipicamente americana, isto é, sensível à ideia de dinamismo e transformação mais que à de substancialidade e estrutura. A vida mental, então, vai ser lida à luz da metáfora geral da relação dinâmica entre sujeito e contexto em que ele está vivendo.

Essa aproximação, implicitamente finalista, revela, no entanto, quesitos que a psicologia científica tinha tentado evitar, de maneira programática, como o debate entre liberdade e determinismo. Os *Princípios* examinam assim, inicialmente, o amplo espectro de investigações neurofisiológicas disponíveis, percorrendo desde as pesquisas de Broca às de Carl Wernicke e de Wundt, e também de estudiosos italianos como Luigi Luciani e Gabriele Buccola. O explícito intento de James é superar definitivamente o debate (ainda presente nos ambientes universitários americanos) referente à existência da alma (que para James deve se tornar uma questão privada), para constituir sobre bases solidamente científicas o percurso da investigação.

Segue-se, porém, a essa primeira parte uma segunda de inspiração evolucionista que está na origem do que ele mesmo depois teve de definir como psicologia funcionalista. Surge dessa forma a ideia de que a essência da vida mental, mas também corpórea de um indivíduo consiste no seu processo de adaptação ao ambiente. Portanto, o sistema nervoso não pode ser pensado como uma estrutura fechada, mas pode ser realmente compreendido somente se estudado nas suas relações funcionais com o ambiente circunstante. Dessa forma, as relações entre as duas partes não podem ser de natureza exclusivamente mecânica, apresentando também aspectos teleológicos. Nesse sentido se delineia uma ideia de psique de matriz naturalista, mas não mecanicista, na qual o finalismo é intrínseco e não determinado pela referência a um plano transcendente.

Movido por essa perspectiva, James coloca em evidência o papel do hábito. Ele é concebido como aquela atitude do sistema nervoso que assume condutas não mais conscientes e, portanto, quase automáticas, mas nem por isso podem ser remetidas a mecanismos inatos, de tal modo que por eles a vida mental é solidamente liberada da tarefa de dever explicitar todo aspecto da própria vida relacional com o mundo circunstante. Onde, ao contrário, essa tendência a adquirir hábitos não subsiste ou está comprometida, também a vida mental do indivíduo padece, por vezes de forma muito grave. James reconhece, além disso, que também a aquisição de hábitos não é somente nem necessariamente um fato em si positivo, pois pode até, por sua vez, comportar rigidez e certa estilização não natural da existência. Para além dessa problemática, contudo, a questão por si só introduz um problema teórico que leva James a radicalizar a própria posição. Impossibilitado de compreender adequadamente a formação dos hábitos quando a escolha teórica é entre mecanicismo e teleologia, James então decide aprofundar o próprio conceito de experiência, colocando-o como prioritário em relação às molduras teóricas em que geralmente ele é enquadrado. Nasce daí a ideia de uma experiência pura, que ele expõe particularmente em *Ensaios sobre o empirismo radical* (1912), obra destinada a exercer uma notável influência sobre muitos filósofos da época.

O ponto de partida crítico é representado pela tendência, comum à tradição alemã originada em Johann Friedrich Herbart, assim como no tradicional empirismo anglo-saxão, a distinguir e considerar separado o que na natureza é, ao contrário, unido. Ou seja, em nome de um atomismo metodológico que depois se torna sub-repticiamente uma filosofia geral, essas duas tradições de pensamento procuram recolher os componentes elementares da experiência, não se dando conta de que a experiência não é uma soma de partes, mas uma totalidade. O empirismo radical que James delineia parte, portanto, dessa reviravolta de perspectiva.

Nessa perspectiva é, então, inevitável a crítica à ideia de associação, que segundo James não pode não perder de vista o aspecto intrínseca e originariamente relacional da vida mental, e assim é constrangida a recuperar por meio de uma construção arbitrária que unifica dados igualmente arbitrários o que na realidade já era sempre conexo. Esse traço teórico, para além do contexto diferente em que surge, é comum a James e a Peirce, e se reencontra também em Whitehead. As ideias simples e atomisticamente separadas de onde parte o empirismo acreditando ter encontrado os elementos efetivos do pensamento não são mais que abstrações, devidas a uma teoria equivocada (cuja origem Whitehead reconhecerá de modo genealógico na lógica aristotélica, redescobrindo assim o relacionismo platônico). Deve-se então substituir um amontoado de dados desconexos que a experiência na realidade nunca encontra, muito menos como sua própria origem, por um sistema completo que vá espelhar a efetiva vida da mente tal como ela se apresenta a ela mesma. Mas qual é o elemento originário que então emerge?

Para James a resposta é clara: ele é o fluxo ou corrente (*stream*) de consciência. Esse fluxo é um fato complexo, seja enquanto contém em si aspectos heterogêneos (pensamentos, emoções, sensações, e assim por diante), seja também porque é precisamente um fluxo, isto é, uma estrutura dinâmica e mutável. Esse fluxo possui características totalmente peculiares: nele todo pensamento aparece como pessoal, isto é, referido a um eu (o que é demonstrado também por casos de cisão, que James retoma de Janet, e pelos quais se assiste à tendência à formação de personalidades secundárias); é mutável (algo que pode num certo momento aparecer como excitante pode a seguir tornar-se desagradável); é contínuo para além do fato de que se esfacela em estados diversos (sono e vigília, por exemplo). Estar consciente pode se interromper, mas o fluxo de consciência, entendido em sentido radical, nunca se interrompe, mas antes muda esquemas (a exemplo dos diferentes esquemas de voo dos pássaros).

A consciência nunca aparece a si mesma como segmentada em traços ou seções, mas como um fluido contínuo. Se considerada, portanto, de modo autenticamente empirista (e não adotando uma metafísica abstrata confundida com olhar não comprometido), ela demonstra a sua natureza (isto é, o fato de sempre estar referida a um "eu" que não é um objeto da consciência, mas a própria consciência), a sua coesão, o seu poder referir todo pensamento ou estado de ânimo a si mesma como um pano de fundo invariável. E, se há estados "substantivos" que representam os elementos mais conspícuos da consciência (como o perceber, o querer e assim por diante), também entre eles e à sua volta se encontram estados mais fluidos e multiformes, que James chama de "franjas", e que caracterizam mais o "tom" (por exemplo, bem-estar ou mal-estar) que a consciência possui no perceber e no querer. Mas são precisamente essas franjas, impalpáveis, que representam os indicadores mais importantes de um particular estado subjetivo.

Essa concepção é de tendência dualista, se consideramos que para James o cérebro, entendido como sistema cerebral abrangente do corpo, funciona como suporte, mas é a mente, entendida à maneira do fluxo de consciência, que delineia as direções tomadas de tempos em tempos. Essa posição permite a James evitar o determinismo psicológico sustentado, por exemplo, por Schopenhauer. James admite também até certo grau a confiabilidade do esquema estímulo–resposta, mas sustenta que ele não tem um influxo determinante sobre a vontade, que se mantém dentro de certos limites livre para dar respostas diversas a instâncias análogas. É a própria pluralidade dos estímulos que exige que as reações não possam ser predeterminadas ferreamente. Ao contrário, essa pluralidade é, quando muito, sinal de um elemento característico da vida mental, mas que a psicologia científica parece nunca considerar realmente: o conflito. Essa é uma categoria que se torna central na reflexão de James. Falar de mecanismo do arco reflexo pode funcionar somente em presença de um único estímulo, mas em presença de determinações contrárias o que não pode não emergir é a inadequação desse esquema.

Portanto, pode-se pensar também que o fluxo de consciência sempre tenha uma série de possibilidades diversas diante de si, em relação às quais se coloca o problema da escolha, com todas as hesitações que isso implica. O interesse mostrado por James pelas pesquisas clínicas francesas, de Janet a Charcot (que não pôde conhecer pessoalmente na sua viagem a Paris, mas cuja famosa clínica da Salpêtrière frequentou), reforça esse tipo de enfoque. A possibilidade de linhas diversas e igualmente legítimas leva James a rejeitar uma separação nítida entre saúde e doença, e a ver aí principalmente uma questão de graus. Ao contrário, a seu ver, pode-se até sustentar que sofrimento e bem-estar sejam ingredientes igualmente presentes em toda experiência individual. Esse tipo de abordagem tem alguns traços comuns com aquele próprio do veio psicanalítico, que James de fato conheceu e tinha em alta consideração (foi um aluno de James, G. Stanley Hall, quem preparou e organizou a famosa visita de Freud e Jung à Clark University, e James conheceu pessoalmente os dois psicanalistas que chegaram aos Estados Unidos para "levar-lhes a peste", conforme a célebre frase freudiana).

Essa inclinação geral do pensamento de James, além disso, não o impede de ocupar-se de fenômenos psicológicos como a fé e as experiências religiosas, a que dedicou dois ensaios importantes: *A vontade de crer e outros ensaios de filosofia popular* (1897) e *As várias formas da consciência religiosa* (1902). A sua abordagem, também nesse caso, pode ser entendida à luz da noção de empirismo radical: não se trata de questões teológicas ou confessionais, ou pelo menos não é a essa luz que interessam a James. Trata-se principalmente de formas da experiência, que como tais são investigadas se, como deve ser, a abordagem for separada de preconceitos de qualquer forma ou natureza. Algumas formas de experiência "religiosa" podem ser compreendidas como experiências instáveis ou "anormais", no sentido de insólitas (vozes, obsessões, visões), mas isso não significa aos olhos de James que elas sejam patológicas. Entre a exaltação do devoto e a rejeição do ateu, trata-se de encontrar uma via diferente que, mais que ficar no meio entre dois extremos, rechace o próprio dilema e procure principalmente uma compreensão adequada do fenômeno. Desse ponto de vista James antecipa perspectivas que são em seguida reencontradas na psiquiatria de cunho fenomenológico.

Um aspecto fundamental que parece se deva pôr em relação com muitos tipos de experiências "anormais" é para James a ânsia gerada por um agudizar da sensibilidade. Desse ponto de vista a referência a forças superiores protetoras parece indicar a necessidade de acalmar a consciência, de torná-la menos "nervosa" (o termo *nervousness* foi cunhado exatamente naqueles anos para descrever algumas síndromes típicas do indivíduo "americano" competitivo e sempre sobrecarregado). James se ocupou também de fenômenos como o espiritismo ou de movimentos como a Christian Science, que extrapolavam para o ocultismo, e que eram expressões de uma exigência geral de resolução dos conflitos gerados pelas imposições dos papéis sociais sobre o equilíbrio psíquico dos indivíduos. A perspectiva relacional de James recolhe nesse aspecto uma confirmação da tese geral segundo a qual a mente não é uma estrutura fechada e autônoma, mas é sempre o fruto de um equilíbrio dinâmico com o ambiente (que não é só — nem muito menos essencialmente — natural, mas social). Mas essas experiências de dor psíquica não são necessariamente simples patologias, porque na realidade permitem apreender melhor quais abismos de fragilidade e insegurança se ocultam sob uma fachada de aparente tranquilidade e de satisfação "burguesa". James, além disso, não coloca o acento nos aspectos socioeconômicos implícitos nesse diagnóstico, mas não é indiferente às condições sociais da existência e aos seus efeitos sobre a condição psicológica dos indivíduos.

A angústia está na origem também do fenômeno da conversão. Ela consiste na tomada de consciência de que um estado que tenha perdido o equilíbrio não pode ser reintegrado esperando recuperar a condição de equilíbrio que lhe era anterior, mas deve, ao contrário, produzir uma transformação, uma mudança capaz de curar a divisão interna. Mas não são a razão e a vontade que podem produzir tal mudança, porque elas são parte das causas da própria divisão. É preciso saber abrir espaço às forças que se aninham debaixo da consciência, principalmente quando esta tende sempre a controlar toda a própria existência e precisamente por isso não pode assumir a divisão senão como própria falência. James sublinha a oportunidade de usar métodos que — como a hipnose (que ele conhecia também por estudos de Janet, Freud e Binet) — permitem um acesso ao "si subliminar", cujo aflorar é impedido constantemente pela consciência controladora. A conversão pode então assumir formas religiosas, mas não necessariamente. A fé em Deus, James observa, é só uma das possíveis formas de religião. Uma religião é em geral, para James, toda concepção que confere realidade a um ideal. A razão não é dela separada, mas dela toma parte, na medida em que pode oferecer argumentos racionais como suporte para uma convicção que se adquire mas por vias autônomas.

3. A filosofia de Freud

A inclusão de uma discussão das pesquisas freudianas num livro dedicado aos conceitos filosóficos de alma pode parecer arbitrária ou inoportuna[4]. Todavia, a obra de Sigmund Freud é indiscutivelmente relevante também do ponto de vista filosófico, ao menos pela influência exercida sobre muitos filósofos, sobretudo, mas não somente, "continentais", ao longo de todo o arco do século XX. Mas existe aí também uma consideração relativa à natureza intrínseca das teses sustentadas e das análises empreendidas por Freud sobre o problema da psique, da consciência e da alma, consideração que realmente faz que se tenha como oportuno e mesmo necessário dedicar a ele um espaço. Como se procurará mostrar, toda a problemática freudiana é (também) genuinamente filosófica, seja enquanto movida a partir de questões epistemológicas comuns a muitos outros autores anteriores, contemporâneos e posteriores, seja (sobretudo) porque, para além da gênese médica e psiquiátrica, a posição de Freud tem um sentido filosófico que foi se delineando progressivamente, de modo autônomo e sempre mais claramente, com o progredir da reflexão e com o ampliar-se das temáticas afrontadas. Portanto, no que se segue, o leitor pode encontrar uma exposição (necessariamente muito sintética) da *filosofia* freudiana da alma (e do corpo) que, sem ignorar a base médico-psiquiátrica da qual deriva e à qual sempre retorna, omite uma discussão técnica (que ultrapassaria este contexto) para concentrar-se no seu significado teórico.

O pensamento de Freud se desenvolve inicialmente no clima cultural marcado pelas pesquisas de Müller, Helmholtz e Brücke. Esses pesquisadores tinham inovado profundamente o conhecimento psicofisiológico, superando o mecanicismo mas, além disso, também a adesão à filosofia da natureza de origem schellinguiana, apriorista e dogmática, que tinham caracterizado os estudos em área alemã no começo do século XIX. As novas

4. A bibliografia sobre Freud e a psicanálise é infindável. Entre as obras que se ocupam de investigar o sentido filosófico dos escritos freudianos ou a importância da psicanálise para a filosofia, pode-se recordar: H. F. Ellenberger, *La scoperta de l'inconscio*, Torino, Bollati Boringhieri, 1972; P. Rieff, *Freud moralista*, Bologna, Il Mulino, 1968; F. J. Sulloway, *Freud biologo della psiche*, Milano, Feltrinelli, 1982; V. Cappelletti, *Freud*. Struttura della metapsicologia, Roma/Bari, Laterza, 1973; P. Bercherie, *La metapsicologia di Freud*, Torino, Einaudi, 2003; M. Borch-Jacobsen, *Le sujet freudien*, Paris, Flammarion, 1992; P.-L. Assoun, *Freud, la filosofia e i filosofi*, Roma, Melusina, 1990; R. Askay, J. Farquhar, *Apprehending the Inaccessible*. Freudian Psychoanalysis and Existential Phenomenology, Evanston (Ill.), Northwestern University Press, 2007.

orientações impunham a inserção dos fenômenos qualitativos entre os investigados pela ciência, porém evitando ao mesmo tempo fazer deles elementos mais fundamentais que os quantitativos. Mesmo que por vezes de modo implícito, o que estava se delineando nesse contexto era por isso uma visão diferente da própria ciência psicológica, que na tentativa de juntar às bases neurofisiológicas também aqueles âmbitos tradicionalmente mais pertinentes a uma pesquisa de tipo espiritual acabava, entretanto, por renovar também a concepção da própria neurofisiologia.

Freud está profundamente influenciado por tal enfoque, que agrada ao espírito polivalente e complexo do futuro fundador da psicanálise. Com efeito, por um lado as obras desses autores permitem conceber como científico o empreendimento teórico de investigação sobre a psique. Mas, por outro lado, eles, cada qual ao seu modo, evitam uma definição muito restrita de mente. O domínio da sensação e da percepção não pode ser reduzido a uma mera reação de um tecido ou de um órgão, mesmo biológico. Conforme o enfoque que, no entanto, tal pesquisa tinha recebido também de outros importantes estudiosos, como Ernst Mach, o problema do sentir e do perceber entra novamente com força no horizonte da problemática epistemológica geral. As relações entre físico e psíquico, o papel do mental na construção do saber e na procura da verdade, o estatuto da própria mente cognoscitiva são questões que caracterizam e marcam o debate em cujo interior situam-se também os inícios do jovem Freud.

Desde o início Freud demonstra oscilar entre um enfoque de cunho positivista, fundado num modelo mecanicista e determinista da natureza, e uma perspectiva diferente, de origem goethiana e também spinoziana (autor que, no entanto, Freud não cita senão anos depois), segundo a qual a natureza deve ser entendida também (mesmo que não exclusivamente) em sentido qualitativo. Goethe, principalmente, é o verdadeiro autor de referência (pela mediação de Müller), aquele que aflora periodicamente ao longo de todo o tempo da pesquisa de Freud e lhe permite entender os fenômenos psíquicos como naturais, mas ao mesmo tempo conceber de modo diverso a natureza diante do quadro (de origem cartesiana e newtoniana) dominante no contexto histórico-teórico em que Freud atua. É de se lembrar ainda que Freud também frequentou as aulas de filosofia de Franz Brentano (nos anos em que Brentano estava formando gerações inteiras de estudiosos não só de filosofia), e se a influência do mestre não é totalmente clara pode-se porém dizer que a ideia de intencionalidade como fenômeno peculiar da psique se reencontra à sua maneira na atenção de Freud aos fenômenos qualitativos da mente.

A origem contingente e empírica do enfoque freudiano foi constituída a partir do estudo da histeria, que, do ponto de vista da determinação do estatuto do mental em relação ao seu correlato somático, se revela fundamental, na medida em que demonstra que a vida psíquica tem sua autonomia em relação à base neurológica. Com efeito, as paralisias histéricas são independentes de lesões corporais e, portanto, devem ser originadas de causas intrapsíquicas. Em particular, Freud imagina que haja uma representação mental na origem dos fenômenos somáticos, carregada de afeto e inaceitável por parte da consciência da pessoa doente. Isso coloca o problema fundamental de como explicar a possibilidade de uma tradução somática de instâncias mentais, portanto o problema de explicar a comunicação entre âmbitos (o biológico e o psicológico) que são autônomos (e, portanto, requerem saberes específicos), mas também não são separados, o que implica tanto a crítica do dualismo substancial de origem cartesiana como a redução de um dos dois âmbitos ao outro.

Uma confirmação do enfoque assim delineado se acha no ensaio dedicado por Freud ao problema das afasias. Nesse texto ele demonstra em primeiro lugar que a simplicidade da equação entre lesão dos centros cerebrais e lesão da capacidade de palavra, que se baseia na hipótese do paralelismo psicofísico, não se dá, na medida em que não há paralelismo entre a estrutura dos fenômenos psíquicos (que no caso da afasia são complexos) e a das bases neurológicas. Além disso, ele mostra que a afasia é "involutiva", ou seja, derruba em primeiro lugar as estruturas linguísticas mais recentemente adquiridas para depois regredir até as mais básicas, fenômeno que não pode ser explicado exclusivamente de modo neurológico-orgânico.

A relação entre o trauma e o sintoma que o exprime deve ser portanto compreendida em termos de símbolo e, assim, de "sobredeterminação" (termo cuja importância no vocabulário psicanalítico aumentará progressivamente). Se a terapia psicanalítica se delineia a essa altura como técnica de desocultamento do trauma e sua reatualização por meio da palavra (que permite o desaparecimento do sintoma), do ponto de vista teórico emerge sobretudo a consciência da autonomia do campo psíquico e ao mesmo tempo da sua interação com o campo somático. A alma — para usar um termo presente em Freud desde o início e depois com frequência sempre maior — é tanto irredutível ao corpo como inextricavelmente conexa com ele. Essa dupla determinação (um seja... seja..., que é também um nem... nem..., o que implica que a alma não seja nem redutível ao corpo nem totalmente separável dele) constitui talvez o peculiar indicador da posição freudiana, também nos desenvolvimentos seguintes.

Outro aspecto fundamental da posição de Freud que emerge desde o início é a sua atenção à linguagem. Há um nexo estreito entre manifestações somáticas e representações linguisticamente estruturadas dos afetos traumáticos. Às vezes (como se depreende melhor de casos clínicos publicados por Freud nos anos seguintes) são as mesmas palavras que têm um valor patogênico que, no entanto, encontra depois a própria manifestação num sintoma não só psíquico (obsessões, fobias, a própria esquizofrenia) mas também corporal. Freud aventa a hipótese de que o simbolismo cuja natureza está iluminando fale uma linguagem "dupla": de um lado mental, de outro corporal. O sintoma corpóreo é um "significante" (para usar a terminologia do linguista Ferdinand de Saussure) que esconde um significado traumático. Essa posição é profundamente diferente da admitida pela psiquiatria da época, que vê no sintoma o sinal de uma doença orgânica, e portanto um nexo natural e não simbólico entre os dois planos. Uma das questões teóricas e filosóficas mais relevantes desse ponto de vista é como entender essa possibilidade de esconder o significado traumático sob um sintoma de natureza heterogênea. O que implica também que a interpretação do sintoma não pode ser direta, isto é, não pode achar em modo linear (como seguindo as indicações de um vocabulário) o sentido, mas deve trazê-lo à luz por meio de uma atividade de escavação "arqueológica".

Esse trabalho de interpretação se utiliza de um campo de investigação que permite obter informações preciosas sobre modalidades gerais com que opera o inconsciente: o sonho. Nos sonhos, com efeito, que Freud considera a "via régia" para o inconsciente, é possível assistir às modalidades com que um desejo é elaborado e transformado de modo a poder acessar a consciência sem revelar-se. A condensação, o deslocamento, o trabalho da censura como barreira entre o sentido latente e o manifesto do sonho mostram possuir um estatuto que está limitado ao mundo onírico, mas é estendido para indicar o estatuto geral da relação de conflito e de cumplicidade entre inconsciente e consciência. Um sintoma funciona do mesmo modo: o que deve ser escondido e transfigurado é por isso mesmo também mostrado e revelado, trazendo assim à luz o caráter ambivalente das manifestações psíquicas.

A hipótese que comanda a perspectiva inicial de Freud para responder a tal questão é uma das que o tornaram mais célebre: os traumas têm uma origem psicossexual. Isso implica a irrupção do tema da sexualidade no reino geralmente asséptico da reflexão sobre a mente. Se excetuados Schopenhauer e Nietzsche, a filosofia quase nunca tinha posto em relação os dois âmbitos. Freud foi acusado de pansexualismo por essa hipótese, mas diga-se em primeiro lugar que ele sempre se declarou estranho à tese segundo a qual toda manifestação mental se remete a aspectos sexuais, e, além disso, que a sua própria posição evoluiu amplamente em relação às origens, inevitavelmente empíricas e, portanto, ligadas ao contexto operativo em que Freud se achava na condução da própria pesquisa. Dever-se-ia então discutir também sobre o sentido a dar à noção de sexualidade (que Freud sempre distinguiu da genitalidade), e em particular sobre o nexo, delineado inicialmente, ainda que depois não realmente desenvolvido por Freud, entre sexualidade e desejo (*Wunsch*), um termo carregado de significados filosóficos.

Com efeito, a questão teórica de maior relevância que emerge desse complexo de questões é aquela ligada por um lado à natureza sexual, portanto também biológica, do trauma; por outro lado, ligada à sua condição de latência em relação à consciência, da relação entre a consciência mesma e algo que se deve chamar inconsciente. Esse termo está entre os mais controvertidos da doutrina freudiana. Diga-se também nesse caso que Freud sempre insistiu na dependência do inconsciente em relação à consciência, pelo menos do ponto de vista da cognoscibilidade daquele por meio desta. Que o insconsciente existe é o que indicam com clareza primeiro o estudo das patologias mentais e, depois, a pesquisa psicológica. Mas ele pode ser compreendido e conhecido somente por meio das formações que se encontram na consciência, como demonstra o modelo arqueológico da interpretação dos sintomas. É por isso que a ela sempre é remetida a pesquisa, e a consciência é o problema que a doutrina de Freud num certo sentido continua a colocar até o final.

A relação entre consciência e inconsciente, portanto, deve principalmente ser considerada topológica e circular — a despeito de uma modelagem esquemática de tipo linear (o estrato mais superficial é o representado pela consciência, à qual subjaz o pré-consciente, que por sua vez está acima do inconsciente), que de fato está presente em Freud, mas ficou generalizada principalmente nos manuais. Além disso, essa perspectiva não emerge clara e univocamente dos textos freudianos (o que explica a exigência de simplificação presente nos seguidores), uma vez que a ela se entrelaçam outras questões, destacadamente a da delineação de uma perspectiva centrada no conceito de libido como força de origem corpórea. Em particular nos *Três ensaios sobre a teoria sexual* (1905) a noção de libido é empregada insistindo no aspecto mais marcadamente sexual do aparelho psíquico, ao passo que o conceito de desejo fica em segundo plano, deixando sem solução a questão do nexo entre os dois conceitos.

Freud não se limita, porém, a esse campo de investigação, estendendo, ao contrário, e alargando o próprio olhar (a partir do ensaio sobre o movimento de espírito, desde aquele sobre a *Gradiva* de Jensen e aquele sobre Leonardo) até uma concepção sempre mais ampla e diversificada da psique humana. É no interior desse processo que emerge um tema destinado a um papel fundamental para a concepção psicanalítica completa: em particular na *Introdução ao narcisismo* (1914) Freud faz aparecer o problema da natureza do eu e das suas relações com a consciência e o inconsciente.

O eu é compreendido como uma instância dotada de um "investimento libidinal" próprio, distinto do autoerotismo infantil e da pulsão de autoconservação. Isso implica que a noção de libido se torne mais complexa e estratificada, e perca o halo biologista inicial. O período em que Freud escreve esse ensaio está entre os mais fecundos da sua produção: são os anos que precedem a Primeira Guerra Mundial, quando ele redige também os ensaios de metapsicologia. Nesse conjunto de escritos Freud introduz conceitos destinados a ser depois reelaborados, atendendo menos à coerência que à fecundidade. Conexos com a problemática relativa ao eu, por exemplo, são os conceitos de "ideal do eu" e "eu ideal", que não devem ser confundidos entre si, e que em seguida serão levados a confluir numa nova noção técnica que, porém, não coincide com eles sem falhas: a de superego, ligada à revisão da primeira "tópica" (aquela articulada em consciência, pré-consciente e inconsciente). A questão relativa ao eu é, no entanto, dotada de autonomia própria, que não se deixa encaixar totalmente nem na segunda "tópica" (id, ego e superego).

De fato Freud distingue um eu-prazer (*Lust-Ich*) e um eu-realidade (*Real-Ich*). O eu-prazer é o arcaico, dominado pelo princípio de prazer, que Freud liga ao tema do desejo, e portanto afastado das pulsões sexuais. Mas o eu-realidade, instância que se forma por contato com as desilusões que a realidade exterior impõe à procura do prazer, é por sua vez dotado de uma pulsão própria, que se liga à consciência. Isso implica uma reconfiguração do aparelho psíquico e ao mesmo tempo a formação de resíduos destinados a permanecer em silêncio, mas não a desaparecer, sendo às vezes reativados por experiências particularmente intensas ou significativas. Essa distinção entre pulsões é destinada por sua vez a ser de novo compreendida e reelaborada numa distinção célebre: a distinção entre pulsão de vida (Eros) e pulsão de morte (Tânatos). Mas é devedora principalmente de uma problemática decisiva não só para a psicanálise, já que densa de significado filosófico: a de uma abordagem genética na formação do sujeito como indivíduo que distingue a si mesmo do mundo externo. Aqui se coloca o problema do fenômeno psíquico da negação, que Freud sustenta estar ausente do mundo inconsciente, que não conhece o "não".

Todas essas temáticas, surgidas por meio de um trabalho de reflexão sobre as experiências clínicas dirigidas por Freud no âmbito da sua profissão médica, requeriam uma reorganização teórica, que Freud tenta nos ensaios de metapsicologia (dos quais só uma parte foi conservada). Neles também a questão que se coloca como principal é conceber a consciência de tal forma a não identificá-la com os processos psíquicos na sua totalidade (para Freud eles são, enquanto tais, inconscientes), mas ao mesmo tempo preservar sua especificidade: a função da consciência é permitir uma evolução do aparelho psíquico de modo a unificar o que inicialmente se dá como separado e conflitante. Então o eu deve penetrar no sistema inconsciente, integrando-o e tornando-o mais plástico por meio da aquisição da capacidade de juízo. Para que isso aconteça, é necessário que a passagem à consciência seja efetuada por intermédio de um "sobreinvestimento" que implica uma reorganização da estrutura libidinal. Em outros termos, a unificação das instâncias psíquicas e a transformação do princípio de prazer em contato com a realidade caminham *pari passu*.

É a esse propósito que Freud introduz uma ulterior distinção terminológica entre consciência (*Bewusstsein*) e conciencialidade (*Bewusstheit*): a primeira representa uma das partes da vida psíquica, a segunda a sua qualidade proeminente. O eu é o instrumento do fazer-se da consciência e é, portanto, dotado de uma atividade própria; mas não coincide com a consciência enquanto possui também partes inconscientes. Ou seja, segundo outra formulação, o eu é a parte do id que emerge do processo primário e instaura um processo secundário, onde estão presentes aqueles operadores do juízo que estão ausentes na psique originária e que podem também, portanto, dissolver-se, em caso de regressão.

Note-se que, com o proceder da investigação e com o ampliar-se do horizonte da pesquisa, também o léxico freudiano se transforma. Os termos "psique" e "psíquico" são substituídos sempre mais frequentemente pelos vocábulos "anima" (*Seele*) e o adjetivo correspondente *seelisch*, de difícil tradução (entre o espiritual e o mental, mas irredutível a ambos). Freud insiste sempre mais sobre uma dualidade distinta da tradicional em filosofia, entre mente e corpo. Ele institui antes uma correlação entre realidade, consciência, vida, Eros e unidade do eu, por um lado, e conservação, inércia, repetição e morte, por outro. Retomando algumas sugestões presentes no início da própria reflexão, Freud sublinha a natureza conservadora do vivente, que é para ser colocada em relação com a natureza repetitiva da pulsão (a repetição estava emersa, através do estudo dos traumas de guerra, como problemática em si mesma, capaz de pôr em crise a formulação inicial do princípio de prazer).

Essa pulsão é destinada *per se* ao reequilíbrio homeostático do sistema vivente, que, no entanto, corresponde à morte do sujeito. A ela se contrapõe uma pulsão oposta, destinada à vida como relação (ou ao relacionamento como sinônimo da vida), capaz de operar sobre o aparelho psíquico para transformá-lo e fazê-lo evoluir. É essa a sede própria do eu, que, porém, não pode operar livremente porque é sempre dividido pelo id ou até mesmo, como Freud chegará a sustentar em um dos seus últimos escritos, dividido em si mesmo. O Eros, por isso, não deve ser identificado com o prazer, que, antes, tende à morte; esse último é uma instância que funciona autonomamente e não conhece os problemas que se põem à consciência e ao eu: por isso frequentemente a busca do prazer significa a autodestruição do sujeito. Nesse quadro se insere a revisão dos conceitos de eu ideal (com o seu correlativo, o eu real) e de ideal do eu, transfundidos não sem perdas no de superego, noção que exprime a interiorização das instâncias morais em nível inconsciente, em particular as proibições dos genitores, mas não consegue preservar a intuição profunda que está presente na noção de ideal do eu, que não é um princípio de origem externa e heterogênea, como o superego, mas interna e homogênea, e, no entanto, com capacidade para dar ao eu uma dupla estrutura. Essa intuição da articulação interna do eu será retomada por Freud, como já dissemos, em um dos últimos escritos, mas dessa forma também é deixada aos pósteros como problema autônomo, dotado de um significado filosófico particularmente importante pois capaz de problematizar as discussões contemporâneas sobre a identidade pessoal, como se verá no capítulo sétimo.

A insistência no papel da consciência e do eu não deve fazer esquecer que o peso que a doutrina freudiana teve sobre toda a cultura do século XX se deve em grande parte à noção de inconsciente. É o próprio Freud, no entanto, quem sublinha jamais ter tido a intenção de sustentar haver descoberto o inconsciente (descoberta que reconhece pertencer à filosofia), mas, antes, de haver descoberto uma via para conhecê-lo melhor, ou seja, para descrevê-lo cientificamente. Sempre foi uma das metas teóricas fundamentais procuradas por Freud construir uma ciência da psique. O que levou o fundador da psicanálise a impor ocasionalmente uma fisionomia positivista a uma disciplina que, ao contrário, dela se afasta por íntima vocação e qualidade dos êxitos teóricos. O debate do século XX sobre a cientificidade da psicanálise sofreu desse problema, oscilando entre o esforço de mostrar a adequação da doutrina em relação um padrão modelado sobre as ciências naturais e em particular sobre a física (padrão que a física mesma, entretanto, tinha superado) e a aversão anticientífica que levou à reivindicação de uma autonomia teórica para a psicanálise; pretensão de autonomia que na realidade não faz senão repetir (de modo frequentemente inconsciente) as problemáticas próprias do debate metodológico do final do século XIX e início do século XX sobre a especificidade das ciências humanas ou ciências do espírito. Desse ponto de vista é possível sugerir que, na realidade, o ensinamento mais fecundo da psicanálise está apoiado na indicação da necessidade de superar tal distinção: com efeito, ela estuda a psique, mas não a separa da natureza, contribuindo ao mesmo tempo para rever o próprio conceito de natureza.

6. A fenomenologia e o existencialismo

1. O nascimento da fenomenologia nas pesquisas de Husserl

A filosofia de Edmund Husserl[1] se origina das pesquisas sobre os fundamentos da matemática e da reflexão lógica, e oscila entre uma adesão condicionada ao "psicologismo" brentiano e uma crítica ao positivismo psicologista que, contudo, não segue o caminho do logicismo de Frege. O pensamento de Husserl encontra o seu ponto de partida efetivo nas *Investigações lógicas* (1900-1901); elas, entretanto, não nascem do nada, porém de uma pesquisa de mais de um decênio nesse campo, incluindo a

1. Entre as numerosíssimas obras dedicadas à fenomenologia de Husserl pode-se ver, para as temáticas tratadas nesta obra, os seguintes trabalhos: S. Bancalari, *Intersoggettività e mondo della vita*, Padova, CEDAM, 2003; D. Carr, *The Paradox of Subjectivity*. The Self in Phenomenological Tradition, Oxford, Oxford University Press, 1998; N. Depraz, *Transcendence et incarnation*. Le statut de l'intersubjectivité comme alterité à soi chez Husserl, Paris, Vrin, 1995; D. Franck, *Chair et corps*. Sur la phénoménologie de Husserl, Paris, Minuit, 1981; E. Housset, *Personne et sujet selon Husserl*, Paris, PUF, 1997; S. Gallagher, D. Zahavi, *The Phenomelogical Mind*, London, Routledge, 2008; E. Marbach, *Das Problem der Ich in der Phänomenologie Husserls*, Den Haag, M. Nijhoff, 1974; F. Savoldi, E. Torre, *Introduzione alla psichiatria fenomenologica*, Parma, Kadmos, 1971; D. Zahavi, *Husserl and Transcendental Intersubjectivity*, Athens, Ohio University Press, 2001.

primeira obra, intitulada *Filosofia da aritmética* (1891), e da tomada de posição, contida no primeiro volume, *Prolegômenos para uma lógica pura*, contra o positivismo, entendido principalmente como psicologismo naturalista.

O alvo polêmico é visto, no seu conjunto, como uma doutrina que identifica o sujeito do conhecimento com o sujeito empírico e reduz as operações lógicas a simples fatos empíricos operados sobre conteúdos empiricamente dados. O naturalismo psicologista, em outros termos, pretende colocar como fundamento do conhecimento a explicação exaustiva dos processos naturais e, portanto, fazer depender as leis do pensamento das leis causais naturais.

A crítica de Husserl parte da tese segundo a qual as leis da psicologia como ciência de fatos psíquicos são as leis de uma ciência natural e, portanto, indutivas e não rigorosas, na medida em que são dadas sob forma probabilística. Isso implica, pois, que a dependência, afirmada pelo psicologismo, da lógica em relação à psicologia conduz necessariamente ao relativismo, negando a ideia de verdade. O fundamento da ciência lógica, ao contrário, não pode ser empírico. Então deve ser descoberto por meio de uma investigação sobre as mesmas estruturas lógicas, que são objetivas, existentes *a priori* e independentes de qualquer determinação empírica. Trata-se de leis tão universais quanto o são as verdades que devem assegurar e garantir. Devem possuir um caráter apodítico e um rigor ideal, e não podem ser fundadas empiricamente por meio de uma ciência de fato que deve estar ela mesma subjacente às leis que pretende fundamentar.

Portanto, é um círculo vicioso minando os fundamentos da pretensão do psicologismo, que, consequentemente, não é capaz de distinguir de forma adequada entre formas do juízo, não reconhece a especificidade do juízo evidente e o nexo entre verdade e evidência. O ceticismo que deriva do psicologismo funda-se numa contradição: baseia a própria tese da experiência como fonte da verdade na própria experiência, que, no entanto, tem conotação em sentido empirista e, então, factual e singular, retirando, portanto, do empirismo a sua própria base. O empirismo só pode justificar-se ao sair fora da perspectiva empirista.

A lógica é, então, considerada uma ciência teórica, autônoma e independente da psicologia. Aliás, não é preciso pensar em identificar lógica e psicologia só porque as operações lógicas são fatos psíquicos. O conteúdo de um conceito lógico é algo diferente do conteúdo psicológico em que se realiza aquele. As operações lógicas são acessíveis por meio de atos psíquicos, mas a sua verdade não depende deles. A verdade lógica é independente do sujeito tanto em sentido psicologista como no sentido do transcendental kantiano de uma estrutura subjetiva mesmo que seja *a priori*.

Com efeito, nas *Investigações lógicas* está incluída de novo a noção de *a priori*, por meio de uma distinção entre *a priori* formal e *a priori* material. Entretanto, não é examinada a questão da estrutura *a priori* da subjetividade mesma (problema, no entanto, que a seguir é retomado), até porque não há necessidade disso pelas exigências da obra. Essa redefinição do conceito de *a priori* é fundamental para compreender o ponto de vista da análise de Husserl, que não parte dos fatos, mas das estruturas ideais, em primeiro lugar da construção do significado, depois, mais em geral, da experiência.

A análise *a priori* constitui, pois, uma perspectiva diferente, que se configura como uma ciência eidética cuja fundamentação é preciso assegurar, mas fazendo-o de modo conforme à sua natureza e não à luz de um conceito empírico de ciência, que, ao contrário, deriva dele substancialmente. O critério fundamental para a determinação da ciência eidética do significado lógico é o da evidência, como correspondência plena e adequação perfeita entre significado ideal e sentido do objeto ou estado de coisas (quer dizer, não uma noção "coisal" dos objetos como *Gegenstände* empíricos), que se obtém numa experiência vivida peculiar.

Essa experiência vivida da evidência nada tem de empírico e, portanto (como Husserl repete constantemente nas suas obras), não deve ser concebida como evento psíquico. A adequação não é necessariamente imediata, mas pode avançar por graus ou também permanecer parcial. A evidência não é, pois, uma iluminação mística, mas um procedimento regulado por leis estruturais. A ciência dos procedimentos lógicos *a priori* e da estrutura do significado é uma ciência eidética ideal das conexões entre proposições, que são sempre unidades ideais de significado a ser distintos dos juízos como atos concretos e singulares.

A ciência eidética funda-se em procedimentos de variação eidética (baseada na imaginação) e, particularmente, na técnica de alcançar as determinações negativas como limites do espectro de variação. A invariante que se descobre com essa técnica é o aspecto que fica idêntico no interior de — e graças a — tal multiplicidade de variações e dá a essência ou *eidos a priori*. A essência pode então ser considerada a unidade ideal dos atos de experiência, considerados *a priori*, que reconhecem numa totalidade estruturada os elementos conexos a essa determinada experiência, elementos que separados não poderiam subsistir por si.

Isso implica que a experiência seja uma estrutura complexa cujos fatores podem ser separados só abstratamente. A concepção husserliana, portanto, é antitomista e, nesse sentido, antiempirista. Essa estrutura complexa de todo dado da experiência pode ser colhida diretamente e não como coleção de entes singulares (que existem mais como tais do que pelo pensamento abstrativo). Esse é o sentido do conceito de "intuição da essência". O fundamento dessa nova concepção é constituído pela noção de intencionalidade, herdada de Brentano, mas também profundamente desenvolvida em novas direções. Com relação a Brentano, a diferença mais relevante introduzida a esse propósito por Husserl refere-se ao estatuto do objeto intencional. Para Brentano esse objeto é imanente ao ato; para Husserl, ao contrário, é transcendente, ou seja, não é realmente conteúdo, mas é o polo objetivo. Para esclarecer tal concepção Husserl introduz a distinção capital entre "conteúdo vivido do ato" e "objeto do ato".

A consciência no seu conjunto deve ser vista como um fluxo de experiências vividas, intencionais ou não, e não é, pois, uma espécie de recipiente em que entrariam "coisas". Toda forma de vivido (*Erlebnis*) tem sua essência estrutural (percepção, intuição, representação, recordação, emoção, volição etc.). O objeto dá-se dentro desse vivido em forma mais ou menos adequada, mas não varia. O que varia é a modalidade do dar-se.

A aparição das mesmas leis não é naturalmente da mesma ordem da lei dos objetos. Deve-se distinguir entre a aparição e o que aparece. De per si a aparição não aparece, mas pode ser procurada estruturalmente por meio da redução eidética e principalmente pela redução fenomenológica. Daí a concepção diversa de transcendental relativamente à posição de Kant: para Husserl o *a priori* é transcendental enquanto estrutura ideal das manifestações de toda típica objetal. Desse ponto de vista pode-se então falar de *a priori* material, isto é, da determinação das regiões ontológicas.

As análises das *Investigações lógicas* encontram uma delineação sintética, do ponto de vista do sentido global da posição de Husserl, no ensaio sobre a *Filosofia como ciência rigorosa* (1911), onde o elemento mais significativo é a afirmação clara da necessidade de evitar o naturalismo no estudo da consciência. Isso implica definir o que se entende por "ciência" e, assim, subtrair ao império das ciências naturais o monopólio da definição do método científico, sem no entanto cair no "relativismo" historicista (que para Husserl também inclui as distinções feitas por Dilthey).

Se se consegue preservar o "senso" do psíquico torna-se possível recuperar também para a análise autenticamente científica os resultados empíricos das pesquisas psicofisiológicas, sem aceitar porém seu indevido reducionismo ontológico. Fenomenologia e psicologia devem, portanto, permanecer em estreita conexão e colaborar, cada qual levando contribuições às pesquisas da outra, enquanto ambas estudam a consciência, ainda que de maneiras e de pontos de vista diferentes.

Fica assim esclarecido que para Husserl o domínio psicológico possui um interesse peculiar e privilegiado. Ao contrário, fica por definir melhor a perspectiva própria da psicologia fenomenológica. O que na *Filosofia como ciência de rigor* Husserl exclui é que deva ser compreendida em termos de psicologia descritiva, definição inadequada e muito restrita, porque não capta o sentido das "descrições" fenomenológicas.

Essa determinação da ciência igualmente impõe esclarecer os próprios procedimentos. Nas *Ideias para uma fenomenologia pura e uma filosofia fenomenológica* (1913) Husserl põe essa questão de modo claro analisando o conceito de redução fenomenológica como via privilegiada de acesso à verdade entendida como estrutura da manifestação. Isso implica mostrar que a intuição e a investigação "em primeira pessoa" não estão expostas às incertezas do subjetivismo e do relativismo, mas, ao contrário, constituem a única real possibilidade de uma "ciência" da consciência que respeite a peculiaridade do próprio "sujeito", ou seja, o fato de que nesse caso (o único submetido à investigação científica) o objeto pesquisado e o sujeito pesquisador são "o mesmo". Trata-se, pois, de preservar a especificidade desse "objeto" que não é realmente um objeto, portanto trata-se de resolver a aporia kantiana de um conhecimento do conhecimento. Uma vez que a fenomenologia é ciência de essências e não de fato, a redução fenomenológica se apoia estruturalmente na redução eidética, isto é, na recondução dos fatos às suas leis.

Mas a redução fenomenológica representa principalmente uma radicalização do método "descritivo" já usado de fato nas *Investigações lógicas*, mas não definido como tal. A definição explícita do método exige que se faça do "sujeito" fenomenológico um tema, questão que nas *Investigações lógicas* tinha ficado na penumbra mas que, principalmente — nos poucos textos em que aparece —, tinha levado a deixar de empregar o termo "eu" para usar o genérico e não identificado "consciência".

Portanto, o que Husserl coloca é um problema de automanifestação da consciência, no sentido de uma determinação essencial das estruturas da consciência obtida a partir da vida mesma da consciência. É a questão de uma "visibilidade" do próprio transcendental. Observe-se aqui que a condição transcendental para a mesma fenomenização das estruturas transcendentais da consciência é a sua temporalidade essencial, que não se refere, pois, somente às modalidades de manifestação temporal dos objetos, mas também e mais profundamente às da mesma consciência temporalizante.

Nessa óptica, o confronto reiterado com Descartes se presta para demonstrar em que sentido a consciência transcendental *não* deva ser compreendida: não é algo separado do mundo e subsistente em si (de modo até mais certo que o próprio mundo). O tema da reflexão cartesiana é instrutivo ao mostrar os perigos implícitos em toda tentativa de fundamentação absoluta da ciência. Em particular, é totalmente rejeitado o procedimento cartesiano baseado na dúvida como abordagem cética e, portanto, como "positivismo derrubado". A redução não duvida de nada, mas "suspende" qualquer posição ou negação de ser para poder investigar o ser mesmo do que se manifesta. Com esse pacto torna-se possível compreender em que sentido se possa falar da condição absoluta do dar-se do fenômeno para a consciência. O fenômeno é o que se dá do modo em que se dá. Também uma alucinação é uma modalidade da fenomenalidade. Isso abre um campo de investigação extremamente amplo e fecundo ao estudo da consciência nas suas estruturas.

A consciência não é algo abstrato ou acessível de modo "teórico", mas, como diz Enzo Paci, é o ato da vida na sua concreta presença; o que não tira que ela seja colhida como tal somente a partir do pôr em ato da redução, que permite o acesso à esfera transcendental. A redução permite suspender a abordagem natural e o seu "realismo" ingênuo, que não muda se vem a virar de ponta-cabeça, transformado em idealismo, na medida em que também o idealismo não reflete sobre o sentido de ser próprio da consciência nem mesmo quando a entende como ação e não como substância.

A redução fecha o campo da esfera "absoluta", que Husserl chama de subjetividade transcendental. O que pressiona Husserl é principalmente iluminar a estrutura da manifestação, que ele chama de "Ego transcendental" ou "subjetividade transcendental", mas que pode também ser chamada de outra maneira. Tanto é assim que, por último, ele afirmou claramente que se trata efetivamente de uma intersubjetividade.

2. A doutrina husserliana da subjetividade e da intersubjetividade

O Eu transcendental não é um objeto nem mesmo no sentido de ser o ato com que o objeto se configura como objeto. Ele é o que é em relação de tempos em tempos ao tipo de objetos intencionados. Portanto, pode-se dizer que é simultaneamente, de tempos em tempos, a manifestação determinada do que se manifesta e juntamente a unidade do processo plural e complexo da manifestação.

O eu se constitui no constituir o mundo. É, portanto, um processo, sua identidade sendo processual e intrinsecamente "temporal", mesmo não sendo no sentido empírico do termo. Por isso se pode falar de "vida" intencional. Mas, se essa vida se afirma no constituir o mundo (em sentido intencional), por meio dessa constituição o eu se autoconstitui. Então, coloca-se a questão da automanifestação do Eu transcendental. Essa automanifestação é uma autoconstituição no sentido acima exposto. A sua forma geral é a temporalidade. A temporalidade autoconstitutiva da subjetividade transcendental naturalmente não é algo separado e autônomo, mas age ao efetuar a constituição temporal da realidade, do mundo. Aqui também emerge a bipolaridade típica da relação intencional: a constituição do tempo (e dos objetos temporais) é simultaneamente constituição da temporalidade do sujeito.

O processo do eu não é, então, um mero fluir indiferenciado, mas no constituir o mundo institui também estruturas que depois permanecem e influenciam por sua vez o próprio fluxo. Então, não é sempre um eu indiferenciado conduzindo as próprias experiências vividas, mas um eu que se articula, se enriquece e se dispersa, adquire e esquece, escolhe e ignora, quer e recusa etc.

Desse ponto de vista, já no segundo volume de *Ideias para uma fenomenologia pura e uma filosofia fenomenológica* Husserl expressa a tese pela qual cada eu é uma mônada. A estrutura transcendental do eu não pode, assim, estar separada da pluralidade das suas "encarnações". Todavia, em relação à mônada de Leibniz, a concepção husserliana rejeita a determinação da simplicidade e opta, ao contrário, pela complexidade estrutural e temporal. Além do mais, falar de mônadas não implica que para Husserl o sujeito seja um átomo sem relações. O eu se constitui como pessoa em relação a um mundo, que não é nem o mundo em geral, porque é sempre o seu próprio "mundo ambiente", histórica e "geograficamente" particular, e não é também o mundo objetivo das ciências, mas um mundo "vivido", ou seja, o que será depois chamado de "mundo da vida" (*Lebenswelt*). Esse mundo tem em si os outros. Os outros se dão principalmente como partes do mundo, mas ao mesmo tempo também como perspectivas subjetivas sobre o mundo. O problema é a integração dessa estrutura paradoxal de "outras" subjetividades *no interior* da minha.

Para passar do sujeito transcendental puro ao sujeito espiritual e à intersubjetividade, Husserl empreende uma análise aprofundada da subjetividade corpórea, que abre uma perspectiva inédita sobre a questão da relação entre natureza e espírito. O eu puro não é nem substancial nem real, no sentido husserliano do termo. Por outro lado, a psique e o corpo o são. Isso significa que são "constituídos", no sentido husserliano do termo. No entanto, a questão é que o corpo é também constituinte ao seu modo.

Para compreender como isso é possível, ou como o corpo tem esse duplo estatuto, Husserl introduz a distinção capital entre *Körper* e *Leib,* traduzíveis só de modo aproximado por "corpo objetivo" e "corpo vivente". Com efeito, o *Leib* é o corpo enquanto animado por uma subjetividade, ou seja, não a mera coisa e nem mesmo um corpo animal, porque é corpo vivido de modo humano. O *Körper* é principalmente todo o corpo como exterioridade. Como tal, também o corpo humano o é quando é vivido como corpo de outro (do qual não se percebe a dimensão vivida "interna") ou também como próprio corpo mas de maneira objetivada (por exemplo, no saber médico, mas também em certas experiências patológicas próprias ao próprio sujeito).

Corpo vivido e corpo objetivo são, além disso, "o mesmo corpo" visto de duas perspectivas: uma "interna", outra "externa", mas em sentido fenomenológico intencional, não metafísico-objetivo. De tal modo isso é verdade que, então, é possível ulteriormente complicar a análise (como Husserl faz particularmente nas suas reflexões preparatórias e seguintes às *Meditações cartesianas*, de 1931, distinguindo ulteriormente um *Körperleib e um Leibkörper*). O primeiro é o vivido subjetivo corpóreo da estranheza objetiva do próprio corpo, o segundo, contrariamente, é a "estranheza" inserida até dentro do próprio corpo vivido.

A partir dessa determinação da corporeidade Husserl pode definir a função perceptiva do corpo "próprio" como "marco zero" de todas as determinações fenomênicas. Husserl distingue, além disso, duas modalidades perceptivas: a que anima as apreensões de sensações (que em certo sentido dá as "coisas") e a que motiva tais apreensões mesmas, sem produzir representações, estando ligada mais à mobilidade (em sentido amplo) do corpo: as percepções cinéticas.

Essas considerações abrem o campo à investigação da esfera psíquica de per si. A esfera psíquica é definida como a dos corpos animados. Isso em princípio permite não excluir os animais (de fato Husserl fala a esse propósito de *animalia* em sentido geral). Essência da esfera psíquica é o fluxo de experiências vividas, os *Erlebnisse*, isto é, uma concatenação que não para (o fenômeno patológico da sensação de falta de continuidade pessoal se enquadra como vivido peculiar pelo qual algo se insere acima da continuidade do fluxo temporal perceptivo, nele produzindo uma "interrupção" que não é, porém, um mero vazio).

Nesse nível é que se configura segundo Husserl a identidade pessoal, pela qual o sujeito diz "eu", e, portanto, nem só com o próprio corpo, nem só com a própria alma (Husserl observa que se diz: eu "tenho" uma alma do mesmo modo que se diz "eu tenho um corpo"). Alma e corpo são duas realidades que se compenetram reciprocamente, sem ser forma e matéria como em Aristóteles. Surge aqui o problema de um pensamento mais radical da união alma e corpo, que a noção de *Leib* prefigura, na qual a união seja mais originária que aquilo que está unido e que, efetivamente, não existe em separado. A esfera psíquica possui igualmente uma prioridade enquanto é aquela que permite dizer "eu". O corpo é anônimo até ser compreendido à luz da psique.

Isso motiva a constituição intersubjetiva, e para Husserl explica o primado do espírito, que é assim entendido em sentido muito diferente do espiritualismo: na apercepção de conjunto da unidade homem, a constituição da realidade psíquica dá-se por meio da entropatia (*Einfühlung*), a qual é possível somente graças à aparição corpórea da psique. O que significa que é constitutivo de um sujeito pessoal ter um corpo que aparece e aparece para outros sujeitos puros corpóreos. Configura-se assim uma relação a quatro termos, e não só a dois, como nas análises mais tradicionais sobre a relação eu–outro.

O fato de que o outro me apareça como corpóreo, acima de tudo, dá a mim mesmo a minha própria encarnação, não em sentido fisiológico, mas no sentido de uma exterioridade que é (ou se apresenta) interiorizada e assumida. O sujeito psíquico é, pois, uma mônada, uma estrutura com uma "soleira" entre interioridade e exterioridade, que, no entanto, não são estados absolutos objetivos, mas determinações experienciais intencionais, isto é, subjetivas. Isso nos permite compreender como um sujeito, mesmo sendo separado fisicamente dos outros, possa com eles relacionar-se e até mesmo introjetar as suas características ou, ao contrário, neles projetar as suas próprias características.

O estudo dos estados psíquicos, portanto, não só não é impossível (Husserl polemiza com a psicologia empírica anterior a ele, mas as mesmas análises podem referir-se aos debates seguintes), mas é até mesmo necessário, na medida em que eles são o material em que se manifesta e se atesta o que propriamente é psíquico. É dessa forma que pode tomar corpo uma distinção entre interno (psíquico) e externo (físico) que, ao contrário, é normalmente hipostasiada como ponto de partida da indagação sobre a experiência, prejudicando assim, desde o início, o êxito da pesquisa.

A psique elabora os estímulos, tanto endógenos como exógenos, e lhes dá nova forma. Os modos da sua atividade não são apenas influenciados por elementos externos, mas têm um grau de independência e de autonomia interna. Isso implica que a psique tenha uma *história*, que é o que a diferencia da coisa material. Os estados psíquicos precedentes influenciam os seguintes. No entanto, não há uma continuidade "geométrica", na medida em que estados muito anteriores podem continuar a ser eficazes enquanto outros mais recentes podem ter uma influência menor.

A sua conexão à corporeidade, entretanto, faz que a psique tenha uma quase natureza, uma quase causalidade, e certamente as próprias espacialidade e temporalidade, não análogas às físicas, mas não também independentes totalmente. A realidade psíquica, então, não tem separação alguma espacial em relação ao corpo, não existiria sem o corpo, não é alma em sentido metafísico. Isso também vale, portanto, para a formação espiritual, mesmo sendo num nível ulteriormente mediato.

Dessa forma, a perspectiva reducionista que procura nos estados do sistema nervoso as bases da atividade psíquica não é simplesmente rejeitada por Husserl, na medida em que o corpo tem sua eficácia. Contudo, é o corpo mesmo uma realidade plural, pelo que não tem sentido reduzi-lo às próprias características biofísicas, que sempre estão por sua vez relacionadas com as estruturas psíquicas, numa relação de causalidade recíproca e complexa. As sensações próprias do *Leib* estão sempre associadas (mas sem ser coincidentes) às manifestações da consciência (tese que permite fundamentar a psicossomática sobre bases fenomenológicas). Temos aqui a esfera da afetividade (prazer e dor) que proporciona os materiais aos atos valorativos e faz que toda a vida da consciência esteja ligada ao *Leib* por meio de sua base hílica.

Até esse ponto as análises foram conduzidas num plano de certa forma limitado a cada subjetividade, isto é, mantiveram um caráter solipsista. Contudo, isso não significa que a questão não tenha sido posta por Husserl. Ao contrário, ela é enfrentada de muitos pontos de vista. Um deles é o relativo à constituição de um mundo objetivo, que não pode ser o efeito da constituição de uma única mônada. No entanto, é também verdade que o método da redução, como Husserl repete até as suas últimas obras, cria uma situação paradoxal, em que tudo o que existe é colocado entre parênteses, portanto também a modalidade com que se dá um mundo objetivo, assim como a inter-relação entre mônadas. A própria questão relativa à relação eu–outros se deve obter por meio da redução, ou seja, deve ser constituída como fenômeno peculiar.

Na análise levada a efeito na quinta das *Meditações cartesianas* é posto o problema peculiar da constituição do alter Ego. A manifestação em pessoa de outro Ego se anuncia num modo particular: o Ego o experimenta como objeto mundano mas também como um quê de diferente de uma coisa natural. Isso porque o alter Ego ou é um corpo (um *Körper*) ou também algo de diferente de um corpo objetivo, mas sem que tal diferença seja equiparável imediatamente àquela do meu *Leib*, que me é dado diretamente. O alter Ego, portanto, me deve ser dado como uma subjetividade constituinte e não só como um objeto constituído, mas a sua própria subjetividade deve ser constituída por mim.

Aqui se abre um possível problema, análogo ao apresentado pela luta senhor–escravo na *Fenomenologia do espírito* de Hegel. Como pode, em outras palavras, aparecer no meu campo experiencial algo que, como tal, pertence apenas a um campo experiencial de outro, quer dizer, a sua consciência constituinte, que, por definição, é "imanente" em sentido fenomenológico e, assim, não pode entregar-se a mim de modo imanente?

Deve-se poder compreender como no mundo dado à consciência como estrutura fenomênica apareça uma zona de estranheza *em princípio*, que, entretanto, me aparece como estranheza como tal, e nesse sentido não prejudica a estrutura da manifestação, mas chega a enriquecê-la.

O que principalmente pode aparecer do outro é o seu corpo como *Körper* enquanto distinto do meu como *Leib*. O *Leib* aqui é tudo o que me pertence de modo autônomo. Essa determinação abre na realidade duas ordens de questões: uma concerne ao que, mesmo sendo *Leib*, se dá de modo impróprio; outra concerne ao modo mesmo do *Leib* como propriedade que emerge de uma estranheza mais originária.

O Ego transcendental aparece assim como se autoconstituindo em eu psicofísico, isto é, se "mundaniza", sem tornar-se por isso outro diferente de si. Em todo caso é a partir de tal determinação que se pode pôr a manifestação do alter Ego. Tal manifestação realiza-se por meio da *Einfühlung*, uma intuição não lógica, mas afetiva. É um realizar-se numa transposição aperceptiva com base numa conexão de natureza associativa, a *Paarung* ou acoplamento, que advém de modo não racional (essa análise encontra atualmente uma confirmação inesperada nas pesquisas sobre os neurônios-espelho).

Trata-se, então, de uma compreensão por analogia: o eu "vê" o outro eu como um eu análogo, sem que isso seja o fruto de inferência, mas como algo que se apresenta imediatamente ainda que filtrado. Não é a sua "egocidade" a ser dada diretamente, senão não seria um alter Ego, mas o meu Ego. Mas ao mesmo tempo a sua estrutura egoica aparece: precisamente no recusar-se àquela constituição imediata que, ao contrário, é realizada diante das coisas.

Essa estrutura é ulteriormente completada por uma transposição de tipo imaginativo, pela qual o eu se imagina "lá" onde está o outro sujeito. Essa estrutura — é um ponto fundamental — é compreendida por Husserl como *modificação intencional* do eu mesmo, que, assim, não permanece imutável no encontro com o outro eu.

Husserl indica também que há analogias e diferenças entre a constituição do alter Ego e a constituição da coisa (que é sempre uma representação que transcende cada uma das apresentações) como igualmente a constituição da rememoração, que é uma representação de uma ausência. A diferença capital está na estrutura de "apresentação" de um inapresentável, de alguma coisa que nunca esteve nem jamais estará presente como tal, isto é, a consciência de outro.

Mas precisamente essa ausência está presente na constituição do alter Ego. Pode-se dizer que a sua esfera de pertença ou do próprio reflete-se na minha de tal modo que também a minha não pode mais ser "total", mas manifestada ao próprio interior dos "vazios" que não seriam o que são se não tivessem sido constituídos a partir de um pleno que, por sua vez, agora se demonstra somente uma estrutura abstrata.

Isso leva a poder falar de modo finalmente adequado dos "eu" como mônadas, que são propriamente tais, em sentido fenomenológico, só quando tenha sido produzida a constituição de um mundo intersubjetivo. Desse ponto de vista o eu se apreende também como "o outro do outro". A sua esfera solipsista se mostra como não autêntica, ou melhor, demonstra-se constituindo somente uma passagem metodológica necessária, precisamente com a finalidade de fazer emergir a estrutura complexa da manifestação das consciências de outros (em Husserl nunca há um outro único).

Graças a essa configuração intersubjetiva *dentro* do eu, pode-se então recuperar aquele mundo que a aproximação natural assumia imediatamente como dado e que, por outro lado, era suspenso e, portanto, investigado nas suas estruturas constitutivas. A fenomenologia não quer levar a um mundo diferente do que é, mas apenas à sua íntima compreensão fenomênica. Isso, porém, não significa que o mundo assim como é seja erigido em norma ou até mesmo em valor. Trata-se de uma descrição das modalidades do seu ser fenômeno e, portanto, em princípio, a possibilidade de qualquer transformação está aberta. Antes, poder-se-ia dizer que somente conhecendo-o efetivamente se pode transformar o mundo.

3. A interpretação ontológica de Heidegger

O pensamento de Martin Heidegger[2] se desenvolve em anos que veem a fenomenologia husserliana encontrar uma primeira afirmação em nível generalizado. Heidegger opera num contexto teórico em que também as obras de Max Scheler já são amplamente conhecidas, e se encontra diante do debate que os escritos de Karl Jaspers, particularmente *Psicologia das visões do mundo* (1919), estão suscitando. Na sua primeira obra importante, *Ser e tempo* (1927), destinada a exercer uma influência incomparável sobre a filosofia posterior do século XX, é possível descobrir uma reflexão em que todas essas posições filosóficas, junto a muitas outras, estão presentes e influentes. Ele igualmente elabora uma perspectiva totalmente autônoma e profunda-

2. Em meio ao imponente número de títulos dedicados a Heidegger podem ser citadas, para as questões abordadas nesta seção, as seguintes obras: S. Bancalari, *L'altro e l'esserci*, Padova, CEDAM, 1999; G. Berto, *Freud, Heidegger, lo spaesamento*, Milano, Bompiani, 2000; G. Biondi, *La ricerca di Heidegger sulla temporalità*, Milano, Guerini, 1998; F. Cassinari, *Mondo, esistenza, verità*. Ontologia fondamentale e cosmologia fenomenologica nella riflessione di Martin Heidegger, Napoli, La Città del Sole, 2001; V. Costa, *Esperire e parlare*, Milano, Jaca Book, 2006; F. Dastur, *Heidegger et la question du temps*, Paris, PUF, 1994; C. Esposito, *Il fenomeno dell'essere*, Bari, Dedalo, 1984; G. Figal, *Martin Heidegger*. Fenomenologia della libertà, Genova, Il Melangolo, 2007; M. Haar, *Heidegger et l'essence de l'homme*, Grenoble, Millon, 1990; E. Mazzarella, *Tecnica e metafisica*. Saggio su Heidegger, Napoli, Guida, 2002; M. Ruggenini, *Il soggetto e la tecnica*. Heidegger interprete inattuale dell'epoca presente, Roma, Bulzoni, 1977; G. Vattimo, *Essere, storia e linguaggio in Heidegger*, Genova, Marietti, 1989.

mente original, em que toda a problemática da relação entre o homem e o mundo, a comunidade humana, o nexo entre conhecimento e existência e a questão do ser, enfim, são postos em bases radicalmente inovadoras.

Lido por muito tempo como um texto em que o problema fundamental é constituído pela dimensão antropológica — que Heidegger resume sob a problemática do estatuto ontológico do *Dasein*[3] —, *Ser e tempo* se apresenta acima de tudo como meditação sobre o ser. O *Dasein*, isto é, o homem enquanto aquele ente pelo qual se põe o problema do ser na medida em que se põe principalmente o problema do próprio ser, é a via pela qual, segundo Heidegger, se torna possível afrontar um problema clássico numa direção inovadora. Na realidade, porém, para além de polêmicas que desde então pode-se considerar superadas, pode-se dizer sem dúvida que na obra de Heidegger estão presentes tanto uma reflexão muito desenvolvida sobre o ser humano como uma questão filosófica geral de natureza ontológica. Aqui interessa principalmente refletir sobre a concepção heideggeriana do homem como ser particular, mas para fazê-lo é necessário seguir o autor na sua reflexão preliminar sobre o problema do ser, colocada dentro de uma moldura fenomenológica ao mesmo tempo fiel à origem husserliana e profundamente inovadora.

A pergunta sobre o ser não é resolvida e não é resolvível de modo direto. Heidegger sustenta que o ser é indefinível e não pode ser deduzido de conceitos superiores por meio de uma definição, nem induzido a partir de conceitos inferiores. Mas a impossibilidade de definir o ser não só não impede a interrogação: ao contrário, ela a torna necessária. O ser é o que, de certo ponto de vista, é o que de mais comum existe. Cada qual, de fato, compreende o que querem dizer frases como "o céu é azul" ou "eu estou contente". Aqui emerge a plurivocidade do ser e a sua relação com a linguagem, que o pensamento do Heidegger seguinte a *Ser e tempo* aprofundará ulteriormente.

O ser se encontra nos entes, mas não se reduz aos entes. O ser é sempre ser de um ente, mas não coincide com esse ente. Em particular, essa dife-

3. O *Dasein*, termo cunhado por Heidegger, é praticamente intraduzível em português. Habitualmente se usa a tradução literal "ser-aí", mas alguns também traduzem por "o existir" ou ainda por "estar-aí", embora em português haja certa separação entre ser e estar. O autor italiano lembra que na Itália se traduz geralmente por *esserci*. (N. do T.)

rença na relação emerge quando se considera aquele ente particular que é o homem, entendido como *Dasein,* isto é, na acepção heideggeriana, como aquele ente pelo qual está em jogo o próprio ser.

O Ser-aí (é como se traduz geralmente o termo *Dasein,* que em Heidegger tem uma valência quase oposta à da tradição léxica alemã, e difere também da acepção que lhe dá Jaspers) é um ser particular, porque põe a pergunta sobre o próprio ser e assim se interroga também (implicitamente) sobre o que seja o ser. O *Dasein* se determina por meio da própria existência e se compreende sempre a partir da existência como modo peculiar de ser do homem (entendido como categoria ontológica e não como indivíduo empírico). A existência do homem se distingue da dos outros entes seja pelo fato de que eles não existem do modo do *Dasein* como ente que se põe o problema do próprio ser, seja porque o *Dasein* é aquele ser particular pelo qual também os outros entes encontram o próprio sentido a partir dele. Mas esse sentido não é uma visão abstrata da parte de um sujeito soberano, e sim, ao contrário, uma relação que o *Dasein* pode instituir porque já está sempre em relação com os entes e com o ser.

Correlativamente, o homem enquanto *Dasein* se põe diante da realidade de dois modos diversos, ainda que conexos: em primeiro lugar e na maior parte das vezes, como com frequência Heidegger se expressa, o homem tem uma relação "existentiva"[4] ou ôntica com a realidade, isto é, uma modalidade empírica própria do senso comum e também das ciências. Mas, se chega à compreensão do estatuto particular característico da própria condição, o homem então acessa também a outra modalidade de relação, consigo mesmo e com a realidade, chamada "existencial" ou ontológica, na qual a existência se manifesta como problema do ser. Em outras palavras, ainda que dê fundamento à própria condição ontológica do homem, esse problema está geralmente escondido ao homem e se evidencia somente em situações particulares, das quais a mais importante é a morte.

Esse modo de colocar o nexo entre condição humana, mortalidade, conhecimento e verdade é que faz que Heidegger instaure uma revisão

4. Não há termos em português para distinguir a distinção *existentiell-existential* de Heidegger (cf. *Ser e tempo: das existenziale* e *das existentielle,* para referir-se à estrutura ontológica da Existência e às suas formas ônticas). Seguimos o uso italiano: Esistenziale-Esistentivo. (N. do T.)

complexa da concepção husserliana de fenômeno. Para Heidegger o fenômeno é o que se manifesta em si mesmo, portanto o que se desvela como verdadeiro, e não como aparente. A fenomenologia é *logos* do fenômeno, isto é, um discurso que traz luz sobre a essência do fenômeno como manifestação. A fenomenologia, portanto, é obra de manifestação da estrutura mesma da manifestação, que, precisamente, em geral não se manifesta, porque o que "aparece" são principalmente as coisas, os entes. Eles, porém, não apareceriam se não pudessem inscrever-se numa estrutura geral de possibilidade dessas manifestações, que é o que faz a relação peculiar entre o *Dasein* e o ser. Nesse sentido Heidegger pode dizer que o ser e os entes se dão porque existe um ente particular que põe a manifestação. Mas isso não significa que o *Dasein* seja a causa ou a origem da manifestação.

Em tudo isso se encontra um complexo jogo de retomada e de discussão crítica da concepção husserliana de manifestação. Heidegger pretende, pois, substituir a fenomenologia transcendental de Husserl por uma "hermenêutica" do *Dasein* como explicitação da estrutura de manifestação do ser por meio do conhecimento do *Dasein* mesmo, que Heidegger julga impossível de se obter com os meios da reflexão intelectual, na medida em que necessita de uma abordagem que ele chama de "existencial", para assinalar a exigência de utilizar instrumentos conceituais diferentes das categorias do pensamento clássico. Com efeito, as categorias se modelam sobre uma distinção falha entre a realidade própria dos entes diferentes do *Dasein* e esse, conduzindo, portanto, a uma perda inevitável da capacidade de compreensão adequada da diferença (ontológica) que constitui a especificidade do *Dasein*. Essa consideração leva Heidegger a delimitar a hermenêutica fenomenológica (ou analítica existencial) em relação às aproximações científicas sobre a estrutura da realidade humana, como a psicologia, a antropologia ou a biologia. Tais ciências, na realidade, devem sua possibilidade ao fato de haver aí uma abertura preliminar de sentido que se deve remeter à condição ontológica do *Dasein*, mas tal abertura, permitindo a instituição da própria investigação científica, não se deixa então compreender com os instrumentos das ciências.

Tudo isso se reflete também sobre a filosofia, que tradicionalmente entendeu o homem como *animal rationale* ou como filho de Deus, mas em nenhum caso colocou o problema do ser do homem de maneira adequada. Para circunscrever essa problemática Heidegger empreende então um trabalho de delinear as estruturas fundamentais com que se dá a existência, a partir das modalidades próprias da existência imprópria, ou ôntica, para depois chegar a indicar as características da existência própria, ou ontológica. O caráter fundamental da existência é o seu "ser no mundo", isto é, a relação entre o *Dasein* e a estrutura geral de sentido, que é temporal e histórica, em que as coisas e as ações se delineiam e se tornam possíveis.

A relação entre *Dasein* e mundo é uma estrutura originária que caracteriza a essência do próprio *Dasein.* Não se trata, pois, de imaginar, como frequentemente faz a tradição filosófica, um sujeito individuado e separado que então se refere a um mundo de objetos externos. A "relação" faz parte da estrutura existencial do *Dasein* e, portanto, Heidegger indica corretamente a estrutura de "ser no mundo" como característica originária que a rigor precede seja o sujeito, seja o objeto. Mas estar no mundo não significa situação espacial. O *Dasein* não está "no" mundo como a chave no buraco da fechadura. O "no" é a ligação entre *Dasein* e mundo, estrutura de dupla relação que Hursserl já tinha mostrado com o conceito de intencionalidade. Portanto, pode-se também dizer que em Heidegger a intencionalidade é aprofundada na sua valência ontológica lá onde Husserl permanecia num plano fenomenológico.

As modalidades com que o *Dasein* se relaciona com o mundo são múltiplas, mas podem ser sintetizadas com a expressão "cuidar", que não é uma relação contemplativa para com os entes, mas antes e acima de tudo, como quer significar o termo, uma relação prática e afetiva. Isso não significa que o *Dasein* se "preocupe" no sentido normal do termo. Significa, ao contrário, que a relação com as coisas nunca é neutra, mas sempre caracterizada por particulares halos de sentido. Isso que se encontra no mundo circunstante (*Umwelt*) é sempre dotado de uma valência preliminar em relação à sua determinação conceitual por meio de juízos categoriais, que, pelo contrário, não encontrariam a sua possibilidade sem uma realidade preliminar já aberta.

Isso implica que o "mundo" seja uma estrutura do Ser-aí (*Dasein*) como ser-no-mundo, não prioritariamente algo objetivo, um "já aí". E a modalidade com que se "é" no mundo é a do uso prático. Para Heidegger há que derrubar o juízo tradicional segundo o qual o acesso aos entes está aberto pelo juízo contemplativo (a definição que diz "o que é" um determinado objeto). Segundo Heidegger o acesso aos entes é principalmente de natureza prática. Saber o que é um martelo não significa saber dar sua definição, mas sim saber usá-lo. As coisas são "disponíveis" e "utilizáveis". O que conta dessa análise é que tal modalidade de apreensão dos entes é preliminar e por sua vez indica a presença de uma relação geral entre *Dasein* e mundo que não é de natureza intelectual contemplativa.

O mundo, porém, não é composto somente de objetos, mas também, se não principalmente, de outros *Dasein*. O problema da intersubjetividade é outra daquelas questões que, segundo Heidegger, foram mal postas. Não se trata, então, de esclarecer como pode um sujeito conhecer o próprio "outro", porque, assim como para as coisas do mundo, também para os relacionamentos com os outros essas relações já são sempre disponíveis. É parte essencial da definição do *Dasein* ser *Mitdasein*, ou seja, já desde sempre aberto a relações com outros *Dasein* que não esperam a consciência para se constituir.

O mundo, portanto, não é somente uma estrutura de relações entre objetos, mas também entre sujeitos. E a relação que todo *Dasein* mantém com eles é "o cuidar". Uma vez que se trata de uma relação essencial e primordial que define a essência do *Dasein*, ela permite a Heidegger evitar colocar o problema da empatia, já posto e criticado por Scheler. Os outros já são dados no momento em que nos interrogamos sobre como ter uma relação com eles. Mas são dados principalmente no modo da generalidade anônima, do "se" (diz-se, faz-se...)

O homem, ou melhor, o *Dasein* como a estrutura geral ontológica daquele ser que o homem é se encontra, portanto, existindo numa condição que é preliminar e que não se pode escolher. Como diz Heidegger, tal estrutura é aquela em que o *Dasein* se encontra "jogado" e constitui uma abertura preliminar de possibilidade e de sentido, dentro da qual somente o *Dasein* pode então operar escolhas. Tais escolhas, no entanto, sempre serão condicionadas pelas possibilidades concretas disponíveis dentro do próprio mundo. O *Dasein* pode projetar-se a si mesmo, continuando, porém, fundamentalmente condicionado pelas condições dentro das quais acontece tal projeto. Daí a caracterização peculiar do *Dasein* como "projeto jogado", que constitui o sinal do que Heidegger chama de "facticidade", ou seja, o fato de ter nascido e viver em determinadas condições históricas, mas principalmente o fato de ser mortais e condicionados pela própria mortalidade, pelo que toda possibilidade se defronta (antes: é secretamente marcada por ela) com aquela impossibilidade geral que é a morte.

O homem possui propriamente uma dimensão ontológica somente na medida em que compreende essa mortalidade própria: não é então simplesmente condicionado e subjugado como o animal, mas pode assumir essa condição. Esse tema, já presente em Hegel e detalhadamente elaborado por Jaspers, encontra em Heidegger um ulterior e original desenvolvimento na medida em que está conexo com o sentido do ser (aquilo que Heidegger está procurando) por meio da temporalidade.

A temporalidade não é uma determinação ôntica, isto é, empírica, mas é principalmente a condição ontológica própria do *Dasein* como ser diferente dos outros entes. A temporalidade é, pois, inerente ao *Dasein* na medida em que é o horizonte de sentido que permite a condição já dada do mundo como horizonte. Para que uma coisa seja dada, isto é, manifesta, é necessário que ela se inscreva num horizonte de sentido. Não existe um dado absoluto ao qual depois se acrescenta um sentido como se fosse uma etiqueta. Mas o sentido por sua vez pode ser indicado e descoberto (por meio do caráter fundamental possuído pelo *Dasein* como compreensão) só enquanto o *Dasein* é um projeto jogado, isto é, uma estrutura de articulação da própria existência segundo direções temporais: o futuro, o passado, o presente. Mas tais dimensões temporais são distintas daquelas próprias do senso comum: não se trata principalmente de pontos temporais sobre uma linha, mas de dimensões que permitem o próprio desdobrar-se da linha (e, melhor, não se pode nem falar de uma linha, porque passado, presente e futuro são todos os três o que são somente na medida em que estão também em relação uns com os outros).

O homem existe como um ser que antecipa constantemente as próprias possibilidades, que é projetado para o futuro estando lembrado do passado e fazendo convergir essas duas dimensões na do próprio ser presente. Não há dúvida de que nessa compreensão do ser do homem como articulação da temporalidade Heidegger retoma a intuição agostiniana, ainda que reelaborada de modo original (e provavelmente num confronto crítico com a tradição cristã da qual Agostinho é um representante fundamental). Com efeito, não há dúvida de que a temporalidade se manifesta ao homem não sob o signo da esperança de uma vida ultraterrena (que aliás é, enquanto tal, uma das formas de ocultação, segundo Heidegger, da temporalidade autêntica), mas sob o signo da finitude radical temporal — o que mais propriamente marca a existência humana. A morte, portanto, não é um evento físico, ou melhor, é, mas não se reduz a ele. A morte permite ao *Dasein* ter acesso à verdade de si mesmo, ainda que geralmente essa verdade permaneça oculta na medida em que está conexa com o fenômeno afetivo fundamental que representa a essência da condição humana, ou seja, a angústia.

Somente por meio da angústia se compreende o sentido do desvelamento da verdade do *Dasein* a si mesmo. De fato, diferentemente de Jaspers, segundo Heidegger tomar como responsabilidade a própria mortalidade não é uma tarefa que o homem escolha voluntariamente. A morte se mostra *não obstante* as intenções humanas, e não por meio delas. Mas não se foge da angústia, porque toda tentativa de fuga é já admitir o seu poder. A angústia é a tonalidade afetiva fundamental da existência humana, a que, no final das contas, parece a Heidegger tornar possíveis todas as outras. A angústia individualiza o homem na medida em que o expõe à própria finitude radical de mortal, e assim o subtrai à própria existência cotidiana feita de adesão (ou de recusa, que é uma modalidade análoga com sinal contrário) ao que se diz em geral.

Da mesma forma como o homem (ou melhor, a sua condição estrutural, o *Dasein*) está em geral no mundo do anonimato e de tal modo existe de maneira impessoal e, no fundo, inautêntica, assim também ele está exposto ao mesmo tempo, por meio da angústia, ao evento da apreensão da própria condição *malgré soi*, a qual de fato é mais originária do que a tentativa de cancelamento que a existência anônima no fundo representa. Precisamente por ser mortal, o homem vive de uma forma que geralmente leva à ocultação da morte (tanto mais evidente hoje em dia se consideramos a tecnicização e a medicalização da morte). No entanto, não se trata para Heidegger de viver com o pensamento fixo no seu próprio fim. Trata-se de assumir essa condição como a própria condição ontológica. Por essa razão Heidegger pode definir a morte como a possibilidade da impossibilidade.

O que de qualquer modo deve ser sublinhado é como a temporalidade constitui para Heidegger não uma prerrogativa entre outras do homem, mas a sua condição, a sua "marca" essencial. O tempo não é um processo físico. Ele brota do *Dasein* como "temporalização", isto é, como estruturação da experiência em dimensões que, por sua vez, não representam dados naturais, mas modalidades existenciais. O tempo dos relógios, isto é, o tempo cotidiano dos calendários e também o da ciência, é uma modalidade entre outras de gestão da temporalidade originária que coincide com o *Dasein*. Heidegger critica Bergson por querer distinguir o tempo da ciência, isto é, o tempo "espacializado" dos gráficos e das equações, e o tempo da subjetividade, ao falar de uma duração irredutível à mensuração. Mas essa duração, para Heidegger, ainda é uma forma de incompreensão da temporalidade ontológica, que é temporalização na medida em que é articulação da estrutura da existência só enquanto depende da radical finitude da existência humana. Isso quer dizer que o futuro é a dimensão fundamental para o homem, porque nela "se encontra" a morte, como futuro nunca presente. Falar de duração significa então recorrer de novo a uma compreensão naturalista da temporalidade, com o agravante de ter cunhado essa expressão precisamente para opor-se à naturalização do tempo.

O nexo originário de temporalidade e *Dasein* mostra como este é uma relação e não um átomo substancial. O tempo é, essencialmente, uma diferença, uma não-identidade, um ser "fora", isto é, sempre outro além de si. O tempo é, como já dizia Hegel, o que não é, e não é o que é. Mas essa diferença e esse mudar contínuo é que fazem que a temporalidade possa ser entendida como sinal essencial da existência, exatamente enquanto é a modalidade com que a existência "acontece": existe-se não enquanto se é coincidente consigo mesmo, mas enquanto se está sempre mais à frente e mais atrás do próprio momento presente. Mais à frente na medida em que projetados para o futuro, mais atrás enquanto sempre conexos com o próprio passado. Futuro e passado não estão, no entanto, em lugares diferentes, mas "são" na articulação unitária das três dimensões temporais que fazem da temporalização o sentido de ser do *Dasein*. É por isso que Heidegger fala de "êxtase" temporal em sentido etimológico, como *ek-stasis*, isto é, como aquilo que está (*stasis*) para fora de si (*ek*). E é essa temporalidade estrutural do *Dasein* que vai determinar também a sua própria historicidade: quer dizer, não o fato (ôntico) dos tempos mudando, mas a estrutura (ontológica) da existência humana como intrinsecamente marcada pela sua própria articulação temporal. Só pela temporalização do Ser-aí (do *Dasein*) pode-se então, efetivamente, chegar à temporalidade do ser entendida em sentido próprio.

A temporalidade do *Dasein* (*Zeitlichkeit*) e a temporalidade do ser (*Temporalität*) estão com certeza em relação, e, no entanto, essa relação não é suficientemente elaborada na opinião do próprio Heidegger em *Ser e tempo*. A reflexão ulterior de Heidegger se desenvolve assim em direção a uma compreensão diversa do ser, que, contudo, leva para sempre mais longe da ontologia fundamental do *Dasein*. Sem assinar embaixo totalmente a acusação feita por Husserl a *Ser e tempo*, segundo a qual Heidegger teria perdido de vista o sentido da fenomenologia recaindo no antropologismo, pode-se, contudo, observar também que efetivamente Heidegger delineou naquela obra um percurso em que a figura do homem, como *Dasein*, é a pedra angular do acesso ao ser. Pode-se dizer com certeza que o desenvolvimento subsequente da reflexão heideggeriana procurou enfrentar, com uma linguagem diferente daquela da "metafísica" (isto é, uma linguagem ainda fundada no primado do homem), a questão do ser e da sua peculiar "historicidade". O tempo do ser não coincide com a temporalização do existir e, mais ainda, não pode mais nem mesmo ser alcançado por meio dela. Abre-se espaço para uma perspectiva diferente, em que a temporalidade do ser é uma "história" (*Seinsgeschichte*) fundada numa noção em que, no desenvolvimento da própria realidade, emerge o conceito fundamental de evento (*Ereignis*).

A condição humana é analisada principalmente em relação a "épocas" particulares em que se configura uma relação com o ser diferente de tempos em tempos. Nesse sentido então apresenta uma particular importância a época moderna como época da "imagem do mundo", isto é, a época da progressiva aquisição da capacidade de representar o mundo como um conjunto de eventos regulados por leis. Para Heidegger isso significa um passo ulterior num processo de progressivo esquecimento do sentido originário do ser, que se delineia na reflexão dos pensadores pré-socráticos, mas já em vias de ocultação com a filosofia de Platão e Aristóteles, que leva, com o advento do pensamento técnico, ao seu total desdobramento. A técnica é a forma que tomou o ser na época atual, pois nela também o esquecimento da modalidade originária da manifestação do ser foi esquecido. Nisso reside, no pensar de Heidegger, um perigo mortal que, no entanto, encerra também uma possibilidade de mudança radical em direção a um novo começo. Um começo em que ao ser seja "permitido ser" e não constrangido dentro de formas que, ao querer dar ao ser um aspecto, esquecem que todo aspecto já é um cancelamento do que é "sem aspecto" porque mais originário do que toda forma e toda figura.

4. A fenomenologia na França: Sartre

A filosofia de Jean-Paul Sartre[5] está profundamente impregnada de fenomenologia, e mesmo quando ele se afastou do clima teórico próprio dessa posição não cessou jamais de manter uma referência à origem husserliana das próprias teorias. Como Emmanuel Lévinas, no entanto, também Sartre muito cedo confrontou e fecundou o pensamento de Husserl com o de Heidegger, chegando a uma síntese original que pode ser considerada a versão francesa do existencialismo e que teve um impacto profundo sobre o pensamento filosófico do segundo pós-guerra.

É particularmente com a sua primeira obra maior, *O ser e o nada* (1943), que Sartre se coloca o problema de uma "ontologia fenomenológica" em que o sujeito transcendental surge carregado de valências que não se encontram em Husserl, mas que ao mesmo tempo podem ser consideradas como um possível desenvolvimento do que implicitamente já está presente na concepção husserliana da consciência. Sartre recebe e até amplifica a ideia (presente em particular nas primeiras obras de Husserl) de que a consciência venha a atingir, graças à redução, uma posse evidente de si e dos próprios conteúdos. A partir dessa colocação ele chega a uma filosofia da consciência como liberdade absoluta, que se contrapõe à realidade "material" na medida em que é responsabilidade diante da própria condição. Para delinear e sintetizar essa contraposição Sartre recorre (transfor-

5. Sobre a obra de Sartre pode-se ver: R. Breeur, *Autour de Sartre*, Grenoble, Millon, 2005; V. De Coorebyter, *Sartre face à la phénoménologie*, Bruxelles, Ousia, 2000; G. Farina, *L'alterità.* Lo sguardo nel pensiero di Sartre, Roma, Bulzoni, 1998; F. Jeanson, *Sartre*, Milano, Mondadori, 1961; M. Meletti Bertolini, *La conversione all'autenticità.* Saggio sulta morale di Jean-Paul Sartre, Milano, Angeli, 2000; S. Vassallo, *Sartre et Lacan*, Paris, L'Harmattan, 2003.

mando, porém, a sua valência) a uma dupla de conceitos de origem hegeliana: a realidade objetiva é constituída do que é "em si", ou seja, o que permanece idêntico a si mesmo sem ter de per si nenhuma capacidade de sentido. Ao contrário, isso se deve à atividade de atribuir sentido, própria do sujeito transcendental, que, portanto, é definido como "por si" para significar a própria condição de origem do sentido e principalmente de consciência de si.

Desde as obras de juventude Sartre radicaliza a concepção husserliana de consciência intencional, aceitando o método da redução fenomenológica, mas levando-o às suas últimas consequências. Nesse sentido Sartre critica a ideia de um Eu transcendental idêntico, um polo imanente que permanece o mesmo na variação dos atos de consciência. Tal polo idêntico para Sartre é uma ficção, ou melhor, é uma construção da própria consciência, uma substancialização operada pela consciência intencional transcendental e, portanto, é, propriamente falando, um objeto. O que, ao contrário, não pode ser objetivado é precisamente o "fazer" da consciência, a sua natureza específica. A objetivação da consciência no conceito de Eu introduz uma opacidade e uma macicez onde não deveria haver nada mais do que transparência. Com efeito, o Eu transcendental é assim para Sartre a morte da consciência.

A consciência é, portanto, impessoal e "anônima". Ela não pode dizer "eu" senão objetivando-se. Mas, por outro lado, a consciência não opera tal objetivação por acaso. Exatamente enquanto é contínua criação (porque é origem do sentido da realidade exterior, do "em si"), sem que essa criação possa ser submetida ao eu, todo eu experimenta angústia ao captar de maneira factual essa incessante criação de existência da qual não somos os criadores. A configuração de um eu pessoal é, então, um ato de defesa posto pela consciência precisamente para esconder de si mesma a própria "natureza" totalmente peculiar (porque irredutível a qualquer natureza) de ser transparência, de não "ser" propriamente nunca nada de definido na medida em que é "consciência de" cada coisa. E, se consideramos essa capacidade de ser origem do sentido (que é um modo de definir a intencionalidade) como espontaneidade, a conclusão de Sartre é que tal espontaneidade não é, como para o idealismo alemão, o sinal do triunfo da subjetividade, mas o sinal da sua ausência originária.

Sartre critica, pois, a egologia husserliana de um ponto de vista oposto ao de Heidegger, que até mesmo tinha procurado chegar a uma compreensão não abstrata do que, aos seus olhos, constituía sempre, afinal, um conceito filosófico tradicional. Sartre executa uma operação sob muitos aspectos inaudita, quando chega, mediante a radicalização dos caracteres mais "cartesianos" da subjetividade, a uma posição em que o sujeito é totalmente destituído da própria soberania, e isso exatamente na medida em que está na origem do sentido. Portanto, a sua posição diante de Husserl é de fidelidade radical e ao mesmo tempo de infidelidade: a pureza da consciência é afirmada até um grau tal que Husserl jamais atingiu e que chegou mesmo a enfraquecer indo descobrir todo o peso da encarnação do sujeito transcendental, que ulteriormente foi aprofundada por Merleau-Ponty. Contudo, também em Sartre está presente uma concepção fenomenológica da corporeidade digna de nota.

Sartre parte de uma teoria original das emoções, que não distingue (como faz, por exemplo, James) da consciência, mas considera uma das modalidades *específicas* da consciência, e distinta também de uma crítica da psicanálise como doutrina que, a seu ver, trata a consciência como uma "coisa". A consciência "é" intrinsecamente emocional, porque a emoção é "irreflexa", isto é, não precisa esperar uma reflexão que a desperte para ser o que é. A consciência experimenta o mundo como "emocionante", isto é, como caracterizado por aspectos não meramente cognitivos. Aqui é retomada a análise heideggeriana do sujeito humano como ser "no mundo", isto é, como sempre já em contato com o mundo, e não como dele separado. E é também retomada de modo original a doutrina husserliana da intencionalidade.

As emoções mostram, no entanto, o seu lado essencial quando o contato com o mundo as coloca frente a frente com uma dificuldade insuperável. Nesse momento a consciência coloca em ação posicionamentos "mágicos" com os quais tenta mudar o próprio mundo. Essa perspectiva está na origem da distinção operada por Sartre entre percepção e imaginação. Emoções violentas como também imagens fantásticas são modalidades com que a consciência tenta fazer desaparecer o mundo dele desaparecendo. É intrínseca a essa posição a ideia, com frequência reafirmada por Sartre, de que a consciência adota posições de "má-fé" em face da realidade. Isso não significa que a consciência minta lucidamente, até porque ela crê realmente no mundo que ela mesma projeta através das próprias emoções e da própria imaginação. A atitude de ilusionismo mágico é, aliás, uma das modalidades arcaicas da consciência, que fundamenta a coexistência intersubjetiva e volta à tona toda vez que as superestruturas racionais, por algum motivo, não mais conseguem desenvolver a própria função.

Essas análises conduzem a levar sempre mais ao primeiro plano o papel da liberdade como traço constitutivo da consciência, em relação à qual a corporeidade é percebida como condicionamento. Em *O ser e o nada* Sartre generaliza tal concepção. A oposição entre "em si" e "por si" encontra o próprio fundamento no poder anulatório da consciência como liberdade. Portanto, a consciência "é" nada, ou seja, não "é", se por "ser" se entende o que existe, ou seja, o que é dado ao mundo do "em si". A consciência não é um ente entre os que se dão no ser. Contudo, se existisse somente o ser, ele seria uma totalidade visguenta e sem diferenças. A diferença é dada precisamente pela consciência. A diferença é aquele "nada" que se interpõe entre o "em si" e o "por si". Não pode ser medida porque não é um ser. Então é entendida como "nada" que, no entanto, não é pura negação lógica e coloca, portanto, um problema ontológico.

O nada que o sujeito "é", portanto, não tem uma "natureza", e, então, não pode ser definido com base na própria essência, como, segundo Sartre, ainda fazia Kant. Daí a afirmação — que Sartre considera típica de toda a filosofia existencialista, seja ateia, seja religiosa — do primado da existência sobre a essência. Desse ponto de vista a liberdade não é a essência do homem, mas a condição que torna possível a realização da própria essência, isto é, a possibilidade de se definir a cada vez de forma própria. Há uma modalidade afetiva específica do ter consciência de ter, ou melhor, de "ser" a própria liberdade: a angústia. Além do ser, liberdade implica ter sempre e inclusive a responsabilidade de ser o que se é e de comportar-se responsavelmente diante dos outros. A essa responsabilidade não se replica com teorias voltadas para afirmar o condicionamento do homem (social, cultural, econômico ou de outro tipo), porque tal condicionamento por sua vez pode ter lugar somente para aquele ser que é livre, isto é, que não é uma coisa. A liberdade pode ser negada só por meio da negação na má-fé. Mas a má-fé não faz senão mostrar melhor a condição humana, que segundo Sartre é a de sermos "condenados à liberdade".

Essa noção de condenação à liberdade retoma ao seu modo, mas também transforma profundamente, a noção heideggeriana de *Dasein* como projeto lançado. A existência acontece sempre em alguma situação. Tal situação não se escolhe, mas também não constitui uma prisão sem caminho de fuga. O que se pode fazer é escolher entre a resignação (que pode ser coberta por razões teóricas que, no entanto, não são senão formas da má-fé) e a assunção da própria situação. É somente essa assunção verdadeiro início de um projeto de transformação, que sempre depende, afinal, da iniciativa do indivíduo (posição que Sartre depois teria revisto na sua subsequente aproximação ao pensamento marxista operado na *Crítica da razão dialética* [1960]).

O "por si" "é" sempre negação de toda determinação própria particular (isto é, jamais pode coincidir com o que de tempos em tempos acha como próprio: por exemplo, a cor da sua pele ou a sua profissão). Essa "ausência de ser" lhe é, portanto, conatural, estrutural, e como tal inaugura o seu "desejo". Assim, o sujeito deseja no sentir falta de algo que, no entanto, não pode ser preenchido por alguma coisa em particular ou algo determinado. O desejo é por isso paradoxal, porque deseja também nunca ser satisfeito (a satisfação hipotética desse desejo estrutural levaria à morte do sujeito como "falta"). Aos objetos nada lhes falta, só o sujeito humano "é" esse seu "não ser".

O desejo de ser leva o sujeito a conectar-se com os outros sujeitos. Tal conexão é uma ligação, mas ao mesmo tempo uma forma de separação. É assim porque, segundo Sartre, nós (como já disse Heidegger) já estamos sempre numa relação originária com os outros, mas essa relação não é pura compresença neutra, mas ao contrário luta. Uma inevitável luta na medida em que o olhar que o outro põe sobre mim me destitui da condição de sujeito para transformar-me na de objeto. De "por si" eu me torno "em si" pelo outro. A tal transformação não posso senão responder com uma transformação análoga: aquele olhar inquestionável que, ao olhar-me, me tinha petrificado nas atitudes que de tempos em tempos me tinham acontecido agora é por sua vez petrificado por mim. O sujeito que sou eu, o sujeito que o outro é, estamos expostos à facticidade do ter um corpo visível, em que não é possível estar, mas do qual é impossível fugir.

Daí o sentimento fundamental que cada um experimenta, segundo Sartre, quando sente estar sendo observado: a vergonha. Uma tonalidade afetiva antes que cognitiva, que dá testemunho da condição paradoxal da subjetividade. Sartre retomou à sua maneira a análise conduzida por Hegel da luta pelo reconhecimento, imprimindo, porém, a tal condição uma torção que a impede de qualquer superação dialética em vista de uma recomposição superior. Não por acaso, para Sartre, em páginas célebres, a relação eu–outro inclina-se para a modalidade do sadomasoquismo. O sadismo representa o êxito do desejo sexual, ao passo que o masoquismo constitui a conclusão do amor como inevitabilidade do conflito entre duas subjetividades, cada uma delas devendo ser mantida na sua liberdade e, no entanto, fazendo-se também objeto de amor. A concepção sartriana da corporeidade, pois, evidenciando o aspecto conflitual das relações, conduz a uma posição pessimista. A tal posição responde à sua maneira a reflexão do amigo Merleau-Ponty, fundador com Sartre da revista *Les Temps Modernes.*

5. Merleau-Ponty

A reflexão de Maurice Merleau-Ponty[6] constitui essencialmente um esforço para determinar a relação entre homem e mundo. Ele está à procura de uma filosofia que ensine novamente a "ver o mundo", e ela não pode ser senão uma filosofia fenomenológica.

A primeira obra de Merleau-Ponty, *A estrutura do comportamento* (1942), é uma crítica a toda forma de saber "objetivante" em campo psicológico (mas também físico): à luz das aquisições da psicologia da forma (*Gestalt*) ele mostra a inadequação de posições como a reflexologia (Pavlov) ou o comportamentalismo. Tal crítica, além disso, não permite, segundo Merleau-Ponty, adotar a posição oposta, identificável em toda forma de idealismo, também criticista (ele tem em mente essencialmente os neokan-

6. Sobre a obra de Merleau-Ponty pode-se ver: R. Barbaras, *Del'être du phénomene*, Grenoble, Millon, 1991; M. Carbone, *Il sensibile el'eccedente*, Milano, Guerini, 1996; É. Bimbenet, *Nature et humanité.* Le problème anthropologique dans l'oeuvre de Merleau-Ponty, Paris, Vrin, 2006; M. Dillon, *Merleau-Ponty's Ontology*, Evanston (Ill.), Northwestern University Press, 1988; P. Gambazzi, *L'occhio e il suo inconscio*, Milano, Cortina, 1999; E. Lisciani Petrini, *La passione del mondo.* Saggio su Merleau-Ponty, Napoli, ESI, 2002; G. Madison, *The Phenomenology of Merleau-Ponty*, Athens, Ohio University Press, 1981; S. Mancini, *Sempre di nuovo.* Merleau-Ponty e la dialettica dell'espressione, Milano, Mimesis, 2001.

tianos franceses). As noções de comportamento e de estrutura permitem olhar na direção de uma "terceira via", em que natureza e espírito não sejam separados, mas tomados na sua unidade.

Aqui já se vê em andamento uma estratégia depois geralmente adotada por Merleau-Ponty, que consiste em opor posições antinômicas (por exemplo, o realismo e o idealismo, o objetivismo e o transcendentalismo) para nelas encontrar uma inadequada raiz filosófica comum que tende a totalizar o próprio objeto de investigação em lugar de descrevê-lo assim como é. O êxito dessa crítica é, então, a descoberta de um pensamento em que a fenomenologia como análise descritiva incontestável permite indicar o problema comum e superá-lo na direção de uma abordagem diferente.

A estrutura do comportamento se ocupa em determinar a *pars destruens* dessa abordagem, ainda que não faltem lampejos de reflexão construtiva, em particular no delinear uma ideia de desenvolvimento dialético aberto e indeterminado das formas de comportamento. A análise de *Fenomenologia da percepção* (1945) constitui, porém, a grande parte da *pars construens* da posição de Merleau-Ponty, onde as noções de percepção e de corpo vivente (*Leib*), já valorizadas por Husserl, encontram uma elaboração e uma amplificação teóricas notáveis.

A noção de comportamento é examinada detalhadamente na primeira obra, e escolhida pelo seu aspecto de neutralidade diante da distinção entre uma esfera psíquica e uma esfera fisiológica que transportam inevitavelmente consigo assunções metafísicas que Merleau-Ponty quer precisamente evitar. Todavia, o comportamento não deve também ser entendido à maneira "extrínseca" do comportamentalismo de John B. Watson, que nega qualquer acesso a uma "interioridade", enquanto impossível de descrever objetivamente. Merleau-Ponty quer mostrar, ao contrário, que os fundamentos teóricos do comportamentalismo (atomismo, fisicalismo) prejudicam por princípio tal crítica. A noção de comportamento se mostra assim como instrumento para superar a dicotomia entre *res cogitans* e *res extensa*, em direção a uma posição em que tais *res* sejam compreendidas como duas faces de uma mesma estrutura ambígua.

Na perspectiva do estudo científico do comportamento não é possível compreender a intencionalidade. Ela é remetida para um quadro de explicação causal baseado numa interpretação anatomofisiológica da corporeidade. O organismo é visto como um objeto passivo de um estudo que é conduzido de um ponto de vista estranho e anônimo. Ele é reduzido às suas propriedades físicas, químicas e em geral observáveis de modo experimental. Mas é o quadro experimental mesmo que segundo Merleau-Ponty é indevidamente restrito. Decorre daí uma noção de reflexo aos estímulos que em lugar de ser o dado primitivo, como iria requerer a teoria, é um efeito muito abstrato e tardio de uma pesquisa teórica baseada em assunções injustificadas, como aquela segundo a qual toda estrutura complexa é resolvida em partes simples atômicas.

O empirismo atomista ingênuo dos cientistas é, pois, a filosofia implícita que a crítica filosófica deve fazer emergir. O organismo apresenta propriedades globais que não se deixam reduzir dentro de um esquema linear baseado em relações simples entre partes simples. Ao contrário, a estrutura global mostra exercer notáveis ações de predeterminação das mesmas reações. O quadro teórico deve, pois, conseguir integrar uma perspectiva ciclomorfa, que possui também aspectos temporais peculiares, em que estímulo e reação não estão numa relação direta, mas se coimplicam.

A noção de forma introduzida pela psicologia da Gestalt é capaz de dar conta das estruturas que emergem dessa análise. A crítica, porém, que Merleau-Ponty dirige aos gestaltistas é de terem traído as próprias descobertas adotando uma concepção geral de tipo reducionista que não está à altura dos fenômenos estudados. As formas podem ser classificadas conforme uma sucessão progressiva em que as mais simples são as mais vinculadas ao próprio ambiente, ao passo que as mais complexas são as que arriscam realizar um grau maior de independência em relação ao ambiente.

Merleau-Ponty distingue três graus essenciais, advertindo, porém, que a passagem de um ao outro é contínua e não descontínua: as formas sincréticas, as inamovíveis, as simbólicas. Em nenhuma delas está presente um condicionamento puro, mas ao progredir para o alto o que sempre melhor se realiza é a capacidade de isolar-se própria do organismo, isto é, de assumir uma estrutura relativamente estável e autônoma relativamente às próprias interações e, assim, tornar-se também capaz de modificá-las. Portanto, a forma "superior" é a que, mesmo imersa na natureza, chega a dar a si mesma uma estrutura de identidade e a estruturar correlativamente um mundo estável feito de relações determinadas e (relativamente) predetermináveis.

A ideia holística de que a realidade seja um todo estruturado em que as partes não são átomos sem relação, mas efeitos de relações, se conjuga com uma concepção da complexidade que é declinada em termos de maior liberdade. O ser humano é o "mais livre", mas goza de uma liberdade não concebida em contraposição à natureza, emergindo, ao contrário, de uma natureza que já contém em si formas diversas de liberdade. Por isso Merleau-Ponty fala de uma "dialética" das formas, em que o aumento do grau de liberdade e complexidade dos organismos se realiza dentro da própria natureza, que, contudo, não constitui nem o seu "princípio" (*arché*) nem o seu fim (*telos*).

Nos anos seguintes Merleau-Ponty dá uma elaboração ulterior a essa concepção nas suas lições sobre o conceito de natureza, onde se vê uma generalização ontológica dessa mesma perspectiva. Matéria, vida e espírito aparecem assim como três reinos separados, mas como três aspectos de uma realidade mais geral que, sem levar a uma indistinção metafísica dos planos, não pode também ser mais compreendida de maneira estática. Na análise da estrutura humana do comportamento isso é particularmente claro ao se investigar a consciência perceptiva, que mostra possuir características que já estão presentes nas ordens "inferiores", mas profundamente transformadas por estarem embutidas numa forma de comportamento que assume tais características e as reelabora radicalmente. A base, que geralmente passa inobservada mas é fundamental para compreender o comportamento humano, é dada pela corporeidade, que não é mera coisidade, mas, ao contrário, verdadeira subjetividade, não porém etérea e "espiritual".

À luz de tal análise o próprio tema da relação entre alma e corpo é profundamente revisto. Não é mais necessário nem lícito partir de sua separação e sua contraposição para encontrar depois o ponto de contato. Trata-se antes de compreender sua relação dialética, pela qual toda manifestação de um é também um aspecto da outra.

Isso significa que o corpo não é uma coisa, mas também que a alma não é um espectro desencarnado. A consciência é inerente ao organismo humano não como uma propriedade sua, mas como sua essência. Uma consciência, no entanto, em que a separação da "matéria" é aparente e na realidade ilusória.

Trata-se então de chegar a conceber essa estrutura única em que convivem dois lados que tendem a assumir uma consistência autônoma sem possuí-la realmente. Trata-se de compreender como a consciência chega a separar-se do corpo "reificando-o" e assim na realidade "reificando" também a si mesma sob forma de espírito, e dando assim lugar às posições opostas do realismo e do idealismo.

A abordagem de Merleau-Ponty na *Fenomenologia da percepção* consiste em ler a posição de Husserl à luz das análises de Heidegger, para encontrar uma síntese que permita também uma superação das contraposições entre as duas versões da fenomenologia. Uma diferença entre Merleau-Ponty e Husserl aparece já no prefácio à obra, em que Merleau-Ponty expõe o seu ponto de vista sobre a questão da redução, que para ele jamais pode ser completa, mesmo que isso não implique que ele a considera inútil ou errada; ela é, ao contrário, considerada essencial para qualquer aproximação que se queira fenomenológica. A posição de Merleau-Ponty sobre a fenomenologia em geral e sobre a redução em particular é estabelecida a partir da sua crítica aos resíduos "idealistas" do pensamento husserliano e à clara afirmação da "corporeidade" do sujeito transcendental. Toda a *Fenomenologia da percepção* é dedicada a delinear as estruturas próprias dessa subjetividade corpórea.

A obra analisa em primeiro lugar a questão da natureza própria do corpo, depois a do mundo percebido, finalmente opera uma síntese das duas delineando a sua correlação como constitutiva do verdadeiro plano fundamental da concepção fenomenológica. As análises de Merleau-Ponty são conduzidas na convicção de que a fenomenologia transcendental não pode ignorar a facticidade da subjetividade humana e, portanto, se por um lado deixa confirmada a perspectiva eidética e transcendental, por outro lado essa perspectiva assume uma valência existencial lida à luz da noção de corpo vivido (*Leib*).

A investigação sobre a subjetividade transcendental torna-se, portanto, em Merleau-Ponty a análise do "campo de presença", onde são efeitos da correlação o polo subjetivo corpóreo e o polo do mundo percebido, e tal correlação por sua vez é marcada pela temporalidade, pela finitude, pela espacialidade existencial, pela sexualidade, pela linguagem como encarnação do sentido.

O efeito da redução é tornar estranho, paradoxal o mundo e produzir espanto em face dele. Esse espanto, que já Eugen Fink, assistente de Husserl, tinha evocado, não é só o grego *thaumazein*, mas também de certo modo o moderno *unheimlich*, ou seja, o que se apresenta como óbvio e costumeiro mas contém em si o inesperado e o perturbador. Isso implica do ponto de vista do método fenomenológico que essência e existência não são separadas, mas sempre coimplicadas, e que a sua separação seja reconhecida como efeito da linguagem, que faz "precipitar", de acordo com uma metáfora química, o que é, ao contrário, fluido e fluente.

Também a noção de intencionalidade é, portanto, revista e alargada. Para Merleau-Ponty a verdadeira descoberta husserliana não se firma tanto na noção de "intencionalidade de per si", já delineada tanto por Brentano como por Kant, quanto na noção da distinção entre uma intencionalidade explícita e uma intencionalidade atuante, própria de uma subjetividade corpórea já implicada desde sempre naquele mundo que precisamente por ela é levado a manifestar-se.

Dessas teses gerais expostas no prefácio Merleau-Ponty passa, antes de tudo, à crítica das concepções clássicas da experiência perceptiva: seja a de cunho empirista e atomista, seja a de procedência idealista, espiritualista, racionalista e também neocriticista, na medida em que (particularmente — mas não somente — em ambiente francês) assume um colorido de posição antinaturalista que leva à separação do sujeito em relação ao mundo. Também a psicologia da Gestalt — que precisamente ofereceu os meios para destroçar o quadro categorial homogêneo ao empirismo e ao idealismo, na direção de uma compreensão da experiência perceptiva como processo de formação espontâneo — acaba sendo criticada de uma perspectiva fenomenológica pelos resíduos "metafísicos" de natureza causal. O pensamento causal não pode resistir à crítica fenomenológica da noção de experiência, que põe sob a luz os nexos de coimplicação e de motivação extrínsecos a todo nível da produção de sentido.

Assim se coloca sob a luz o papel verdadeiramente estratégico da noção de campo fenomênico, em que toda determinação de um lado subjetivo e objetivo é um efeito derivado e não um dado originário. Esse campo fenomênico é determinado pelo fato de que a experiência é realizada por um sujeito corpóreo, não por uma subjetividade separada. O sujeito corpóreo é inerente ao campo fenomênico, e assim chegamos propriamente a uma estrutura relacional.

Isso implica que o corpo subjetivo ou *Leib* tenha propriedades que não são as do pensamento objetivante: tem uma própria espacialidade, uma própria motricidade, um componente sexual que não é extrínseco, mas intrínseco, sem levar ao pansexualismo psicanalítico (posição ademais atenuada depois por Merleau-Ponty por meio de um confronto mais aprofundado com os textos de Freud). Mas, em particular, e é essa a posição talvez mais original de Merleau-Ponty em relação a Husserl, mas também ao Heidegger de *Ser e tempo*, o corpo é imediatamente ligado à linguagem, que por sua vez não é em primeiro lugar a expressão extrínseca de um pensamento já feito, mas a sua encarnação, que como tal impõe ao pensamento mesmo uma estrutura, um condicionamento e uma finitude que lhe tolhem aquela liberdade total que geralmente é atribuída à razão pelo racionalismo, assim como, aliás, pelo espiritualismo e pelo idealismo. É central a esse propósito a ideia de "expressão", que para Merleau-Ponty constitui o nexo entre corporeidade e linguagem. A expressão é a característica geral da subjetividade corpórea, que atua nos gestos, na própria capacidade do corpo de "significar" (por exemplo, com os sintomas) e de atuar um simbolismo encarnado, e daí, depois, na linguagem como gesto peculiar.

Essas posições são delineadas de maneira a um tempo sistemática mas também necessitando de ulteriores investigações. Com efeito, o problema da linguagem se mostra mais amplo do que tudo quanto Merleau-Ponty chega a conseguir aqui, e a prova está na prolongada e complexa reflexão dedicada a esse problema nas obras seguintes. Com efeito, trata-se do aspecto mais sensível do pensamento de Merleau-Ponty, na medida em que a linguagem é certamente, por um lado, um aspecto da subjetividade encarnada mas, por outro lado, constitui também o que "abre" tal subjetividade a um mundo não mais determinado de maneira essencial pela estrutura do campo perceptivo. A linguagem leva ao interior desse campo uma estrutura de ausência e de latência que, sem poder ser de novo compreendida nos termos tradicionais de um pensamento desencarnado, possui, no entanto, características peculiares, que um pensamento da corporeidade deve investigar nas suas especificidades, sem operar por sua vez uma mutilação reducionista de tal campo de fenômenos.

A linguagem, além disso, tem a ver com a temática da relação entre o eu e o outro, porque é através do seu falar que o outro se manifesta como outro, ainda que ao mesmo tempo essa sua alteridade seja atenuada por uma comunidade linguística entre os sujeitos. A conexão entre linguagem e alteridade, contudo, não se deixa exaurir pelas anotações contidas em *Fenomenologia da percepção* e requer ulteriores aprofundamentos. Essa complexa temática leva Merleau-Ponty a generalizar a noção de subjetividade encarnada e de nexo estrutural corpo-mundo naquela mais radical de "carne", que é o elemento primordial do qual emergem uma carne do sujeito e uma carne do mundo. Tais análises são desenvolvidas nas lições dadas no Collège de France e expostas na obra póstuma *O visível e o invisível* (1964), além de estar presentes em alguns ensaios do volume *Sinais* (1960).

O conceito de carne permite também integrar os fenômenos do desejo e da sexualidade no interior da experiência corpórea de um modo mais aprofundado relativamente aos resultados conseguidos nas primeiras obras, em que a perspectiva psicanalítica era usada em sentido positivo contra a tradicional expulsão da afetividade das análises filosóficas da subjetividade, mas também de algum modo neutralizada nas suas características mais subversivas ligadas à sexualidade.

O estado de incompletude da reflexão de Merleau-Ponty, devido à sua morte prematura e inesperada, não permite, no entanto, determinar de modo definitivo os confins e a relevância do seu pensamento, que, contudo, permanece como fonte de inspiração para qualquer pesquisa fenomenológica sobre a subjetividade no seu estatuto corpóreo em sentido geral.

7. Filosofia analítica, ciências cognitivas, neurofilosofia

1. A filosofia analítica clássica

Gottlob Frege realiza uma operação destinada a transformar profundamente o estilo de reflexão de toda uma tradição filosófica. É a ele, de fato, que se reconhece o posto de fundador da tradição filosófica analítica[1]. Ele abre caminho para aquele tipo de abordagem aos problemas filosóficos que consiste essencialmente na análise da linguagem, voltada

1. Sobre as questões tratadas em todo o capítulo, ver: S. Nannini, *L'anima e il corpo*, Roma/Bari, Laterza, 2002 (um texto ao qual este capítulo muito deve); M. Di Francesco, *L'io e i suoi sé*. Identità personale e scienza della mente, Milano, Cortina, 1998; S. Moravia, *L'enigma della mente*, Roma/Bari, Laterza, 1986; A. Paternoster, *Introduzione alla filosofia della mente*, Roma/Bari, Laterza, 2003. Em particular sobre Frege, ver: M. Dummett, *Filosofia del linguaggio*. Saggio su Frege, Genova, Marietti, 1983; C. Penco, *Vie della scrittura*. Frege e la svolta linguistica, Milano, Angeli, 1994. Sobre Russell, ver: M. Di Francesco, *Introduzione a Russell*, Roma/Bari, Laterza, 1990; R. J. Clack, *Bertrand Russell's Philosophy of Language*, Den Haag, M. Nijhoff, 1969. Sobre Wittgenstein, ver: C. Diamond, *The Realistic Spirit*. Wittgenstein, Philosophy, and the Mind, Cambridge (Mass.), MIT Press, 1991; L. Perissinotto, *Wittgenstein*. Una guida, Milano, Feltrinelli, 2008; E. Carli, *Mente e azione*, Padova, Il Poligrafo, 2003; G. Piana, *Interpretazione del "Tractatus" di Wittgenstein*, Milano, Guerini, 1994; D. Stern, *Wittgenstein on Mind and Language*, Oxford, Oxford University Press, 1995.

para libertar o homem dos problemas que se põem tradicionalmente em filosofia por meio de uma avaliação crítica das suas formas linguísticas.

Com efeito, a solução proposta por autores como Frege e Russell não é a única presente na tradição filosófica analítica. A ela depois se seguirá outra menos restritiva. Frege, Russell e toda uma série de autores que atuam principalmente na primeira fase desse movimento de pensamento de fato julgam que os problemas postos pela formulação linguística das questões filosóficas devam ser resolvidos por meio de sua reformulação dentro de uma linguagem rigorosa, de um cálculo lógico que exclua o erro.

Ao lado desse tipo de abordagem se coloca em seguida outro, mais atento às modalidades com que opera a linguagem ordinária e, portanto, também mais aberto a esse mesmo tipo de linguagem, da qual se examinam os contextos e as modalidades operativas, não com o fim de corrigi-los, mas de extrair deles principalmente indicações e deles extrapolar regularidades não assimiláveis a leis de tipo científico.

Um autor como Wittgenstein pode ser incluído em ambos os grupos, na medida em que suas primeiras obras (em particular o *Tractatus logico-philosophicus,* extremamente influente) podem ser consideradas exemplos da primeira abordagem e em que os seus escritos seguintes, publicações póstumas, fazem parte principalmente da segunda. No entanto, a posição de Wittgenstein pode também ser considerada isoladamente, pela presença de motivos comuns a ambos os grupos de obras.

O trabalho de Frege é importante também em relação ao fato de que tal autor, de formação matemática, desenvolveu um cálculo lógico com finalidade, em princípio, de construir enunciados desprovidos de ambiguidade e, portanto, isentos daqueles mal-entendidos que, ao seu ver, estão na origem dos problemas e das pseudossoluções filosóficas. A sua posição consiste, portanto, no distinguir os diversos possíveis "sentidos" de um termo e o seu único significado, univocamente determinado. O planeta Vênus é um só, mas os antigos o chamavam de "estrela da manhã" ou "estrela vespertina", de acordo com o momento em que era observado. Segundo Frege é lícito "conotar" um objeto, ou seja, referir-se linguisticamente a ele, em muitos modos diversos (Napoleão é tanto o "vencedor de Jena" como o "derrotado de Waterloo"), mas o objeto mesmo é "denotado" por uma só determinação. Portanto, trata-se de construir uma linguagem puramente denotativa capaz de remover as ambiguidades da linguagem comum de modo a construir um cálculo lógico capaz de produzir enunciados certamente verdadeiros.

Bertrand Russell retoma (e corrige) a posição de Frege. Ele é também o autor, junto com Alfred N. Whitehead, dos *Princípios de matemática* (1910-1913), obra dedicada a superar a grave crise na pesquisa sobre os fundamentos da matemática, aberta com a descoberta do paradoxo lógico do conceito de classe. Essa descoberta levou Russell e Whitehead a introduzir uma complexa teoria dos tipos com a finalidade de evitar operar em matemática com classes autoinclusivas, isto é, logicamente não tratáveis na medida em que é impossível decidir se uma classe de tal tipo existe ou não.

Russell introduz a metodologia lógica e linguística também no campo da pesquisa sobre os fenômenos mentais. Em 1921 ele escreve uma obra intitulada *A análise da mente,* que se seguiu a outros trabalhos dedicados à análise de conceitos fundamentais da filosofia e da ciência, como a realidade externa (*O conhecimento do mundo exterior,* 1914). Nessa obra Russell põe em confronto a abordagem sempre mais materialista assumida pela psicologia com a sempre mais operacional e sempre menos materialista assumida pela física, sobretudo depois da publicação das concepções relativistas. Essa aparente e, segundo Russell, paradoxal distância pode ser superada com o abandono da distinção entre físico e mental e (fazendo própria uma indicação de William James) tratando-os antes como exemplos diversos de um gênero único e neutro, os "particulares", de onde derivam por diferenciada construção experiencial tanto o que é comumente chamado mental como o chamado físico.

A intenção de Russell é construir um monismo empirista neutro, capaz de evitar tanto o desvio idealista como o realista. O acento é colocado na experiência como origem e campo em que são operadas as sensações, as percepções e as recordações com que os objetos (tanto físicos como psíquicos) são construídos. Nesse campo de experiência, de fato, não há somente mesas e cadeiras, mas também pessoas. Desse ponto de vista, para Russell é possível então evitar o dualismo entre mentes e corpos (mental e físico), enquanto modos diferentes de configurar o mesmo material empírico originariamente neutro e, portanto, não configurado ontologicamente de um modo determinado.

Além do mais, Russell admite também que é duvidoso poder decidir se as mentes interagem com — e influenciam os — corpos, já que, enquanto o reino físico parece um espaço fechado às interferências externas, o reino mental parece ao contrário aberto à influência do físico. Russell oscila, portanto, entre uma propensão ao monismo ontológico (de base materialista) como hipótese "mais provável" acerca da realidade e a um dualismo metodológico voltado para preservar a especificidade do reino mental diante do físico.

Enquanto Russell procura manter-se dentro do nicho da perspectiva neutra indicada por James, o debate no campo anglo-saxão se articula entre os expoentes mais inclinados a novas formas de dualismo entre mente e corpo (como Charlie D. Broad, que considera o mental como emergindo do físico, mas não a ele redutível) e a perspectiva comportamental, que também Russell já tinha julgado positivamente e que se difunde entre os expoentes do chamado Círculo de Viena.

Estes, influenciados pela obras de Russell e Frege, mas também de Wittgenstein, publicam em 1929 um manifesto intitulado uma "concepção científica do mundo", em que proclamam a necessidade de adotar um princípio de verificação para operar universalmente a fim de poder considerar o mundo e a realidade em geral segundo parâmetros autenticamente científicos. A possibilidade — indicada pela escola psicológica comportamentalista — de reduzir os estados psíquicos a comportamentos observáveis é conforme, segundo esses autores, a tal princípio de verificação, na medida em que permite evitar qualquer referência a inverificáveis experiências "interiores".

A primeira fase de vida desse movimento teórico complexo, animado por intelectuais como Rudolf Carnap, Hans Hahn, Otto Neurath, Herbert Feigl e Carl Gustav Hempel, baseia-se na tentativa de reduzir toda questão relativa à realidade a uma abordagem "fisicalista", ou seja, baseada em método próprio da ciência física, por sua vez interpretado em chave materialista. Concebida no âmbito de uma perspectiva voltada para unificar as ciências numa enciclopédia unitária do saber, a psicologia tal como é proposta por esse grupo de pensadores deve ter o aspecto de um comportamento lógico. Isto quer dizer: distingue-se do comportamentalismo psicológico de autores como Watson pelo fato de não cancelar realmente as referências ao plano mental, mas tenta principalmente reconduzir o mental ao físico. Em outras palavras, falar em termos de entes mentais é, nessa perspectiva, um modo complicado e linguisticamente não rigoroso de fazer referência a eventos que podem, ao contrário, ser configurados rigorosamente em termos fisicalistas, referindo-se somente a comportamentos observáveis. Isso ao menos é o princípio-guia que se inspira na ideia de unidade da ciência delineado pelo grupo.

Referir os estados mentais aos físicos não implica uma conexão direta mente–cérebro, isto é, uma redução do mental ao cerebral. O mental igualmente não tem um estatuto autônomo, porque o ideal reducionista desses autores implica que para toda determinação "psicológica" (o julgar, o expressar emoções, e assim por diante) se deva encontrar uma tradução em termos de objetos ou estados físicos e leis matemáticas. Isso significa que deve ser possível, em princípio, reconduzir todo evento "psicológico" observado a algum ente encontrado exclusivamente no plano da percepção externa ou da generalização empírica. Essa posição implica, no entanto, que não seja realmente distinguível o estado cerebral do comportamento que dele é o efeito. A redução dos entes psíquicos a eventos físicos *ou* a comportamentos não é efetivamente a mesma coisa, a menos que não se possa demonstrar sua equivalência. Mas do ponto de vista de uma ciência psicológica, mesmo sendo de caráter reducionista, é necessário acima de tudo esclarecer essa relação, se existe uma.

A identificação substancial de estados cerebrais e comportamentais observáveis deve-se aos trabalhos de Rudolf Carnap, ainda iniciais, os quais de fato suscitarão tomadas de posição, críticas voltadas para evitar (como no caso de Ryle) qualquer referência a um plano fisiológico cerebral, para concentrar-se ao contrário no plano comportamental. Por outro lado, em contraposição a Ryle, mas em relação a uma distinção mais bem construída entre estados cerebrais e comportamentos, Carnap nos anos 1950 voltou a insistir no "primado" do cerebral sobre o comportamental. O primeiro representa o âmbito da causalidade em relação ao qual o segundo não é senão o efeito. Nesse ínterim, porém, tinha sido adquirida principalmente a consciência da necessidade de distinguir os dois planos.

É de abordagem substancialmente diferente a "filosofia da mente" que surge das obras de Ludwig Wittgenstein. Ainda que o seu *Tractatus logico-*

philosophicus (1921) tenha exercido notável influência sobre o Círculo de Viena, realmente Wittgenstein não teve com aquele grupo relações sempre fáceis, também por motivo da diferente perspectiva filosófica de fundo que movia as duas partes. A obra de Wittgenstein é geralmente dividida em dois períodos, ainda que na realidade haja muitos elementos de continuidade: a primeira fase, representada precisamente pelo *Tractatus*, se fundamenta na ideia de um primado da linguagem lógica sobre a comum: na segunda fase, ao contrário, Wittgenstein dedica sempre maior atenção à linguagem comum, aos seus modos peculiares de funcionamento (os chamados "jogos linguísticos", noção que está na base da filosofia analítica da linguagem ordinária), às suas idiossincrasias, e, portanto, se afasta de uma perspectiva reducionista em favor de uma abordagem pluralista aberta.

Wittgenstein sempre teve realmente uma postura de grande interesse pelo problema da mente e da subjetividade, desde quando, já no *Tractatus*, define o sujeito como "limite" do mundo e, portanto, como algo não interior ao mundo (como um objeto do próprio mundo), mas também não totalmente exterior ou estranho a ele. Tal noção de sujeito como "limite" tem ascendências kantianas, mas elaboradas num sentido totalmente original. Nas obras pertencentes à segunda fase do seu pensamento se encontram frequentes reflexões dedicadas à filosofia da psicologia, à psicanálise, à antropologia. O traço que talvez é comum a todas essas reflexões está na crítica e na rejeição da ideia de uma linguagem privada e, portanto, de uma posse particular, de parte do sujeito, de uma verdade própria, interior, inacessível desde o exterior.

A perspectiva de Wittgenstein, desse ponto de vista, não difere radicalmente daquela mantida no *Tratactus*. Os estados "mentais" são remetidos a abordagens linguísticas, que seguem regras (mesmo que sejam não formalizáveis rigorosamente, mas ao contrário obedientes às diversas "formas de vida" de que provêm). Um estado interior é na realidade sempre uma descrição linguística que por isso segue uma "gramática" própria (termo técnico do vocabulário filosófico de Wittgenstein), isto é, um conjunto não explícito de possibilidades e impossibilidades. Fundamentalmente, para Wittgenstein todo assim chamado estado interior deve ser reconduzido efetivamente à sua expressão linguística. A negação da ideia de uma linguagem privada representa uma crítica àqueles que acreditam que a linguagem expressaria um pensamento independente e precedente à própria linguagem. Ao contrário, é por meio da linguagem que se "têm" estados interiores, e, então, não se pode nem se deve pensar na existência de um "eu" que seria a origem dos próprios estados. Desse ponto de vista, e mesmo sendo mediante uma análise conduzida de uma perspectiva diversa, não se pode não constatar, contudo, que existe uma continuidade profunda no pensamento wittgensteiniano do *Tractatus* às *Investigações filosóficas* (publicadas postumamente em 1953) e outras.

A questão fundamental (que Wittgenstein em parte herdou das discussões sobre psicologismo, na passagem entre os séculos XVII e XVIII) consiste na compreensão da relação entre lógica e psicologia. Wittgenstein contesta decisivamente que a compreensão do significado consista na determinação de quais processos psíquicos intervenham em cada caso determinado. Desse ponto de vista Wittgenstein concorda tanto com Frege como com Husserl no distinguir claramente o significado lógico de uma proposição dos eventos psíquicos que acompanham sua apreensão empírica.

Aqui, no entanto, coloca-se o problema ulterior de distinguir duas acepções da noção de evento psíquico: por um lado pode-se entendê-lo como mental, por outro como cerebral. Wittgenstein remete substancialmente a compreensão à lógica, na primeira fase, ou à gramática (e à "pragmática", no sentido em que compreender é fazer) na segunda. Com isso permanece em aberto o problema de saber se desse modo não se deixou descoberto o plano do "sujeito" (em sentido lato) da compreensão. Tal plano pode ser de fato entendido seja de uma perspectiva "mentalista", seja de uma "materialista", conforme se tenda a entender a compreensão e o sujeito que compreende como idêntico a — ou diferente de — um cérebro. Essa dupla possibilidade representa a bifurcação que se abre diante da reflexão filosófica sobre o problema da mente em âmbito analítico.

No que concerne a Wittgenstein, pode-se dizer que ele rejeita o reducionismo materialista sem que com isso venha aderir ao dualismo cartesiano de alma e corpo. Ele prefere reenviar o problema todo a uma questão de regras linguísticas, de compreensão da linguagem, que, no entanto, deixa em aberto o problema da *motivação* a ser expressa em termos mentais ou materialistas, quer dizer, para usar uma expressão do próprio Wittgenstein, seguir uma gramática de preferência a outra. Essa posição deve de fato dar conta ainda dos estados internos não cognitivos, como as dores, as alegrias, e assim por diante. Wittgenstein tende a deslocar também nesse caso a atenção para regras linguistas que governam a expressão desses estados. A sua análise prescinde, no entanto, do ponto de vista "em primeira pessoa", que parece menos conciliável com a estratégia de nova descrição dos estados dentro de enunciados linguísticos e suas respectivas gramáticas. Se é verdade que uma dor é compreensível pelos outros só na medida em que sai do domínio do inefável para se tornar comunicável por meio de uma linguagem (aqui o termo tem valências muito amplas, de modo algum redutível a concepções logicistas do significado e da verdade das proposições), caso contrário se deveria dar um nome a cada dor em particular (com o resultado de não permitir mais comunicação alguma), no entanto é também verdade que dessa forma o "particular" acaba sendo reconduzido ao universal e, assim, acaba perdido como particular. A "minha" dor existe, ao contrário, de maneira persistente e impermeável à sua dissolução linguística.

Definitivamente, para Wittgenstein o problema não consiste tanto em aderir a uma perspectiva particular (materialista ou mentalista, por exemplo) quanto em conduzir uma investigação preventiva sobre aqueles pressupostos linguísticos, adotados de maneira ingênua e acrítica, que condicionam as mesmas escolhas teóricas que se queriam desprovidas de pressupostos. Essa investigação sobre os pressupostos "gramaticais" das concepções filosóficas e científicas representa um elemento que desenvolve de modo coerente e original questões já delineadas no *Tractatus*. De fato, trata-se de procurar principalmente os pressupostos teóricos, as condições a partir das quais projetar uma pesquisa e extrair-lhe os êxitos. Como tal, essa abordagem de Wittgenstein encontra ecos no processo husserliano de redução. Contudo, permanece incompleta, definitivamente, a análise sobre a "gramática do eu", ou seja, a questão da descrição em primeira pessoa, que até poderia voltar na perspectiva metacrítica (ainda que Wittgenstein tenha notoriamente expressado uma posição negativa diante das noções de metalinguagem).

Uma forte consonância com as teses do segundo Wittgenstein se encontra na obra do filósofo inglês Gilbert Ryle[2], que publicou *O conceito*

---

2. Sobre Ryle, além dos volumes indicados na nota anterior, ver: S. NANNINI, *Cause e ragioni*, Roma, Editori Riuniti, 1992.

de mente em 1949, quatro anos antes da publicação (póstuma) das *Investigações filosóficas*, mas que já conhecia havia muito as teses de Wittgenstein, motivo por que se pode levantar a hipótese de uma recíproca influência. Na filosofia analítica da linguagem ordinária, típica das universidades inglesas de Oxford e Cambridge (Oxbridge, como se costuma dizer brincando), afirma-se sem rodeios, com essa obra, a problemática relativa à filosofia da mente.

Ryle compartilha a tese geral de Wittgenstein segundo a qual a linguagem não expressa o que está na interioridade das pessoas, mas o que se pode efetivamente encontrar ao olhar os comportamentos observáveis das pessoas. Desse ponto de vista há um primado da intersubjetividade sobre a interioridade. Fala-se de si só na medida em que se aprendeu de outros a compreender o que são os pensamentos, emoções e estados de ânimo. Para Ryle, a crítica da introspecção e, portanto, da separação entre interioridade e exterioridade também deve ser conduzida sem cair no extremo oposto de um comportamentalismo materialista e mecanicista. Com efeito, o erro teórico dos comportamentalistas consiste, segundo Ryle, em não chegar a ver no corpo (única base observável) nada mais que uma máquina, o que inevitavelmente torna cabível (como ocorre com alguns expoentes dessa escola) dever depois reintroduzir a mente em termos de "segunda natureza".

É, portanto, o corpo que é reconsiderado, isto é, compreendido segundo uma concepção adequada à sua especificidade. O corpo vivente pode ser a base para a compreensão de um comportamento inteligente na medida em que é uma corporeidade distinta daquela da matéria inerte. Ryle reencontra desse modo (mas de forma totalmente autônoma) aquela conexão entre comportamento e corpo vivido já por Merleau-Ponty instituída antes da Segunda Guerra Mundial. Isso não impediu que Ryle fosse criticado por muitos por ter afinal concedido demais ao comportamento lógico ou filosófico, distinguindo-o assim do comportamento psicológico da escola de Watson. Essa crítica se apresenta com dúbia legitimidade, se consideramos a estreita ligação entre as análises de Ryle e as de Wittgenstein; mas pode ao menos ter um apoio na recusa comum da análise em primeira pessoa.

Também Ryle, como Wittgenstein, pretende principalmente fazer uma crítica "terapêutica" diante de determinados mitos filosóficos (como o da mente interna), gerados por certa concepção da filosofia em relação à linguagem, mais do que propor uma versão própria, que inevitavelmente reproduziria em primeiro lugar precisamente essa perspectiva "mitológica" e, assim, ingênua diante da problemática referente à subjetividade. É nessa perspectiva que Ryle critica toda abordagem dualista, resumida na figura simbólica de Descartes e caracterizada como doutrina do "espectro na máquina" (*ghost in the machine*). Descartes, na reconstrução de Ryle, é uma figura exemplar de certa concepção filosófica geral, mais do que um autor estudado nos detalhes da sua doutrina. Descartes é identificado com a tese segundo a qual todo ser humano tem principalmente uma relação privilegiada e certa com a própria interioridade e o próprio si, relação que, no entanto, fecha ao mesmo tempo a possibilidade de ter efetivos contatos com os outros.

O resultado inevitável dessa impostação é, portanto, na opinião de Ryle, o solipsismo, isto é, a impossibilidade de ter contatos com o exterior e conhecimento das outras pessoas. Isso, porém, deriva não de uma real e efetiva experiência, mas de uma doutrina metafísica, pela qual, segundo Descartes, todos os corpos são máquinas, também o humano, que, no entanto, é habitado por uma mente livre e independente, mas também totalmente estranha à matéria com a qual igualmente não tem relações. Segundo Ryle, a origem do problema na concepção de Descartes consiste num erro categorial, pelo qual se atribuem causas invisíveis (os eventos mentais) aos comportamentos manifestos do corpo, isto é, procura-se numa região ontologicamente distinta o que, ao contrário, deve ser encontrado no nível da entidade investigada (nesse caso o corpo como capacidade de agir e de se exprimir). A psicologia é, portanto, condicionada por um uso incorreto de categorias de origem filosófica que não se encontram na experiência publicamente verificável. É, então, necessário *corrigir* tal pressuposto teórico antes de poder efetivamente pensar numa investigação adequada daquilo que se julga constituir a especificidade do ser humano. Implícita nessa posição de Ryle está a forte crítica à "metafísica" e à sua tendência a procurar o que estaria escondido e não se mostraria na experiência ordinária. Daí o grande sucesso no âmbito anglo-saxão da obra de Ryle por todo o arco dos anos 1950.

A posição de Ryle, juntamente com a dos que se inspiraram no Wittgenstein das então recentemente publicadas *Investigações filosóficas*, de fato foi muito influente no expulsar da análise da linguagem e da mente qualquer referência a um nexo causal entre comportamentos verificáveis e substrato invisível, fosse ele de natureza mental mas também, ao contrário, física (cerebral ou de algum modo biológica). Com efeito, essa posição permanecia dificilmente criticável, na medida em que a própria investigação epistemológica de origem neopositivista sobre as ciências naturais repetia a ideia de que também o reino físico não era mais interpretável em termos causais, mas pela noção de interação ou até mesmo abandonando também naquele âmbito a própria noção de causalidade. Se também na física se era obrigado a renunciar a tal perspectiva, com maior razão poderia parecer plausível evitar o seu recurso no campo — no mínimo mais ambíguo — dos comportamentos humanos. Essa situação estava, todavia, destinada a mudar com o desenvolvimento, por um lado, das novas ciências da vida e, por outro, com a crise do empirismo lógico e o advento do cognitivismo.

2. Cognitivismo, funcionalismo, reducionismo, antirreducionismo

A crise do empirismo lógico é o resultado de um processo de aprofundamento interno a tal movimento filosófico. Uma das passagens cruciais desse processo é constituída pela reflexão de Willard van Orman Quine[3], que problematiza a abordagem empirista relativa à clara distinção entre ciência (avaliada positivamente) e metafísica (desvalorizada na medida em que considerada desprovida de sentido). Com efeito, segundo Quine não é possível isolar a ciência sem ter em conta o horizonte de sentido em que ela opera. E tal horizonte é filosoficamente orientado sem constituir por isso um *nonsense*. Em outras palavras, para Quine não existe uma ciência "pura", se com isso se entende algo de completamente separado da própria moldura teórico-especulativa, e nesse sentido filosófica. Toda perspectiva científica na realidade já é também certa abordagem, certa tomada de posição diante da existência dos próprios objetos, portanto certa ontologia. Disso, porém, não se segue que a ontologia seja determinável univocamente,

3. A propósito de Quine ver P. Parrini, *Conoscenza e realtà*. Saggio di filosofia positiva, Roma/Bari, Laterza, 1995.

como teria querido fazer a velha metafísica. Para Quine se trata antes de aceitar a *relatividade* de toda perspectiva ontológica concernente à investigação científica. Ao contrário, exatamente a particular perspectiva ontológica que de tempos em tempos é adotada por certa abordagem de pesquisa determina também que tipo de objetos científicos serão investigados e nesse sentido "constituídos".

Por outro lado, a própria ontologia implícita de cada determinada perspectiva científica não constitui um corpo doutrinário imutável, mas por sua vez é discutida e desenvolvida à luz dos resultados empíricos obtidos. Quine critica nesse sentido a ideia de que a moldura ontológica (até eliminável) do empreendimento científico deva ser dada *a priori*. Ela também é, pelo contrário, historicamente determinada, no sentido em que depende do contexto teórico em que desempenha o próprio papel. Essa abordagem de Quine relativa à ontologia implícita em toda concepção científica informa, portanto, sobre sua perspectiva epistemológica, que ele caracteriza como "naturalista". Com esse termo aqui não se entende uma concepção ingenuamente fundada numa noção naturalista do processo de conhecimento, mas, pelo contrário, uma abordagem que consiga dar o justo espaço à conexão entre investigação empírica e contexto teórico, e nesse sentido evite eventualmente todo excesso de teoria (também a do empirismo lógico, que procura um critério de verdade ainda totalmente filosófico para a ciência, e no entanto também desconhecedor de tal carga filosófica implícita).

Desse ponto de vista foi observado que há elementos de proximidade entre a posição mantida por Quine e a desenvolvida por teóricos da ciência como Thomas Kuhn e Paul Feyerabend. Também nas obras desses autores está presente uma forte crítica à ingenuidade teórica que pretende construir um saber científico capaz de determinar os fatos "assim como são", sem ter na devida conta a moldura teórica que constrói a própria noção de fato com que depois a ciência operará. Esse encontro renovado entre filosofia e ciência, disciplinas separadas programaticamente do empirismo lógico, ainda que, na realidade, em nome de uma concepção da verdade que era ela mesma profundamente filosófica, levou a uma renovação da filosofia da mente de origem anglo-saxã, renovação que atingiu a própria filosofia analítica, levando-a a superar o próprio âmbito inicial de investigação, limitado à reflexão sobre a ciência e sobre a linguagem ordinária. Velhos problemas filosóficos, como a relação entre mente e corpo, receberam uma atenção renovada e esse processo levou por sua vez a uma reflexão sobre métodos filosóficos, assim como sobre a epistemologia das ciências.

Pode-se sustentar que esse movimento de transformação tenha sido influenciado seja pela reaproximação entre ciência e filosofia operada por Quine (e essa é a vertente mais propriamente filosófica), seja pelos desenvolvimentos de um verdadeiro "paradigma" novo de pesquisa, representado pela emergência das ciências cognitivas, programaticamente empenhadas em superar as barreiras tradicionais entre ciências diferentes para atingir uma aproximação multidisciplinar centrada no problema da cognição humana. Desse ponto de vista (que é o propriamente científico), pudemos assistir a um fenômeno notável de convergência entre interesses diversos, pelo qual linguistas, lógicos, estudiosos de informática e de inteligência artificial, mas também psicólogos experimentais, neurobiólogos, cientistas sociais, antropólogos e até economistas (assim como filósofos) se empenharam num projeto considerado comum, ao qual foi dado o nome de "ciências cognitivas".

Essa nova perspectiva permitiu em primeiro lugar superar a abordagem comportamentalista, considerada até certo tempo a única que poderia dar garantias de cientificidade, enquanto capaz de basear-se em dados intersubjetivamente compartilháveis e não referidos a um incomunicável contato direto com a própria interioridade. Ao contrário, as ciências cognitivas se propõem investigar precisamente essa "interioridade", mas com meios intersubjetivos e, portanto, não condicionados pelos limites considerados próprios pela velha psicologia introspectiva. Essa nova aproximação sustenta que para poder compreender os comportamentos é necessário procurar dar-se conta do que os explica ou motiva. Trata-se, definitivamente, de voltar a olhar "dentro" da mente, munidos de uma profunda consciência acerca das dificuldades teóricas que essa tarefa apresenta.

Naturalmente esse programa de pesquisa não podia deixar de retroagir sobre as concepções filosóficas da mente, pondo em discussão as que, precisamente, negavam qualquer privilégio à introspecção, mas também as que, por outro lado, consideravam insuperável o ponto de vista "em primeira pessoa". Com efeito, as ciências cognitivas deram lugar a novas versões do debate filosófico, já discutido em muitas ocasiões, entre quem sustenta a necessidade de objetivar, em nome do conhecimento, o reino do subjetivo e quem, ao contrário, afirma que dessa forma perde-se precisamente o objeto da investigação, enquanto não pode ser identificado com a objetividade.

O modelo geral, que inicialmente se difunde no interior das ciências cognitivas, por um lado tem origem linguística (por meio das pesquisas de Noam Chomksky), por outro tem origem informática, e se pode resumir no paralelismo entre mente e computador. Tal analogia fundamenta-se em três bases essenciais: *a*) que pensar seja equivalente a processar informações; *b*) que a mente seja um processo organizado de modo independente do próprio suporte material (segundo o paralelo com a relação entre *software* e *hardware*) e com finalidade de funcionar, isto é, sua finalidade é executar funções, não "ser" algo ou alguém: *c*) que a modalidade com que os computadores (cujas características são conhecidas) executam tais funções represente um modelo adequado para compreender o funcionamento (desconhecido) da mente. Esse terceiro ponto é particularmente relevante, pois dá lugar à noção de mente como estratégia computacional (seguidamente submetida a críticas de muitos lados).

A analogia entre mente e computador desenvolvida pela pesquisa sobre a inteligência artificial, unida às pesquisas linguísticas em área "generativo-transformacional" (a concepção inicialmente proposta por Chomsky), que preveem a possibilidade de explicar as linguagens faladas ordinariamente à luz de estruturas subjacentes, escondidas, mas recuperáveis, dá origem à corrente funcionalista na filosofia da mente, e em geral à abordagem cognitivista em psicologia e nas ciências cognitivas. O acento colocado em processos cognitivos determina em particular um aumento do interesse pelas pesquisas dedicadas à percepção, à mobilidade cinética, à coordenação entre sentidos e movimento, além dos processos cognitivos superiores. Ao contrário, passa para segundo plano o interesse pelos estados emotivos e pelas pulsões, tipo das abordagens mais clássicas, incluída aí a psicanálise (que acaba por ser profundamente criticada pelos cognitivistas).

Esses processos parecem possuir características comuns, que induzem a procurar aquela função unificante (pensada e guiada pela metáfora geral do paralelismo mente–computador, como programa) que permita coordenar as informações de entrada e de saída de modo a produzir comportamentos coerentes. Essa função deve, além disso, ser capaz de retroagir sobre os próprios estados anteriores de modo a modificá-los e, portanto, de funcionar como uma memória. A mente pensada dessa forma é um processador de manipulações de símbolos segundo regras sintáticas. Isso pressupõe que ela seja capaz de operar simbolicamente, isto é, de "representar" os eventos. Aqui, porém, abre-se um problema complexo e que de fato originou respostas divergentes: como compreender esses símbolos "mentais"?. Devem ser entendidos como dados linguísticos ou, ao contrário, como estruturas de natureza diferente? O que quer dizer, definitivamente, falar de representações mentais numa perspectiva funcionalista como o cognitivismo, que, em princípio, deveria evitar utilizar a noção de mente como *explanans* e limitar-se a lhe procurar uma compreensão como *explanandum*?

Uma primeira resposta a essa problemática é construída pelo desenvolvimento de uma perspectiva materialista atualizada à luz das críticas de Wittgenstein e Ryle aos pseudoproblemas filosóficos. Os principais expoentes dessa abordagem são Herbert Feigl, Ullin Place e John J. C. Smart[4]. Feigl sustenta que não se trata tanto de justificar uma renovada posição materialista de cunho metafísico tradicional quanto de mostrar a inadequação do mentalismo. Desse ponto de vista Feigl propõe uma discussão dos estados mentais à luz da distinção de Frege entre sentido e denotação. Os estados mentais, então, podem ser compreendidos como diversos "sentidos" de processos cerebrais, que representam, ao contrário, os eventos efetivos, aos quais os estados mentais podem ser reconduzidos. O mental nesse sentido surge como modo de descrição do que *per se* não aparece, mas na realidade é a causa do que aparece: os estados neurológicos.

Corrigindo algumas posições de Ryle, Place considera que, mesmo que seja comumente correto aderir a uma perspectiva comportamentalista, isso por si só não exclui que seja possível reconduzir os eventos mentais aos processos cerebrais sem com isso recair no dualismo metafísico. Nesse sentido ele propõe aquela que se tornará famosa como teoria da identidade: mente e corpo são idênticos, ou seja, não são duas substâncias separadas.

---

4. Sobre Feigl, Place e Smart ver C. V. Borst (ed.), *The Mind-Brain Identity Theory*, New York, Macmillan, 1970.

Essa posição pode ser ilustrada por meio do exemplo do raio: ele aparece como um ente em si, mas depois se descobriu que na realidade é uma descarga elétrica e, portanto, pode ser compreendido adequadamente como tal sem que por isso venha a perder as próprias características "fenomênicas". Analogamente, a mente é o modo em que o corpo aparece enquanto pensa, age, e em geral mostra ter prerrogativas "mentais" que podem ser aceitas e investigadas sem que a sua natureza deva ser separada daquela do corpo. Com efeito, tal perspectiva retoma as análises conduzidas em seu tempo por Locke.

A teoria da identidade proposta por Place em ambiente inglês é retomada e difundida nos Estados Unidos por Smart, por meio de uma mistura com a posição de Feigl. Smart sublinha que a sua posição tende a afirmar a plausibilidade do materialismo mais que a sua "verdade" metafísica. Ele sustenta assim que é possível afirmar a identidade ontológica de fenômenos que, no entanto, se mostram "fenomenologicamente" diversos porque sujeitos a descrições linguísticas (sentidos, na acepção de Frege) distintas. Além disso, ele polemiza contra quem procura no paralelismo psicofísico, isto é, no dualismo, a possibilidade de não abarcar os fenômenos mentais no interior dos fenômenos naturais, deles fazendo assim uma exceção inexplicável em relação à uniformidade mostrada de outro modo pela natureza.

Ainda há outros autores que, a partir dos anos 1950, propugnam sempre mais abertamente uma posição materialista. Entre eles é de se recordar a contribuição de David Lewis, que retoma a teoria da identidade elaborando-a ulteriormente numa direção que depois entra na recepção do trabalho de David Armstrong. Este propõe por posição própria a etiqueta de teoria do estado central. Ele quer assim distinguir-se daquelas interpretações materialistas de origem comportamentalista que se apoiavam nos "estados periféricos", isto é, em comportamentos observáveis. Para Armstrong, ao contrário, é lícito admitir uma posição relativa à estrutura mental interna, que se pode remeter precisamente ao sistema nervoso central como origem causal dos estados psicológicos, segundo a interpretação dada por Lewis dos nexos causais entre plano cerebral e plano mental. Lewis e Armstrong admitem, pois, a existência de estados mentais como funções dos cerebrais. Com respeito ao funcionalismo que se segue, eles sublinham, no entanto, que tais estados mentais não são o modo para compreender a mente, mas só para conhecê-la melhor, favorecendo uma aproximação ao funcionamento do sistema cerebral, visto como verdadeira sede originária da mente.

Nesse ínterim começam a surgir algumas posições que, mesmo compartilhando com a posição materialista a crítica nítida ao dualismo, dela se distanciam quanto ao posicionamento que se deve ter referente à relação entre mente e cérebro. Entre os que, a títulos diversos, podem ser incluídos nesse novo grupo pode-se mencionar: Hilary Putnam, Willard Quine, Richard Rorty e Donald Davidson.

A posição de Putnam[5] é em seguida substancialmente mudada e ele renega o próprio funcionalismo inicial. Isso não impede que as suas teses tenham uma enorme influência. A crítica conduzida por Putnam é dirigida a qualquer forma de "comportamentalismo" que sustente — segundo uma argumentação dependente de Russell — que os estados mentais são construtos lógicos realizados a partir de comportamentos observáveis. Assim, uma dor seria efeito de determinados comportamentos, quando na realidade esses comportamentos são o efeito da dor.

Uma vez descartado o comportamentalismo, Putnam não pretende, no entanto (nessa primeira fase da sua reflexão), aderir nem ao dualismo nem ao materialismo, mas, principalmente, elaborar uma "terceira via", que ele concebe como funcionalista com base numa comparação analógica entre mente e computador. Se os computadores funcionam no sentido de operar segundo leis da informática que, no entanto, podem ser operacionais somente com os estados da máquina, então não deveríamos nos espantar pelo fato de que a mente opere segundo modalidades funcionais que, não sendo idênticas aos estados cerebrais, não são também independentes.

Um estado mental, portanto, não é nem idêntico nem redutível a um estado cerebral, mesmo sem ser substancialmente independente dele. Além disso, o fato de que todo estado mental depende de um estado cerebral não significa que este seja efeito da *causa* exercida pelo primeiro. Conhecer os estados cerebrais não leva por si só a saber o que ocorre em nível mental.

---

5. Sobre Putnam, além dos ensaios já indicados, ver C. Nizzo, *L'ambiente degli umani.* Hilary Putnam e il problema dell'intenzionalità, Napoli, La Città del Sole, 2001.

Putnam desenvolve ulteriormente esse argumento, mas complicando também a sua estrutura quando, em seguida, entende o funcionamento mental como um programa que pode ser implementado em diversas máquinas. Essa posição contém uma crítica mais acentuada ao materialismo, na medida em que evidencia o fato de que um determinado estado mental não depende para ser o que é nem mesmo de uma determinada configuração cerebral particular (isto é, não depende do sistema cerebral particular em que ele se realiza). Usando outro léxico, Putnam nesse sentido desencarna ulteriormente o funcionamento mental. Se, diz ele, o materialismo sustenta que não existem atributos não físicos, então o funcionalismo constitui a negação do materialismo. Esse argumento das "múltiplas realizações" de um estado mental tornou-se depois o argumento principal do funcionalismo em chave antimaterialista.

A posição antirreducionista assumida assim por Putnam o levará depois a criticar o próprio funcionalismo. Ele sublinha a importância de preservar uma compreensão do mental que, para além do problema ontológico a respeito de qual seja a substância de que seja um ser humano constituído, permita compreender que ela não pode prejudicar as prerrogativas essenciais, como a liberdade, que fazem dele, precisamente, um ser humano. Como diz ele, o cérebro poderia ser feito até mesmo de um *emmental* suíço, mas isso não teria influência alguma sobre como funciona a mente. Essa posição é decididamente antirreducionista se referida à impostação materialista, mas parece ao contrário reintroduzir uma perspectiva dualista e, portanto, um substancialismo mental. Na realidade Putnam sublinha como o próprio antirreducionismo é de natureza epistemológica, sem comprometê-lo no fronte ontológico. Não há necessidade de uma explicação física ou química do sistema cerebral para compreender o funcionamento mental, o qual, porém, se torna assim irredutível às ciências naturais (e não só à epistemologia própria dessas ciências). O funcionalismo, tal como derivado desses argumentos de Putnam, se liga, então, segundo o seu autor, às posições de Aristóteles, mas, com efeito, também (se não principalmente) às teses empiristas de Locke e às análises de Kant (e daí, em relação à ideia de plano mental como plano da ação, a certas teses idealistas).

A posição de Putnam suscitou reações de várias partes e estimulou ulterior reflexão, levando alguns autores a delinear uma nova perspectiva, denominada "eliminativismo", capaz de receber as críticas funcionalistas sem por isso ter de aceitar completamente seus pressupostos. Em particular, o argumento das "múltiplas realizações" é admitido, na medida em que mostra como não é possível instituir uma correspondência certa e não ambígua entre um estado mental e o estado cerebral que lhe seria exatamente correspondente. Todavia, a recepção desse argumento não leva os eliminativistas a aderir ao dualismo implícito entre mente (entendida como estrutura funcional) e corpo (entendido como substrato) próprio do funcionalismo. O que se critica é, antes, a própria adoção de um léxico mentalista. Operando com a linguagem ordinária torna-se impossível subtrair-se à ilusão de que existam verdadeiramente estados mentais. Trata-se, então, de corrigir a linguagem ordinária, indevidamente recebida da reflexão filosófica, e substituí-la por um vocabulário derivado das ciências neurofisiológicas.

Essa tese é exposta primeiramente por Quine no ensaio *Sobre entidades mentais* (1953). Ele argumenta nesse trabalho a favor da necessidade de não considerar óbvio o fato de ter um acesso direto a coisas como as "sensações". Alinhado com a própria posição geral, nesse caso também Quine contesta ao empirismo lógico de origens russellianas e de formulação carnapiana o primado do plano sensorial, dado por eles como evidente. As sensações não são dados autoevidentes, mas correspondem na realidade a uma duplicação dos entes externos dentro de uma moldura "subjetiva" julgada "de obstáculo à ciência".

Desse ponto de vista Quine parece repetir simplesmente a crítica da parte comportamentalista. Todavia, ele acrescenta a essa crítica uma proposta positiva, visando a descobrir no sistema biológico a origem cientificamente verificável do que é normalmente considerado mental. Uma dor, por exemplo, é considerada um estado do organismo físico. Esse é o ato de nascimento do eliminativismo, isto é, que prescreve compreender os atos psíquicos como estados físicos, sem presumir a existência de entidades mentais, porque para compreender esse âmbito de fenômenos é necessário mas também suficiente reconstruir o funcionamento do cérebro.

Não se trata, pois, de negar a existência de algo como as sensações ou os estados conscientes. Trata-se, esclarece Quine, de não considerar tais fenômenos originários, mas a ser reconduzidos ao funcionamento do cérebro e do sistema fisiológico do corpo humano. O que é eliminado não são as experiências subjetivas, mas a ontologia dualista que reifica ou hipostasia tais experiências delas fazendo entidades autônomas. Com a posição de Quine vão encontrar-se afirmações análogas de Feigl e Feyerabend.

Essa posição, nota Sandro Nannini, ainda é inteiramente usada num plano de análise conceitual, porém receberá um apoio, decênios depois, das pesquisas neurobiológicas, capazes de esclarecer o funcionamento cerebral de modo bem mais amplo relativamente ao estado da pesquisa da época em que escreve Quine. Autores como Dennett e o casal Churchland podem assim apoiar-se hoje numa ciência neurológica muito mais evoluída em relação à disponível nos anos 1950 e 1960.

Uma posição análoga à de Quine se encontra em Rorty[6], particularmente na sua obra mais famosa, *A filosofia e o espelho da natureza* (1979), na qual, retomando a abordagem "terapêutica" de Wittgenstein, ele critica os teóricos da irredutibilidade da experiência em primeira pessoa (como Nagel ou Kripke), na medida em que põem um problema que não pode ser resolvido a não ser relevando que é um falso problema.

Rorty considera, contudo, que o desaparecimento de semelhante falso problema seja conduzido com métodos diferentes daqueles de Quine e Feyerabend, os quais, segundo seu parecer, se sustentavam em posições de um também "metafísico" materialismo reducionista. Com efeito, a possibilidade de compreender na sua verdadeira natureza a questão da relação mente–corpo reside na sua colocação histórica, na reconstrução das motivações teóricas e dos contextos filosóficos que levaram Descartes a delinear a necessidade de tal dualismo, mas que não são válidos aprioristicamente. Rorty se aproxima aqui explicitamente da perspectiva desconstrutivista de Derrida para relativizar como culturalmente determinadas e condicionadas as posições de quem assume ingenuamente a questão como absolutamente válida. Do ponto de vista de Rorty, em outras palavras, o vocabulário centrado nas neurociências, adotado pela filosofia, não é menos condicionado historicamente, e por isso não é mais verdadeiro, do que o fundado

6. Sobre Rorty, além dos textos já indicados, ver F. Restaino, *Filosofia e postfilosofia in America*. Rorty, Bernstein, MacIntyre, Milano, Angeli, 1990.

nos estados mentais e no eu. Fundindo a hermenêutica e a pesquisa de Kuhn sobre a estrutura das revoluções científicas e a mudança de paradigmas, Rorty chega definitivamente a pôr em questão como "filosófica" toda a problemática relativa à "verdade" do que se teoriza em relação à experiência humana.

Uma estratégia análoga à de Quine no seu querer responder às críticas funcionalistas, mas que toma uma direção oposta no que concerne ao posicionamento a ser mantido diante da linguagem ordinária e ao vocabulário da "psicologia do senso comum", é desenvolvida por Donald Davidson[7]. Ele caracteriza a própria proposta como "monismo anômalo". Trata-se de aceitar o fato de que o vocabulário da psicologia permanece insuperável para explicar o agir humano. Segundo Davidson, não é possível traduzir as explicações psicológicas em explicações fisicalistas, porque não existe lei alguma psicofísica que correlacione eventos mentais similares entre si com eventos físicos igualmente semelhantes entre eles. A explicação dos eventos mentais, em outros termos, não pode ocorrer com base (de fato inalcançáveis) em leis "estritas" análogas às físicas, mas, na melhor hipótese, com base em generalizações aproximativas do senso comum.

Isso, no entanto, não implica a impossibilidade de correlacionar os eventos mentais com os eventos cerebrais. A sequência mental que, por exemplo, leva a saudar um amigo quando o vejo é a mesma da sequência física que leva a mover o corpo segundo leis físicas e químicas. Do ponto de vista dos processos físicos e químicos, portanto, será possível adotar uma explicação "estrita", ao passo que do ponto de vista dos processos mentais se dispõe de uma explicação psicológica pela qual tais eventos podem ser compreendidos, interpretados e previstos (dentro de certa medida) com base em princípios *normativos* não aplicáveis quando a descrição, ao contrário, seja operada em termos físicos.

Essa é a "anomalia" que segundo Davidson caracteriza a compreensão do mental: ausência de leis científicas, compensada pela presença de outros critérios de inteligibilidade. Isso significa que não é possível encontrar uma

---

7. Sobre Davidson pode-se ver, no que concerne aos temas aqui tratados: A. Zhok, *Su verità e significato.* Elementi della teoria di Davidson e loro controanalisi fenomenologica, Milano, CUEM, 2003; S. Levi, *Soggetti sottintesi.* Razionalità e comprensione in Donald Davidson, Milano, Guerini, 2001.

lei de correspondência geral entre eventos físico-químicos e mentais. É ao mesmo tempo possível sustentar que toda vez que um evento mental ocorre há "algum" grupo de neurônios que se encontra excitado. Isso permite a Davidson considerar a própria posição monista e não dualista.

A propósito, no entanto, Nannini observa que, se é possível falar de monismo, contudo não é claro a qual versão do monismo pertence essa posição. Em outros termos, trata-se de uma forma de teoria da identidade, que tende a identificar os eventos mentais com os cerebrais, ou será antes um monismo neutro, de origem russelliana, em que os eventos não têm um caráter intrínseco originário, mas são compreendidos como físicos ou mentais de acordo com a descrição? É possível julgar que no início Davidson se alinhava substancialmente com a primeira interpretação, para mudar, depois, nos últimos escritos, para a segunda.

No campo do funcionalismo assinale-se a chegada da pesquisa conduzida por Jerry Fodor, autor de obras que se tornaram clássicas, voltadas para a difusão da sua teoria "computacional e representacional" da mente. Fodor, de modo análogo a Putnam, rejeita tanto o comportamentalismo "lógico" (ao modo de Wittgenstein e Ryle) como o reducionismo fisiológico, ou seja, substancialmente, a teoria da identidade. Ao primeiro tipo de posição ele replica dizendo que o erro consiste essencialmente em confundir o mentalismo com o dualismo, e em refutar indevidamente o primeiro pela correta refutação do segundo. Mas a alternativa não é a oferecida por aquele que — para preservar a possibilidade de descrever os estados mentais — julga dever reinterpretá-los como estados físicos. Retomando Davidson, Fodor pensa, ao contrário, que ainda que os estados mentais estejam conexos com os físicos a sua adequada descrição joga com termos que não remetem mais aos puramente neurológicos.

A posição de Fodor representa a afirmação da irredutibilidade das ciências "especiais" (como a psicologia) à física, mesmo no contexto de uma ontologia materialista. Do ponto de vista epistemológico não é possível adotar uma perspectiva unívoca, mas isso não implica o dualismo ontológico. A psicologia é irredutível à neurologia, ainda que não requeira uma metafísica da alma como substância. A psicologia deve então operar com base nos comportamentos observáveis, mas para procurar os "inobserváveis" que motivam os próprios comportamentos. Ao fundir os estudos sobre a inteligência artificial (usando o paralelismo funcional entre mente e computador como aí sustenta) com a linguística de Chomsky (que prevê uma estrutura profunda inobservável que, no entanto, motiva as línguas concretamente faladas), ele sustenta a tese geral segundo a qual a mente é a organização funcional do cérebro que, independentemente da estrutura dele, é capaz de explicar causalmente o comportamento de um organismo humano. A mente pode ser comparada a um *software* que faz funcionar a máquina cerebral (o *hardware*); um *software*, contudo, que acaba reconstruído a partir do modo em que a máquina opera.

As atividades mentais podem então ser compreendidas em termos de processos computacionais. Para Fodor, isso implica que a mente opere com representações, ou seja, símbolos autônomos que ela relaciona segundo regras. Nesse sentido ele chega a falar da própria teoria como de um realismo intencional, isto é, uma doutrina que considera existentes, inscritos em algum lugar na mente, os estados intencionais, isto é, símbolos dotados de valor semântico, combináveis segundo regras sintáticas tais que toda combinação encontra o próprio sentido a partir dos elementos combinados. O sistema neurológico funciona assim como "memória" em sentido informático, capaz de registrar e traduzir em linguagem neurológica os símbolos semânticos com que a mente opera.

Para Fodor, a "linguagem" do sistema cerebral é verdadeiramente uma linguagem em sentido próprio. Ela desempenha a função de traduzir os *inputs* sensoriais em respostas motoras. Todo processo cognitivo é visto como operação computacional organizada segundo essa estrutura. Semelhante a uma linguagem normal, a linguagem do pensamento, no entanto, é um "código inato". As representações mentais não podem ser entendidas, pois, como simples imagens, mas devem ter uma estrutura proposicional, isto é, linguística, sem a qual não poderiam desempenhar a função de meio para as atividades computacionais operadas pela mente. Fodor aqui retoma a noção clássica elaborada por Russell da atitude proposicional.

O modelo de Fodor recebeu muitas críticas, algumas delas particularmente relevantes e das quais se falará mais adiante. Fique registrada igualmente a importante função desempenhada pela sua proposta teórica, que, como observa Nannini, representou uma alternativa de grande sucesso "àqueles filósofos e psicólogos que, mesmo querendo afastar-se definitivamente do comportamentalismo sem recair no dualismo cartesiano, não se reconheciam também no materialismo reducionista"[8].

Críticas ao materialismo também provêm de filósofos da lógica e da linguagem como Saul Kripke, que elabora em *Identidade e necessidade* (1971) uma complexa discussão da teoria da identidade de Smart. Além do mais, Kripke não se ligou a uma forma de dualismo alternativo e oposto, mas quis substancialmente limitar-se a afirmar que os instrumentos analíticos que usamos vão contra a teoria da identidade. A objeção de Kripke se baseia num argumento *a priori* que pressupõe a sua lógica modal. Destinada a mostrar as inconsistências da teoria da identidade, essa objeção, no entanto, não é por sua vez totalmente isenta de problemas ligados aos seus pressupostos. A questão fundamental diz respeito em todo caso à problemática identificação de estados subjetivos e condições objetivas, que perde vista precisamente a especificidade dos estados subjetivos, o seu não ser um nada, mas ter para o problema da mente um valor que não pode ser negado, sob pena de perder-se da questão que se está examinando.

A mesma colocação se reencontra no famoso ensaio de Thomas Nagel *Como é ser um morcego?*, publicado em 1974. O ponto fundamental é constituído pela tese segundo a qual as descrições objetivas do mundo físico não podem em princípio dar conta dos estados subjetivos. Nagel desenvolve essa tese através do experimento mental de ter uma experiência de morcego. A conclusão segundo a qual não é possível efetivamente dar-se conta verdadeiramente do que seja uma experiência de morcego é usada por Nagel para mostrar que a descrição fisicalista dada pelos biólogos, em si perfeitamente válida, não basta, no entanto, para exaurir os aspectos relativos à *experiência*, que possui traços não redutíveis a uma descrição em terceira pessoa

Essa linha de argumentação, que adota experimentos mentais, é a mesma feita também num ensaio de Franck Jackson dedicado aos "*qualia* epifenomenais", como Jackson chama as propriedades fenomênicas (por exemplo da vista), que são distintas das propriedades físicas. A essas posições de Kripke, Nagel e Jackson foram feitas contracríticas, provenientes de ambientes materialistas, que lhes fazem objeção no conjunto, quanto ao fato de que a diferença entre condições objetivas e estados subjetivos

8. S. Nannini, *L'anima e il corpo*, 133.

não representa uma diferença entre objetos de conhecimentos (denotações), mas entre modos de descrever os mesmos objetos (conotações). Trocar um dado da experiência subjetiva como uma cor ou uma dor por um objeto real leva à construção de um reino em que o ser coincide com o aparecer e, portanto com entidades cujo acesso é "privilegiado" enquanto direto por definição. Mas esse reino privilegiado se configura a partir da confusão entre uma distinção epistemológica (o modo como se conhecem as entidades) e uma suposta distinção ontológica entre realidade objetiva e realidade subjetiva.

A objeção de natureza fenomenológica a essa crítica materialista, a essa altura, faria notar que é, na melhor das hipóteses, o materialismo a confundir a especificidade dos objetos fenomênicos com uma condição ontológica nivelada à dos objetos materiais. Supondo que a modalidade correta de conhecimento dos objetos seja a física, todo tipo de objetos (como os da experiência) que for afirmado como diferente deve, ao contrário, ser reenviado à única modalidade considerada correta. A ciência física aqui é entendida como a única verdadeira. Contudo, essa verdade da ciência física por sua vez não é questionada. No contexto da experiência ela deve ainda mostrar a própria superioridade em relação a outras possíveis concepções. Por exemplo, o mesmo tipo de argumentação adotado pelos materialistas poderia ser usado também pelos idealistas, que, no entanto, a esse ponto poderiam revirar o argumento, notando que são os objetos físicos a ser erroneamente trocados por verdadeiros ali onde se trata de uma simples diferença entre modos de descrever entes univocamente determinados dessa vez, no entanto, num enquadramento idealista ou espiritualista. O argumento da falácia cognitiva (ou seja, o trocar por determinações ontológicas diferentes as que na verdade são somente distintas mas coincidentes modalidades epistêmicas de referência a objetos), adotado pelos materialistas, por si só não serve para contestar totalmente o ponto apresentado por aqueles que reivindicam uma atenção adequada às experiências "em primeira pessoa", na medida em que tal argumento se baseia num pressuposto por sua vez não estudado e (como se vê pela possibilidade de uma análoga mas contraproposta posição idealista ou espiritualista) efetivamente não unívoco. Toda a questão relativa ao debate entre ciências da natureza e ciências do espírito fica esquecida pela posição materialista.

Uma abordagem diversa, mais problemática, pode, ao contrário, ser encontrada em autores até provenientes de ambientes filosóficos anglo-saxões, como Hubert Dreyfus, o qual desenvolve uma crítica à concepção da mente de matriz computacional, por força da sua convicção (apoiada por reflexões de origem fenomenológica, em particular de Husserl, Heidegger e Merleau-Ponty) de que uma mente não é mais do que algo desencarnado mas pressupondo um corpo. Essa linha de pensamento, classificável como antinaturalista (ainda que tal rótulo não faça justiça à complexidade e à especificidade da posição fenomenológica originária), por muito tempo foi minoritária no âmbito da filosofia analítica. Recentemente, todavia, encontrou novo impulso, graças também à sua capacidade de integrar reflexões provenientes das últimas pesquisas neurológicas (os chamados neurônios-espelho são disso um exemplo) com um projeto filosófico focalizado na centralidade das experiências em primeira pessoa, não redutíveis a ilusões subjetivistas nem também a problemas de linguagem.

3. Novos dualismos e naturalismos

A perspectiva computacionalista e o funcionalismo foram objeto de crescentes ataques nos últimos anos, provenientes de duas posições entre si contrapostas: o dualismo e o materialismo. O cognitivismo, como perspectiva geral que possa resumir computacionalismo e funcionalismo caracterizando-se como abordagem neutra do ponto de vista ontológico, parece assim dever chegar a um acordo com o retorno do problema da "natureza" ou realidade fundamental em relação à qual se põe o problema da mente.

O retorno do dualismo deve-se principalmente à obra do filósofo Karl Popper e do neurofisiólogo John Eccles[9], autores de *O eu e o seu cérebro*, influente obra a quatro mãos de 1977; a essa se seguiu depois o igualmente influente trabalho de David Chalmers[10] *A mente consciente* (1996), que

9. Sobre *O eu e o seu cérebro* de Popper e Eccles ver A. Antonietti, *Cervello, mente, cultura.* L'interazionismo J. C. Eccles e K. R. Popper, Milano, Angeli, 1986.

10. Sobre Chalmers indico S. Horst, *Beyond Reduction. Philosophy of Mind and Post-Reductionist Philosophy of Science*, Oxford, Oxford University Press, 2004.

retoma e reelabora a precedente. Esses textos sustentam uma forma forte de dualismo, de tipo ontológico, que pode ser oportunamente distinta de outros tipos de dualismo. Seguindo Sandro Nannini, pode-se distinguir também:

- o dualismo metodológico, que distingue o *modo* como são conhecidos os estados mentais e os fenômenos culturais em relação àquele próprio dos eventos naturais;
- o dualismo conceitual intencional, segundo o qual "pensamento e matéria são linguística e fenomenologicamente distintos, mas pode ser que para cada predicado psicológico haja um predicado físico tendo a mesma extensão";
- o dualismo conceitual extensional, pelo qual "nenhum predicado psicológico pode ter a mesma extensão de um predicado físico qualquer. As descrições e explicações psicológicas não são traduzíveis em termos físicos ou biológicos".
- Além do mais, o dualismo ou pluralismo ontológico pode ser subdividido no dualismo das propriedades e no dualismo das substâncias. A segunda posição coincide com o dualismo cartesiano clássico. O dualismo das propriedades, ao contrário, considera o pensamento e a matéria como características entre si irredutíveis, mas remetendo a um único ente ou uma mesma substância[11].

Ambas as formas de dualismo devem explicar a relação entre o que está separado, seja ele pensado em termos de propriedades ou de substâncias. Essa relação é compreendida segundo três modalidades possíveis: "interacionismo" (um evento de um âmbito pode causar o do outro); "paralelismo" (não há causalidade alguma entre físico e mental, pelo que a sua correlação está submetida a um princípio "terceiro", como a harmonia preestabelecida de Leibniz ou a unicidade da substância na sua pluralidade dos modos segundo Spinoza); "epifenomenismo", ou seja, a ideia de que um evento material (cerebral, biológico) pode causar um evento mental, ao passo que este não pode retroagir sobre o primeiro.

---

11. S. Nannini, *L'anima e il corpo*, 148-149.

É de notar que entre Popper e Eccles (que sustentam no seu livro uma teoria fundada em três níveis de realidade: mundo físico, mundo animal, mundo humano ou cultural, cada um dos quais surge do precedente e pode retroagir sobre ele, mas dele é independente) existem algumas diferenças: Eccles sustenta a imaterialidade da alma, conforme a doutrina religiosa a que adere. Popper, ao contrário, a nega e, ao inverso, sustenta que não pode imaginar uma alma separada de um corpo.

A posição de Popper e Eccles funda-se essencialmente numa perspectiva interacionista, em particular pelo fato de que a mente autoconsciente é considerada capaz de fazer coisas que o corpo sozinho não pode fazer. Essa posição foi criticada na medida em que não explica qual a fonte de energia própria da mente, já que ela está separada do corpo e, no entanto, deve poder agir sobre ele (violando assim o primeiro princípio termodinâmico). Para responder a essa objeção, os autores sustentam a compatibilidade de sua posição com uma concepção interacionista fundada na mecânica quântica e não na termodinâmica clássica. Eccles chega a sustentar a existência de entidades imateriais, chamadas psicônios, que interagiriam com os neurônios segundo um princípio de indeterminação que preserva a liberdade da mente. Essa tese não ficou sem ecos em setores da teologia interessados na reflexão sobre ciências, como no caso dos escritos do cardeal Ratzinger. Contudo, foi criticada em ambientes científicos como *ad hoc* e desprovida de confirmações empíricas.

O trabalho de Chalmers, por outro lado, evita esbarrar com a objeção direta contra toda forma de dualismo interacionista (do qual são um exemplo as teses de Popper e Eccles), relativa à infração do princípio de conservação da energia, na medida em que segundo sua opinião a mente não influencia o cérebro, nem mesmo é dele dependente. Trata-se, portanto, de uma versão baseada no paralelismo das substâncias. Chalmers pretende evitar qualquer derivação monista de tipo materialista, mantendo-se ao mesmo tempo distante das implicações epifenomênicas da própria posição. Portanto, ele se inclina definitivamente, na segunda parte da sua obra, a um monismo neutro ou a um dualismo da propriedade explicado à luz de uma realidade unitária mais profunda, seguindo a senda do monismo de Bertrand Russell. Chalmers chega por esse caminho a postular uma espécie de pampsiquismo renovado, isto é, uma capacidade psíquica a ser encontrada em qualquer estádio da estrutura material, porque esta também não é para ser considerada, afinal, primordial e independente. Com referência a uma expressão cunhada pelo próprio Chalmers, o "problema árduo" (*the hard problem*), isto é, o problema de explicar a consciência, é resolvido nessa perspectiva por meio de uma substancial redefinição da própria noção de mental como não mais separado do físico, mas (analogamente a quanto já fora sugerido por Spinoza, autor frequentemente citado por Chalmers) como modalidade (em paralelo ao próprio físico) de uma realidade mais originária.

Do outro lado da sistematização, o materialismo encontrou nas descobertas das neurociências, ocorridas nos últimos quarenta anos, ajuda poderosa em favor da próprias posições. As novas técnicas de análise dos fenômenos cerebrais que utilizam a tecnologia de neuroimagens, como a ressonância magnética funcional e a PET (*Positron Emission Tomography*), ma principalmente o novo contexto teórico elaborado pelas neurociências e resumido sob o título de conexionismo ofereceram indubitavelmente uma perspectiva renovada e potencializada com que elaborar reflexões filosóficas sobre a relação mente e cérebro.

O conexionismo baseia-se na ideia de que o cérebro não é uma estrutura construída por simples somatório de átomos (os neurônios) conexos entre si de modo linear, mas antes uma estrutura altamente complexa em que as conexões são tão importantes quanto os elementos conexos. Trata-se, então, de uma posição em que a imagem da rede substitui as mais simplificadas próprias da primeira fase da pesquisa no âmbito da inteligência artificial. Com base nessa perspectiva o sistema cerebral pode ser compreendido como uma versão altamente sofisticada (de fato ainda qualitativamente diferente em relação ao que pode ser simulado em computador) de um sistema que tem, porém, nas redes informáticas um modelo suficientemente próximo para que dele se possa extrair indicações importantes.

Mediante o estudo dessas redes neurais se propôs assim uma nova abordagem para a velha ideia de conceber a mente acompanhando o funcionamento do cérebro. Tal abordagem constitui uma versão renovada do materialismo, pelo menos no sentido de propor novos caminhos para compreender os funcionamentos mentais guiados por uma compreensão naturalista deles, isto é, uma visão que não separa o reino do mental do resto do reino natural. Isso acontece graças também a uma concepção renovada da própria natureza, conseguida ao se levar ao diálogo as neurociências com outros âmbitos da pesquisa científica, como a biologia molecular e a genética.

Entre os muitos filósofos que, a diferentes títulos, se esforçaram para obter resultados na direção de uma compreensão naturalista da mente são apontados de modo mais significativo: John Searle, Daniel Dennett e o casal Churchland. Searle, filósofo da linguagem, discípulo de Austin, autor de estudos sobre o conceito de intencionalidade, propôs recentemente uma doutrina que busca realizar uma concepção da mente natural (no sentido de biológica) e não reducionista.

Searle[12] insiste na peculiaridade intencional da mente — num sentido derivado (um pouco genericamente) de Brentano e Husserl — como a característica que contradistingue os processos de pensamento e de consciência em relação aos sinais e em geral às coisas. Isso leva Searle a negar a perspectiva que compara o mental ao funcionamento de um computador. Os estados mentais não são estados funcionais de uma máquina. A mente não é um *software*, mas algo diretamente conexo àquele "*hardware*" particular que é o cérebro.

A intencionalidade tal como a define Searle é entendida, portanto — de modo não ortodoxo se nos reportamos a Husserl, mas também ao próprio Brentano —, como uma propriedade física de um sistema físico. Aqui está o aspecto da sua doutrina que é mais ligado à naturalização do mental como perspectiva filosófica geral ligada à evolução das neurociências. Além do mais, Searle recusa o rótulo de materialismo em relação à própria posição.

A consciência intencional é para Searle um fenômeno biológico, portanto definitivamente físico, mas isso não implica, em sua visão, que tal definição reintroduza o dualismo cartesiano, nem também o materialismo enquanto monismo reducionista. Searle parece então sustentar que o reino biológico é um reino físico, mas que possui características mentais. A mente

12. Sobre o pensamento de Searle em relação às temáticas aqui discutidas ver F. di Lorenzo Ajello, *Mente, azione e linguaggio nel pensiero di John R. Searle,* Milano, Angeli, 1998.

é uma propriedade do vivente. O reino vivente não pode ser por sua vez reduzido a reino da matéria, sob pena da perda das suas especificidades. Na melhor hipótese são as velhas categorias filosóficas como mente e matéria que devem ser abandonadas como inadequadas. Ou seja, são o reducionismo e o fisicalismo o verdadeiro alvo polêmico de Searle, atento a sublinhar como a própria posição se mantém no âmbito da ciência. Ele delineia assim um verdadeiro programa de pesquisa em que as descrições em primeira pessoa possam ser levadas a fazer parte das questões enfrentadas cientificamente, abrindo ao mesmo tempo a ciência àqueles domínios que tinham sido excluídos de uma concepção definitivamente positivista da atividade científica mesma (pensemos na exclusão da psicologia do número das ciências decretada por Comte).

Daniel Dennett[13] representa um do autores mais influentes da última geração. Formado no clima oxoniano da filosofia analítica, profundamente influenciado pelas reflexões de Wittgenstein e Ryle, ele abriu depois a própria investigação em direção das neurociências cognitivas e da inteligência artificial, reelaborada no interior de uma moldura epistemológica naturalista que remonta a Quine. Discípulo de Ryle, Dennett encaminha a própria carreira filosófica com uma reflexão sobre a intencionalidade (particularmente em referência à perspectiva de Brentano). Inicialmente a questão que Dennett enfrenta é a clássica, que consiste em evitar seja o dualismo, seja o materialismo. De acordo com a perspectiva analítico-linguística em que está operando, Dennett tende a eliminar o problema mediante uma discussão dos termos com os quais há referência à mente, mais do que a delinear ou esboçar uma posição alternativa.

A intencionalidade (no sentido de Brentano, ou enquanto distinta da noção do senso comum, mas — pode-se acrescentar — enquanto também diferente da de Husserl) é considerada por Dennett o que distingue o mental do físico. Mas para Dennett a intencionalidade não é uma propriedade ontológica dos estados mentais, antes, porém, uma propriedade semântica dos enunciados linguísticos que falam dos estados mentais. Os enunciados intencionais, portanto, são intraduzíveis (irredutíveis) aos fí-

13. Sobre o pensamento de Dennett ver B. Dahlbom (ed.), *Dennett and His Critics. Demystifying Mind*, Oxford, Blackwell, 1993.

sicos porque contêm elementos correferenciais que não podem ser substituídos sem resíduos dentro de um léxico físico. Daí duas tentativas de resposta, falhas ambas, para Dennett: por um lado o comportamentalismo (no qual ele inclui Quine), por outro a fenomenologia. O primeiro falhou por não ter sabido criar uma ciência rigorosa, a segunda (que Dennett lê em termos de concepção *a*causal e descritiva) por ter tomado uma direção muito distante da ciência.

A "terceira via" assim identificada por Dennett é o funcionalismo como foi delineado por Putnam. Segundo Dennett é justo, como fazem Wittgenstein e Ryle, distinguir o nível de descrição pessoal, caracterizado pelo eu e pelas descrições em primeira pessoa, daquele subpessoal, onde se trata, ao contrário, de neurônios e sinapses. Contudo, é um engano julgar que a explicação dos fenômenos psicológicos deva ser conduzida exclusivamente em nível pessoal quando se trata de descobrir as conexões entre os dois níveis. Dennett lança aqui as bases para a evolução do próprio pensamento à luz dos resultados das neurociências.

Nessa fase de evolução do próprio pensamento, Dennett desenvolve uma concepção do posicionamento intencional sem dúvida original. Ele define tal posição como a que se pode adotar diante de comportamentos em relação aos quais resulta mais simples e sensato referir-se como a comportamentos motivados por intenções e não como a mecanismos automáticos. O exemplo escolhido por Dennett é o de jogar xadrez com um computador. Um sistema intencional (como um computador programado para jogar xadrez) não necessariamente possui realmente desejos ou crenças, mas é um sistema cujo comportamento é explicado melhor (desde fora) fazendo referência a esses estados do que a mecanismos.

Com esse exemplo Dennett não está tanto procurando identificar o computador com os seres humanos quanto, ao contrário, procurando fazer notar que também diante dos seres humanos se adota um posicionamento intencional, ainda que não seja possível na realidade saber o que acontece nas mentes dos outros. Com efeito, seguindo ao seu modo Quine, Dennett adota uma perspectiva relativista em epistemologia: um estado mental "é" o que resulta de uma descrição num léxico psicológico do que pode ser observado. Adotando um léxico diferente, por exemplo neurobiológico, obtém-se uma descrição diferente. Mas isso é verdadeiro tanto para os seres humanos quanto para os computadores. O que não se pode fazer é procurar a intencionalidade em nível subpessoal dos neurônios (como, ao contrário, procura fazer Searle). Além do mais, a intencionalidade é uma estrutura contextual, dependente das relações entre organismo e ambiente, e não um dado intrínseco. Portanto, pode-se atribuir uma postura intencional também a computadores que interagem com seres humanos, sem que isso seja justificado por uma natureza particular: no fundo também os seres humanos são animais (e, todavia, pode-se acrescentar, são os computadores produtos não naturais, mas artificiais, consideração que deveria induzir Dennett a tematizar o problema da "intencionalidade" dos instrumentos, se ela existe).

Partindo desse pressuposto, Dennett vê a intencionalidade sempre menos como uma característica intrínseca da consciência humana e sempre mais como uma estrutura de origem biológica. Esse processo de biologização, porém, impõe uma flexão em suas teses: passa-se de um relativismo de origem quiniana em relação às conexões entre plano pessoal e plano subpessoal a uma posição diversa, menos relativista e mais próxima ao funcionalismo. A intencionalidade não se entende mais, como queria Brentano, como característica de estados psíquicos que nesse sentido são qualitativamente diversos dos físicos. Ao contrário, compreende-se como o conjunto dos papéis funcionais que os processos cerebrais executam com a finalidade de guiar os comportamentos.

Dennett parece assim afastar-se de certa forma da posição inicial de neutralidade em relação à *querelle* materialismo–dualismo. Pode-se dizer que ele recupera certo conceito de comportamento, passando, porém, por uma discussão das teorias biológicas evolucionistas de matriz darwiniana e depois por uma discussão teórica das neurociências. É particularmente a reflexão sobre o evolucionismo darwiniano que permite a Dennett não ofuscar as diferenças entre modalidades diversas de comportamento (os animais, os seres humanos, as máquinas dotadas de inteligência artificial). A evolução mostra como, no interior de uma continuidade de fundo no reino animal (pela qual a interação indivíduo–ambiente é uma tarefa que se apresenta tanto à ameba como ao homem), o que varia é a capacidade das formas animais de ter atitudes não referidas diretamente ao mundo, mas também a si mesmas. Tal capacidade foi aumentando, até encontrar com o homem uma forma até aqui não superada.

Trata-se, portanto, de uma capacidade de autorreflexão que para Dennett tem raízes biológicas, mas se subtrai a uma compreensão de tipo mecanicista. Dennett reencontra assim, em certos aspectos e sem perceber, as temáticas com que Merleau-Ponty tinha iniciado a própria reflexão no seu *A estrutura do comportamento*. A capacidade de autorreflexão é amplificada pela possibilidade de registrar e tornar disponíveis as informações. Desse ponto de vista o homem realizou um salto qualitativo com a própria linguagem, que levou à instituição de um novo âmbito, o cultural, não mais exclusivamente baseado na natureza (ainda que não totalmente separado dela).

Em Dennett (sobretudo nas últimas obras) a naturalização da intencionalidade se junta com a da consciência e da autoconsciência. Nesse sentido ele retoma e reelabora autonomamente tópicos surgidos da perspectiva conexionista desenvolvidos nas neurociências a partir dos anos 1980, seja também de modo menos "radical" a partir do que fora feito nas obras de Churchland. No entanto, o que emerge com clareza é a concepção dos estados de consciência, e do próprio Eu, em termos de virtualidade. O Eu não pode ser encontrado em nenhuma das suas partes subpessoais, isto é, em nível de redes neurais. Isso não implica negar que o Eu seja livre, porque a complexidade do sistema (físico) em que se manifesta é tal que lhe preserva a flexibilidade e a liberdade (que são substancialmente sinônimos em Dennett).

O Eu aparece essencialmente como "baricentro narrativo", isto é, como o foco virtual em direção ao qual faço convergir os meus posicionamentos quando lhes dou uma interpretação. Aqui está presente um problema de circularidade que Dennett, todavia, não examina. Ele insiste muito, ao contrário, no modelo do cérebro como máquina paralela e não serial, de tal forma que para ele a centralização é sempre o efeito de um processo intricado em que não é possível e nem mesmo há sentido querer indicar a qual parte ou zona do cérebro se deva atribuir um determinado estado mental. Essa perspectiva inevitavelmente se prestou a várias críticas, oriundas particularmente daqueles ambientes menos disponíveis a transcurar o aspecto em primeira pessoa da experiência. Para evitar tais críticas e, ao mesmo tempo, o dualismo, prolongando a linha da naturalização da mente, foi elaborada a posição dos Churchland[14].

14. Uma obra que delineia uma primeira avaliação crítica das teses dos Churchland é R. N. McCauley (ed.), *The Churchlands and Their Critics*, Oxford, Blackwell, 1996.

O horizonte teórico de onde provêm os dois estudiosos pode ser sintetizado nas figuras dos expoentes da epistemologia pós-positivista, como Kuhn e Feyerabend, por um lado, e dos criadores de uma concepção pragmática do conhecimento e da ciência, como Quine (e Wilfrid Sellars), por outro lado. Em particular, a epistemologia "naturalizada" de Quine e a colocação dada por Kuhn à questão dos paradigmas científicos levam Paul Churchland a desenvolver uma crítica da psicologia do senso comum, em direção a um reexame do problema mente–corpo dirigido a uma valorização da posição naturalista e materialista batizada "materialismo eliminatório".

A mulher Patrícia desenvolve, num volume com o sugestivo título de *Neurofilosofia* (1986), uma reflexão dedicada a aproximar a filosofia da mente das neurociências. Juntos desenvolvem ao mesmo tempo uma perspectiva baseada no modelo conexionista das redes neurais, que constitui uma perspectiva filosófica nova em relação à abordagem "clássica", cognitivista, da inteligência artificial. A posição comum a que chegam nessa confluência de enfoques diversos faz deles os expoentes mais radicais do naturalismo em filosofia da mente, ao passo que Fodor representa a versão moderada e Dennett, de certo modo, a intermédia.

As notáveis polêmicas que essa posição suscitou demandam contextualizar a posição dos Churchland. O ponto de partida é a codivisão das perspectivas, de um lado kuhniana, de outro quiniana, que afirmam a inexistência de uma ciência dos fatos ou dados puros, e a iniludível e insuperável mistura de dados empíricos e teoria em todo empreendimento de pesquisa e toda forma de conhecimento. Isso vale também para a chamada "introspecção", que de fato não é diferente, nisso, do conhecimento do mundo exterior. Nesse sentido, tanto as doutrinas baseadas na chamada "psicologia do senso comum" como os enfoques genericamente fenomenológicos (mesmo que conotados de maneira muito vaga) são aos olhos dos Churchland para ser rejeitados, na medida em que acreditam poder ter acesso a estados mentais "absolutos" que na realidade são histórica e culturalmente condicionados.

A crítica à fenomenologia e ao dualismo cartesiano se baseia, pois, numa afirmada historicidade e num condicionamento cultural do trabalho científico, crítica que impede conceber a verdade como absoluta e não relativa. É nessa crítica, no entanto, que se fundamenta o esboço de um projeto de pesquisa que de algum modo deve conseguir permanecer imune ao mesmo risco.

A análise dos Churchland se desenvolve segundo etapas que se pode resumir como se segue: em primeiro lugar é feita uma crítica radical da psicologia do senso comum, e mais em geral da psicologia; isso implica uma revisão da ontologia dualista, em direção da posição chamada eliminatória; isso implica, porém, excluir totalmente a introspecção, que, todavia, deve ser atuada numa posição materialista; esta requer um abandono da epistemologia neoempirista em direção a uma nova concepção de base, num projeto biológico, das capacidades cognitivas humanas. Essa última passagem assemelha-se ao projeto esboçado por Searle de construir uma nova biologia "intencional", onde, porém, a biologia projetada pelos Churchland prevê a completa naturalização do mental e, portanto, a eliminação de qualquer referência à intencionalidade.

Os Churchland, portanto, não pretendem abandonar totalmente a abordagem ao mental, mas sustentam que é necessário delinear uma abordagem diferente das tradicionais, e finalmente capaz de ser científica. O modelo de ciência indicado nesse sentido é o da biologia, lida à luz da concepção conexionista das neurociências. Tal leitura acaba generalizada em verdadeiro paradigma da ciência, mas gerando assim também um problema em relação ao relativismo de origem kuhniana e quiniana que constitui a premissa de toda a operação conduzida pelos Churchland. Se é verdade que a *folk psychology* não pode vangloriar-se de reais pretensões científicas, essa crítica se aplica muito menos à perspectiva fenomenológica, que é substancialmente considerada uma variante da psicologia "filosófica" e, portanto, ingênua. O relativismo inicial foi atenuado na adesão à corrente conexionista, e particularmente para o projeto de pesquisa baseado no chamado modelo PDP (*Parallel Distributed Processing*), visto como capaz de superar as críticas movidas à concepção cognitivista da inteligência artificial e à metáfora funcionalista da mente-computador.

O ônus da demonstração da superioridade da posição materialista adotada pelos Churchland é, pois, colocado na conta do conexionismo e das suas relações com outros âmbitos de pesquisa científica, como a neurobiologia. Se, como sustentam os Churchland, o modelo filosófico geral para pensar a mente, adotado de Platão a Fodor, tem sido a linguagem, trata-se então de superar tal modelo, que isola o ser humano do resto do reino natural.

A direção a tomar é, portanto, na visão dos Churchland, a da conexão sensório-motora. A abordagem conexionista parece, para esses autores, muito promissora para poder delinear um modelo totalmente diferente de função mental. Ele, com efeito, é capaz de superar a objeção, proposta em vários ambientes, segundo a qual a explicação da interação entre *input* sensorial e *output* motor parece requerer um "homúnculo" no cérebro que seja capaz de operar as inferências necessárias que transformem um gruo de dados em outro, com a inevitável regressão ao infinito que lhe advém.

A posição dos Churchland apresenta uma notável coerência e uma igualmente significativa capacidade de integração de perspectivas provenientes de âmbitos de pesquisa diversos. Configura-se, portanto (não por acaso está atualmente no centro de muitas pesquisas e muitos estudos), como a perspectiva talvez mais sólida entre as que se propõem a naturalização da consciência e da intencionalidade. As premissas metodológicas de onde nasce, todavia, também são discutíveis e de fato amplamente discutidas. Em particular nos últimos tempos se assiste a uma ulterior reviravolta no âmbito das neurociências, que complica a vida para o conexionismo e ao mesmo tempo parece requerer uma abordagem filosófica e epistemológica menos marcada pelo relativismo, voltando-se de fato (talvez não casualmente) para as pesquisas fenomenológicas. Trata-se de uma abordagem que procura dar conta da encarnação da mente de um ponto de vista diferente do naturalista e, em particular, do materialista.

Trata-se, em outras palavras, de alcançar a integração do problema da análise "em primeira pessoa" (que o naturalismo tende *ex officio* a não colocar) dentro de um enquadramento que evite o dualismo. Essa colocação não recusa mas, ao contrário, procura a interação entre filosofia da mente e pesquisas neurocognitivas, mas não considera que a perspectiva unificante seja oferecida pelo naturalismo e/ou holismo relativista de origem quiniana.

O autor a quem se pode fazer remontar essa tentativa de fusão entre fenomenologia, filosofia da mente e neurociências é Francisco Varela[15], a

15. Sobre Varela, e em particular sobre a sua proposta de uma "neurofenomenologia", ver: M. CAPPUCCIO (a cura di), *Neurofenomenologia*, Milano, Mondadori, 2006; J. PETITOT,

quem se deve o termo "neurofenomenologia". Varela foi principalmente um biólogo, autor de importantes trabalhos (frequentemente junto com outro pesquisador chileno Humberto Maturana) sobre o tema da autopoiese, isto é, da gênese de organismos a partir de condições necessárias mas não suficientes para explicar a emergência de formas mais complexas a partir de formas mais simples.

Essa perspectiva influenciou depois também a sua abordagem da consciência como estrutura autopoiética. A ideia geral é aquela segundo a qual uma forma complexa não deve ser explicada unicamente a partir do que constitui sua base, mas implica uma relação de interação e de dupla determinação com ela. Trata-se de uma abordagem sistêmica e, ao seu modo, holística, porém não no sentido de Quine (cujo holismo é de natureza epistemológica, ou seja, referido às condições de conhecimento), mas num sentido ontológico (isto é, referido à existência). Esse holismo requer uma concepção diferente da causalidade em relação àquela linear dos sistemas físicos (ainda que Varela cite também autores como Prigogine, que encontram também no nível dos sistemas físicos uma causalidade complexa análoga aos sistemas biológicos de que ele se ocupa).

A característica geral dos organismos viventes é para Varela (e Maturana) a de estruturar equilíbrios homeostáticos que permitam e favoreçam a sua subsistência. Esse equilíbrio se baseia na relação de mútua regeneração entre o todo e as partes que constituem o organismo. As partes garantem a unidade funcional do todo, a ele trazendo os limites de identidade de que precisa, ao passo que o todo garante a renovação das partes, como elementos internos.

A abordagem adotada tem um efeito também sobre a questão da cognição: para os dois pesquisadores a cognição não deve ser entendida como processo de produção de representações, e não se limita a desempenhar funções puramente cognitivas em sentido clássico. Ela é antes entendida em sentido dinâmico e processual, em termos de ações, movimentos que são capazes de refazer a configuração desde dentro do organismo vivente que é seu autor, mas nesse sentido também seu efeito, e juntamente também a relação entre organismo e o seu ambiente circunstante.

F. Varela, B. Pachoud, J.-M. Roy (ed.), *Naturalizing Phenomenology*, Stanford (Calif.), Stanford University Press, 1999.

Isso implica um abandono do modelo de comunicação de origem cognitivista, entendido como troca de informações e *feedback* entre um sistema cognitivo e um mundo a ele estranho. No modelo de Maturana e Varela as trocas e as interações são num certo sentido parte da estrutura mesma dos agentes. É a instituição de um diafragma a produzir uma diferença entre um interior (o organismo, que no entanto não é totalmente isolado) e um exterior (o mundo, que no entanto não é mais uma exterioridade em si e independente).

Esse modelo já é encontrado no nível das modalidades de troca e interação próprias do reino dos viventes, mas se aplica naturalmente também à estrutura do ser humano, visto como parte do reino natural, ainda que não totalmente nele imerso. Por outro lado, os seres viventes não são entes puramente mecânicos e atômicos, mas centros de realização de estruturas interativas que têm um *senso* biológico próprio. Essa posição retoma ao seu modo a delineada por Merleau-Ponty em *A estrutura do comportamento,* pondo, entretanto, de modo mais claro uma questão ontológica onde em Merleau-Ponty a análise é ainda desenvolvida de forma predominante num terreno epistemológico.

Portanto, na perspectiva da autopoiese, é a relação organismo–ambiente — mais do que a configuração de um organismo que depois levaria à relação com o próprio ambiente — a que constitui o âmbito de compreensão das interações, inclusive das "cognitivas". Essa relação é recíproca: o indivíduo "exprime somaticamente as dinâmicas processuais do ambiente que habita e para o qual é evolutivamente predisposto; e o ambiente se constitui como horizonte de manifestação dos fenômenos orgânicos individuais"[16], um horizonte que, no entanto, tem uma efetiva consistência ontológica e não é simplesmente uma estrutura dependente do indivíduo entendido como origem autônoma das representações.

A determinação da interação entre organismo e ambiente, como estrutura de dupla relação e recíproca constituição, leva depois Varela a procurar um léxico filosófico apropriado para superar o representacional substancialmente dominante na filosofia analítica da linguagem que se

16. H. Maturana, F. Varela, *Macchine ed esseri viventi,* Roma, Astrolabio, 1992, 56.

reflete na filosofia da mente. Nesse sentido, a posição de Varela nasce da observação do sistema nervoso como sistema neural fechado no qual

> não existe nenhum traço característico intrínseco na sua organização que lhe permitiria discriminar, mediante a dinâmica das suas mudanças de estado, entre causas possíveis internas ou externas para tais mudanças de estado[17].

O conceito de cognição está associado assim ao de autopoiese e entendido como *know-how* corpóreo de um organismo (nesse sentido a definição vale em todos os níveis). A cognição não é cópia no interior do organismo de um estado de coisas exterior, porque é a mesma distinção entre interior e exterior que deve ser não eliminada, mas categorizada novamente, em termos de interação e coimplicação (o que também significa configuração e não figuração). O organismo que interage com o ambiente não produz só (ou melhor, não produz realmente) imagens sobre a própria tela interna, mas produz a tela mesma como estrutura geral que não preexiste às suas imagens, mas delas emerge.

Varela desenvolve essa posição de maneira filosoficamente mais articulada, no que se refere ao tema da cognição, num ensaio escrito com Evan Thompson e Eleanor Rosch com o título *The Embodied Mind* (1991)[18], em que está exposta uma proposta teórica considerada pelos autores como "terceira" perspectiva concernente à cognição, depois da cognitivista e da conexionista. O nome escolhido é o de "perspectiva enativa"[19]. Varela esclarece que não se trata de "superar" os modelos precedentes com um novo, mas de aceitar algumas de suas características, circunscrevendo o seu significado gnosiológico e especificando suas valências, distinguindo assim os diversos níveis da sua aplicabilidade.

A especificidade da perspectiva enativa está, para Varela, na possibilidade de ter acesso a um nível de descrição da esfera fenomênica do psíquico vivido que está fechado às outras abordagens exatamente na medida em que não tematizam a questão senão por meio de reduções ou modelizações.

---

17. Id., *Autopoiesi e cognizione*, Venezia, Marsilio, 1988, 189.

18. O texto de F. Varela, E. Thompson e E. Roisch foi traduzido para o italiano como *La via de mezzo della conoscenza* (Milano, Feltrinelli, 1992).

19. Enativo = neologismo para traduzir do inglês o verbo *to enact*, significando "gerar, construir, fundar". (N. do T.)

No nível da estrutura dos fenômenos — compreendida agora numa perspectiva que recebe a ideia de interação já delineada em nível de autopoiese — é que se pode compreender melhor o que é a cognição, ao separá-la do modelo representacional de fundo, que condiciona as outras abordagens na medida em que parte, afinal, do pressuposto de uma separação originária entre indivíduo e ambiente que, ao contrário, Varela contesta.

Essa nova compreensão da relação cognitiva entre sujeito e mundo necessariamente deve, segundo o parecer de Varela, superar o naturalismo, entendido como recondução do sujeito à natureza física, exatamente porque tal natureza física não é originária na relação entre organismo e ambiente. Para apoiar tal proposta teórica, no entanto, é necessário mostrar como funciona a cognição numa perspectiva que se quer assim tão diferente e por que é preferível às outras. Varela apela para a proposta teórica de James J. Gibson[20], que fala de uma "abordagem ecológica" da percepção, da cibernética, mas principalmente da fenomenologia de Merleau-Ponty. A cognição é compreendida, nessa perspectiva complexa, a partir do modo como o significado emerge da totalidade autônoma do organismo. Essa concepção fica depois ligada também à perspectiva elaborada por Jean Piaget e conhecida como epistemologia genética.

O ponto crucial no qual Varela insiste talvez seja a ideia de que entre uma descrição em terceira pessoa — objetiva e, portanto, tendendo em princípio a reduzir as experiências subjetivas — e uma descrição em primeira pessoa que isole o eu como algo autônomo em relação ao mundo se possa identificar um "terceiro" terreno em que seja possível obter descrições relativas à experiência "situada" do sujeito na sua interação com o mundo, sem com isso hipostasiar esse sujeito dele fazendo uma *res cogitans*.

Essa perspectiva deve dar conta da especificidade da experiência, evitando, pois, aproximações reducionistas ou eliminatórias (que epistemologicamente não são lícitas nesse nível porque não é possível definir o reino "físico" como dado *a priori* senão por meio de uma demonstração de existência que geralmente não é dada, mas simplesmente pressuposta), mas

20. De J. Gibson, ver particularmente: *Un approccio ecologico alla percezione visiva*, Bologna, Il Mulino, 1999; *The Senses Considered as a Perceptual System*, London, Allen & Unwin, 1968.

evitando ao mesmo tempo o dualismo, que nada mais é do que um materialismo de cabeça para baixo, ao menos pelo fato de procurar num reino ontológico autônomo a base da qual deduzir o resto da realidade.

A perspectiva de Varela tende, portanto, a indicar na encarnação o lugar privilegiado, "originário" a partir do qual elaborar uma perspectiva analítica capaz de integrar os aportes das neurociências com os problemas típicos da filosofia da mente. Isso implica que o funcionalismo das realizações múltiplas, ou seja, a posição inaugurada por Putnam, deva ser o menos possível colocado entre parênteses, porque a função não é, segundo a abordagem enativa, alguma coisa separável do seu suporte corpóreo e da sua ocasião de realização. Como escreve Varela, "o si cognitivo é a sua própria implementação: a sua história e a sua ação formam um bloco único"[21].

Mas o próprio corpo está inscrito numa estrutura de relações mais amplas com o próprio contexto biológico, psicológico, cultural, de modo que não parece correto hipostasiar uma corporeidade em si mesma e depois nela procurar relações realizáveis sucessivamente com outros polos igualmente atômicos. É um corpo vivente num mundo orgânico que deve ser o ponto focal da análise, de modo que a relação (dupla e a direção dupla, isto é, um quiasma) torna-se de certo modo ontologicamente prioritária em relação aos próprios polos da relação.

Tal estrutura assim entendida faz que não se possa mais entender em sentido estritamente materialista a experiência encarnada, mas sem reconduzir a própria experiência a um princípio espiritual distinto de forma dualista do próprio corpo. Varela e os seus colaboradores propõem-se um programa de pesquisa tal que encontra ecos em outras pesquisas provenientes do meio filosófico, mas analogamente voltadas para resolver o problema do dualismo entre corpo e mente sem sacrificar nenhum dos dois lados da questão e sem, no entanto, misturá-los de uma forma inevitavelmente extrínseca e *ad hoc*. Entre os autores que nos últimos anos, também em âmbito anglo-saxão, destacaram-se pela tentativa de incorporar o sujeito e descobrir suas correlações com o próprio corpo e com o mundo podem ser citados John McDowell (*Mind and World*), Gareth

21. *Un know-how per l'etica*, Roma/Bari, Laterza, 1992, 61.

Evans (*The Varieties of Reference*), Andy Clark (*Being There*)[22], Quassim Cassam (*Self and World*)[23].

Esses autores, todos de área anglo-saxã e geralmente "analítica", tornam a propor, no entanto, argumentos que encontram ecos importantes em áreas filosóficas habitualmente consideradas de estampa "continental" para retomar uma distinção sempre menos útil, mas ainda muito difundida. O traço talvez mais compartilhado por todos os autores acima citados é a vontade de superar o funcionalismo "neolockiano" sem recair no dualismo substancialista de origem cartesiana. Daí, por um lado, uma retomada das argumentações kantianas e, por outro, algumas afinidades notáveis com a tradição fenomenológica.

A superação do funcionalismo (que tende a fazer da identidade pessoal um conceito abstrato distante do senso comum) passa por uma compreensão geral da subjetividade humana como pessoa encarnada, dotada de um corpo cuja existência identifica. Desse ponto de vista pode-se sustentar que a ideia de pessoa como estrutura peculiar traz à luz uma abordagem de ascendência aristotélica: a pessoa como um gênero próprio, dotado dos limites sancionados por leis que delimitam e identificam a sua natureza. Isso implica uma atenção maior às características biológicas, e não apenas psicológicas, que concernem à atividade humana.

Um autor que se esforçou de modo particular para chegar a uma identificação entre sujeito, corporeidade e personalidade foi Barnard Williams. No seu *Problemas do eu* (1973) ele sublinha ser necessário derrubar o tratamento cartesiano que vê o ser humano como sujeito pensante que tem um corpo, e circunscrevê-lo, antes, em termos de um corpo material que pensa. Dessa forma, a identidade pessoal é garantida pela corporal, e isso permite superar a objeção humiana feita a Descartes (retomada por muitos autores contemporâneos), que tende a negar ao Eu (penso) uma continuidade própria na medida em que lhe nega a prerrogativa de substância ontologicamente separada.

---

22. Do ensaio de A. Clark existe uma tradução italiana intitulada *Dare corpo alla mente* (Milano, McGraw-Hill, 1999).

23. Sobre McDowell, Evans, Clark e Cassam ver Di Francesco, *L'io e suoi sé*.

A posição de Williams (que também conheceu versões mais extremistas) tende, no entanto, a nivelar as prerrogativas psicológicas sobre as biológicas e a dar do corpo um quadro que atenua assim o papel da consciência. A personalidade de um ser humano não deve ser necessariamente reconduzida à sua materialidade para poder ser distinta de uma inatingível (segundo esse autor) substancialidade espiritual. Em outros termos, há diferentes modos de preservar a especificidade da identidade pessoal sem reduzi-la ao corpo entendido como matéria (eventualmente biológica) e sem dela fazer, ao contrário, um espírito desencarnado[24].

---

24. Uma análise fenomenológica do conceito de pessoa, que leva em conta a sua corporeidade, encontra-se em R. De Monticelli, *La conoseenza personale*, Milano, Guerini, 2000.

Conclusões

Chegamos ao final de um longo percurso, que tinha começado limitando o estudo às áreas que tiveram maior influência sobre o pensamento filosófico ocidental, desde as doutrinas pré-filosóficas gregas, hebraicas e indianas. Teria sido oportuno estender o olhar também ao pensamento asiático, sempre mais influente e diversificado; será talvez o objeto de um próximo trabalho. Aqui não falta senão fazer as sínteses sem pretensão alguma de conclusão. O que se pode dizer é que o conceito de alma está reaparecendo há poucos anos, com uma força inesperada. Se com esse conceito se entende, como se tentou fazer neste trabalho, um campo semântico aberto — que compreende problemáticas diversas e às vezes até heterogêneas entre si, todas, porém, conexas com a questão geral da autoinvestigação —, é, então, evidente que esse campo não só não esgotou as próprias forças, mas parece, ao contrário, reencontrá-las, nele recebendo outras novas.

Bastaria lembrar a fascinante descoberta dos neurônios-espelho, que moveram muitos entre os que desenvolvem pesquisas científicas nesse campo a procurar léxicos menos reducionistas que os que comumente circulam nos laboratórios e a adotar, por exemplo, uma perspectiva fenomenológica[1]. O fato é que os neurônios-espelho são um objeto paradoxal, porque mostram que também o cérebro não é pura matéria. Com efeito, falar de um espelho significa introduzir um quê de imaterial no funcionamento neuronal. O que é espelhado está "fora" do cérebro, e essa simples consideração reabre todas as perspectivas. Aqui não se pode aprofundar esse tema, ao qual já foram, aliás, dedicados numerosos estudos. Porém podemos sustentar que o próprio fato de ser a pesquisa neurobiológica que põe o problema de como se defrontar com o que está descobrindo, com instrumentos filosóficos mais sutis e flexíveis do que os geralmente disponíveis, para além de uma problemática epistemológica que não pode ser discutida agora, dá testemunho da reabertura de perspectivas precisamente na área da reflexão humana que hoje talvez seja a única a manter em aberto a questão da verdade. Portanto aí se coloca um problema filosófico, ainda que nem sempre compreendido como tal.

Mas a filosofia não ficou apenas olhando. Autores que no passado tornaram-se famosos pela sua rejeição da subjetividade reabriram a questão, como Foucault (basta pensar no que disse em seu *As palavras e as coisas,* onde escreve que o homem é uma invenção recente do nosso saber, destinada a desaparecer como uma figura de areia na orla do mar) ou como Derrida (que fizera da desconstrução do sujeito a marca do seu próprio pensamento). Foucault, de um lado, investigando os processos de "subjetivização" (condicionados pelas práticas de poder) por meio dos quais se fazem os sujeitos (no duplo sentido de sujeitos "de", mas também sujeitos "a"), e depois inaugurando uma pesquisa muito original sobre "o cuidado de si", que ficou incompleta pelo prematuro desaparecimento do autor, mas que assim mesmo chegou a investigar o saber grego, e depois o cristão, sobre a pessoa; por sua vez, Derrida, articulando uma investigação complexa sobre o testemunho, sobre o segredo, sobre a hospitalidade e sobre a alteridade, colocou em termos novos e em parte inéditos uma questão que, por outro lado, vem de muito longe: desde os primórdios gregos, mais ainda hebraicos, a da reflexão sobre o sujeito. Nem se limitou a isso Derrida,

1. Ver por exemplo o ensaio de V. Gallese, Corpo vivo, simulazione incarnata e intersoggettività, in M. Cappuccio (a cura di), *Neurofenomenologia*, Milano, Mondadori, 2006, 293-326 (com a respectiva bibliografia).

pondo no centro do seu último livro o problema da relação entre humanidade e animalidade, e assim delineando rumos de pesquisa fecundos e totalmente abertos.

A filosofia na área anglo-saxã manteve sempre aberta a elaboração do conceito de identidade pessoal, de modo que a filosofia da mente de cunho analítico encontrou um desenvolvimento exuberante, que nos últimos anos se abriu às influências da escola fenomenológica[2]. Essa confluência indica talvez uma transformação no panorama filosófico atual, após decênios de contraposição por vezes um pouco forçada entre "analíticos" e "continentais". E também assinala o retorno a uma fase da pesquisa filosófica em que autores que depois teriam dado início a correntes opostas se falavam diretamente, como Frege e Husserl. Com diferentes léxicos e com exigências teóricas com frequência distintas, quando não discordantes, ambas as frentes, no entanto, enfrentam em termos atuais um dilema: o da compreensão de si mesma por parte da subjetividade, que é no fundo o sentido do problema situado sob o título geral de alma.

A isso pode-se acrescentar outros dois filões que demonstram encontrar convergências inesperadas: a psicanálise e as neurociências cognitivas. Nesse caso também se assiste à publicação de trabalhos fronteiriços em que se procura o confronto e a hibridação muito mais do que a contraposição e a crítica[3]. Em resumo, talvez se possa dizer como conclusão provisória, e esperando estudar o desenvolvimento dessa história, que a alma, pelas suas contaminações, suas hibridações e suas metamorfoses, voltou ao centro da pesquisa filosófica e dos contatos entre filosofia e ciências. Aí se incluem as ciências religiosas, que numa perspectiva histórica mas também sistemática tornam a propor hoje o que no fundo sempre foi um dos temas fundamentais da sua pesquisa[4]. A especificidade do discurso

---

2. Aqui destaco apenas alguns dos títulos mais recentes: D. Woodruff Smith, A. Thomasson (ed.), *Phenomenology and Philosophy of Mind*, Oxford, Clarendon Press, 2008; S. Gallagher, J. Shear (ed.), *Models of the Self*, London, Imprint Academic, 2000; Id., *The Phenomenological Mind*, London, Routledge, 2008.

3. Como exemplos desses trabalhos fronteiriços pode-se citar o livro recente de F. Ansermet, P. Magistretti, *A ciascuno Il suo cervello*, Torino, Bollati Boringhieri, 2008.

4. O sucesso do recente livro de V. Mancuso *L'anima e il suo destino* (Milano, Cortina, 2007) não surpreende. O que pode surpreender é, ao contrário, que tal livro tenha aparecido como uma catedral no deserto. Como afirma L. Bossi no seu *Storia naturale dell'anima*

filosófico sobre a alma, no entanto, é a inevitável pluralidade das suas abordagens. Aqui se encontra provavelmente a lição — que não é simples de aceitar, mas muito fecunda — que a história dessa noção filosófica nos dá para a meditação futura.

(Milano, Baldini Castoldi Dalai, 2005), é antes a teologia que há muito tempo parece ter parado de falar de alma.

Este livro foi composto nas famílias tipográficas
Frutiger e *Minion*
e impresso em papel *Offset 75g/m*^{2}

FSC
www.fsc.org
MISTO
Papel produzido
a partir de
fontes responsáveis
FSC® C008008

Edições Loyola

editoração impressão acabamento

rua 1822 nº 341
04216-000 são paulo sp
T 55 11 3385 8500
F 55 11 2063 4275
www.loyola.com.br